THETAHEALING®
AVANZADO

Títulos de temas relacionados de Hay House

El asombroso poder de las emociones, Esther y Jerry Hicks
El fascinante poder de la intención deliberada, Esther y Jerry Hicks
El gran cambio, Dr. Wayne W. Dyer
Inspiración, Dr. Wayne W. Dyer
La Ley de Atracción, Esther y Jerry Hicks
Meditaciones para sanar tu vida, Louise L. Hay
La matriz divina, Gregg Braden
Pedid que ya se os ha dado, Esther y Jerry Hicks
El poder contra la fuerza, David R. Hawkins, M.D., Ph.D.
El poder está dentro de ti, Louise L. Hay
El poder de la intención, Dr. Wayne W. Dyer
Sánese con los ángeles, Doreen Virtue
Usted puede sanar su vida, Louise L. Hay

(760) 431-7695 o (800) 654-5126 o (760) 431-6948 (fax) o (800) 650-5115 (fax)

Hay House USA: **www.hayhouse.com**®

THetaHealing® AVANZADO

Cómo aprovechar el poder de Todo lo que Es

Vianna Stibal

Creadora de ThetaHealing®

HAY HOUSE, INC.

Carlsbad, California • New York City

London • Sydney • Johannesburg

Vancouver • Hong Kong • New Delhi

Derechos reservados del autor © 2009, 2011 por Vianna Stibal

Publicado y distribuido en los Estados Unidos por: Hay House, Inc., P.O. Box 5100, Carlsbad, CA 92018-5100 USA • (760) 431-7695 ó (800) 654-5126 • (760) 431-6948 (fax) ó (800) 650-5115 (fax) • www.hayhouse.com®

Publicado previamente por Rolling Thunder Publishing, Idaho, ISBN 978-0-9671754-9-6.

Compilado por Guy Stibal de 'Rolling Thunder Publishing', según las enseñanzas de Vianna Stibal.

Derechos reservados de las obras anteriores: 'Asciende y busca a Dios', 'Asciende y trabaja con Dios' y 'ThetaHealing'. Las marcas registradas de ThetaHealing® y Orian Technique™ son propiedad de Vianna Stibal, quien es propietaria de Vianna's Natural Path. Está prohibido el uso no autorizado de estas marcas.

Ilustraciones y fotos por © Rolling Thunder Publishing.

Un agradecimiento especial a Giovanni Vota por su asistencia con el capítulo de Trabajo de indagación.

Título del original en inglés: Advanced ThetaHealing, Harnessing the Power of All That Is. Traducción al español: Adriana Miniño (adriana@mincor.net)

ISBN: 978-1-4019-4609-8

Edición #1 de Hay House: enero 2014

Impreso en Los Estados Unidos

CONTENIDO

Prólogo

Soy testimonio viviente de la pureza de esta obra. Esta información surgió de conversaciones con el Creador y de miles de sesiones y sanaciones, sin mencionar la interacción con los alumnos e instructores de Vianna y las clases de ThetaHealing® a lo largo de muchos años. La formulación de ideas y procesos fue espontánea y nunca surgió del abuso de información de otras modalidades de sanación energética establecidas o no establecidas. Las fuentes y recursos definitivos que se utilizan en ThetaHealing están disponibles para todos aquellos que deseen conocerlos.

ThetaHealing nace en una comunidad conservadora de los Estados Unidos, para llegar a convertirse en una modalidad de sanación mundial. En vista de los retos considerables que experimentamos en su formulación, me sorprendo a diario de la forma en que ha triunfado. En contra de todas las probabilidades, es un hecho que se ha convertido en una luz en la oscuridad, un don de lo divino.

Muchas personas, cada una de ellas a su propia manera, han contribuido para que ThetaHealing se haya convertido en la modalidad de sanación energética que es hoy en día. Se trata de clientes, alumnos, practicantes e instructores certificados, quienes, en diversos grados, han aportado contribuciones que no pueden pasarse por alto. No obstante, sin importar cuántas personas hayan estado involucradas con ThetaHealing, o cuántas personas hayan practicado estas enseñanzas en sí mismas, sigue siendo un hecho ineludible que todo esto provino de la resolución, la valentía y la pureza de la fe de una persona: *Vianna*.

Habiendo sido testigo de primera mano de este desarrollo, puedo decir con toda sinceridad que jamás he visto tal manifestación de verdad, fe y determinación en un ser humano como en Vianna. Para mí, esta es la razón por la cual ella es la amorosa líder de ThetaHealing y la única persona calificada para serlo. Creo que esta es la razón por la cual la información le llegó a ella. Muchas personas aman a Dios, pero he visto a muy pocos mantenerse en la luz y en la presencia de la divinidad con tal convicción de que Dios, el Creador, es *real*.

El contenido de este libro surge de las experiencias físicas de Vianna, así como de sus experiencias como vidente. Se ofrece como una guía de la habilidad mental para sanar a través del Creador de Todo lo que Es. El resto depende de ti y de tus creencias.

Guy Stibal

PREFACIO

'ThetaHealing Avanzado' es el libro compañero de 'ThetaHealing' y 'ThetaHealing. Enfermedades y trastornos'. En el primer libro, 'ThetaHealing', explico los procesos paso a paso de la sesión, la sanación, el trabajo con las creencias, el trabajo con las emociones, el trabajo de indagación y con los genes de ThetaHealing, y ofrezco una introducción a los planos de existencia y conocimiento adicional para el principiante. Este libro provee una guía más profunda para el trabajo de creencias, emociones e indagación, así como otras perspectivas de los planos de existencia y las creencias que considero esenciales para la evolución espiritual. No incluye los procesos detallados que proliferan en 'ThetaHealing', aunque es necesaria su comprensión a cabalidad con el fin de utilizar a plenitud este libro.

ThetaHealing es un proceso de meditación que crea la sanación física, psicológica y espiritual, por medio de las ondas cerebrales *theta*. Cuando estamos en un estado mental theta puro y divino, logramos conectarnos con el Creador de Todo lo que Es a través de la oración enfocada.

Hay un requerimiento absoluto en esta técnica: debes tener una creencia central en el Creador. El nombre no tiene importancia, comprendo que el Creador tiene muchos nombres diferentes, y Dios, Buda, Shiva, Diosa, Jesús, Yahvé, y Alá, son todas corrientes que nos llevan en un flujo hacia el séptimo plano de existencia y a la energía Creadora de Todo lo que Es: ThetaHealing no está afiliado a ninguna religión. Este proceso tampoco es específico a ninguna edad, género, raza, color, credo o religión. Cualquier persona con una creencia pura en Dios o en la fuerza creadora puede tener acceso y utilizar las ramas del árbol de ThetaHealing. El Creador nos ha entregado el fascinante conocimiento que estás a punto de recibir. Es una compilación de información de las clases avanzadas de ADN, el manual y las grabaciones de la *clase avanzada ADN 2*, y es el preludio a la clase ADN 3.

Aunque estoy compartiendo esta información contigo, no acepto ninguna responsabilidad por los cambios que puedan surgir debido a su uso. Esta responsabilidad es tuya, es una responsabilidad que debes asumir cuando comprendes que tienes el poder de cambiar tu vida, al igual que las vidas de los demás.

AGRADECIMIENTOS

Quisiera agradecer a todos los clientes y alumnos maravillosos que me han brindado la oportunidad de aprender la información que finalmente aquí yace. Este manuscrito se enfoca en las experiencias del trabajo con las creencias hallado en algunas de las miles de sesiones que he llevado a cabo. Espero que este conocimiento sea un don para todas aquellas almas valientes que se atreven a *creer*.

Introducción

Hola, soy Vianna.

En una oscura noche sin luna del año 2003, iba conduciendo el largo camino hacia mi hogar en el campo. De repente, tuve una sorprendente revelación. Comprendí que hacía nueve años que había comenzado mi jornada con ThetaHealing y que había llegado muy lejos. Durante esos nueve años, había realizado miles de sesiones y sanaciones, había enseñado numerosas clases y había escrito libros sobre la técnica ThetaHealing. Pero había profundizado en una verdad innegable: todavía me faltaba mucho por aprender.

Mientras conducía el solitario camino a lo largo del río Snake, escuché la voz del Creador que me decía que había terminado mi contrato de servicio de nueve años y ahora entraría en un período de tres años como maestra. Enseñaría la preparación para el curso de ADN 3, ThetaHealing para alumnos avanzados. Esto me alarmó un poco, puesto que cada vez que recibía nueva información de ThetaHealing, ocurrían grandes cambios en mi vida. Sin embargo, me calmé y dije: 'Está bien señor, ¿de qué se trata el ADN 3?'.

La respuesta fue que el ADN 3 trataría del conocimiento de cómo mover y cambiar la materia orgánica e inorgánica, así como del trabajo con la mitocondria para crear la sanación instantánea. Yo ya había experimentado manifestaciones y sanaciones instantáneas, así como otras personas cercanas a mí, por lo que esto no me sorprendió.

El Creador me dijo que cuando cien personas comprendieran la información avanzada, la implementación de sus conceptos sería mucho más fácil, como también la habilidad de expandirse a la conciencia colectiva de la humanidad. Yo sabría cuando cien personas la entendieran en verdad, y cuando mil personas creyeran en ella, la conocieran y la vivieran, entonces el conocimiento avanzado en sí mismo se extendería a lo largo de nuestra conciencia colectiva e incrementaría el despertar de nuestras habilidades latentes.

El Creador me dijo: 'Primero, cree en los conceptos, luego los conoces y luego, resides en ellos. La información avanzada abrirá sendas neurales que nunca se habían despertado antes'.

Cuando escuché esto, no pude evitar desear que los retos mundanos de mi vida diaria fueran más parecidos a mi trabajo. Realizar sesiones y sanaciones y

ix

entrar al cuerpo humano era donde me sentía más confortable, moviéndome entre células y huesos en el glorioso estado de theta. Era cuando estaba *fuera* del cuerpo lidiando con el estrés diario que las cosas se complicaban.

En respuesta a este deseo, el Creador me explicó:

'Vianna, bajo el estado theta o fuera de él, dentro o fuera del cuerpo, todo es igual. ¿Cuántas personas piensan en las funciones corporales y en el funcionamiento de sus sistemas internos? En un momento dado, hay numerosos impulsos eléctricos del cerebro al cuerpo que le dicen cómo respirar, crecer, sentir hambre, digerir los alimentos y todos los actos inconscientes que están llevándose a cabo. De forma muy similar, el cerebro y el alma están conectados con el enorme sistema nervioso de la Tierra. La Tierra, a la vez, está conectada con el sistema nervioso del universo, nuestro cuerpo 'exterior' infinito. Esta conexión externa con el universo es similar a nuestra conexión interna con el cuerpo en el sentido de que podemos efectuar cambios en el universo externo de nuestro espacio, de la misma forma en que lo hacemos internamente. La razón por la cual esto no está ocurriendo hoy es porque durante siglos los niños han sido educados con la creencia de que tienen limitaciones. Y hemos aceptado esas limitaciones a lo largo y ancho del ADN en los niveles espiritual, mental, emocional y físico'.

Fue en ese momento que comencé a comprender con mayor profundidad el plan del Creador para la información de ThetaHealing y cómo debía ser trasmitida e implementada.

Verán, cuando recibí el trabajo con las creencias y con las emociones, me mostraron que todos tenemos la capacidad de disolver nuestras limitaciones y conectarnos verdaderamente con el ser divino que reside en el interior de todos nosotros. Comprendí que como especie, nos había tomado siglos acumular estas limitaciones o 'programas' en todos los niveles: físico, emocional, mental y espiritual. Sin un método para liberarlos, nos tomaría siglos deshacernos de ellos. En el pasado, así fue que evolucionamos: nivel por nivel, generación por generación y vida por vida. Solamente evolucionábamos un poco durante cada espacio de vida para que pudiéramos entender todo lo que esa vida en particular tenía para ofrecernos. Pero ahora, a través de la *evolución espiritual*, comprendí que estamos desarrollando la habilidad de ver más allá de los límites de nuestra realidad y abrirnos a otros aspectos de la creación. Nos ha sido otorgada una forma de eliminar *en esta vida* los sistemas de creencias que ya no nos sirven.

Ahora sé que todos tenemos la oportunidad de alcanzar una nueva etapa de desarrollo, en donde nos serán otorgadas las llaves para descorrer el cerrojo de la compuerta de la represa, que ha impedido el avance de nuestro 'karma'. Genética, enfermedades, programaciones infantiles, influencias y asuntos energéticos de la conciencia colectiva: todo esto nos ha impedido desarrollar nuestro pleno potencial como cocreadores con el Creador de Todo lo que Es. Pero ahora podemos impedir que nos afecten las decisiones de nuestros ancestros, así como la influencia de nuestra vida presente. Ha llegado la hora de comenzar a usar nuestro poder como chispas divinas de Dios.

En este libro, te presento la preparación para el curso 'ADN 3 Avanzado de ThetaHealing', que llevo enseñando desde 2003. La regla de oro de 'ThetaHealing Avanzado' es ser cuidadoso con este trabajo. Una vez que has desarrollado tus habilidades intuitivas, es imperativo que seas consciente de las formas de pensamiento que proyectas cuando estás bajo el estado theta. Esta es la razón por la que es importante usar el trabajo de las creencias para liberar y reemplazar programas negativos, además de instilar las emociones del Creador para llevarte a un lugar de pureza en tus pensamientos.

Tu mente es increíble. Mueve tu cuerpo con impulsos eléctricos. Con estas técnicas, también aprenderás a utilizar los impulsos eléctricos que mueven las cosas *fuera* de tu cuerpo. Debes desarrollar también la sabiduría para utilizar tus habilidades sin temor y reconocer la diferencia entre tus emociones y la *verdad*.

La mayoría de los alumnos e instructores que realizan el trabajo theta son personas maravillosas. Sin embargo, en ocasiones puede haber un individuo desequilibrado o exageradamente egoísta; sencillamente, así puede ser la vida. Esta es una las razones para presentar la información avanzada. Esta información está diseñada para diferenciar a las personas que deberían realizar el trabajo theta de aquellas que no deberían.

Recuerda siempre: el *libre albedrío* es un don maravilloso, pero no debe interferir con el *libre albedrío ajeno*.

En el año 2002 tuve un sueño. Ahora entiendo su relación con este tema. En el sueño, me habían asignado la labor de proteger a un bebé que estaba rodeado de un gran misterio. Al principio, pensé que alguien estaba tratando de matarlo, pues todo aquel que se le acercaba, quedaba hecho trizas. Yo entraba a la habitación justo cuando algo terrible le iba a ocurrir a alguien y me di cuenta que el bebé era la causa. El bebé poseía un exceso de poder psíquico descontrolado, por lo que todo aquel que lo enojaba o lo molestaba era descuartizado. El bebé representaba el descontrol de nuestras habilidades psíquicas, el abuso y la ignorancia de nuestras habilidades, al igual que la persona que va conduciendo por la calle, maldiciendo a todo aquel que se encuentra en su camino. El bebé era increíblemente intuitivo, pero su poder no estaba acompañado de sabiduría. No había tenido tiempo de desarrollarla.

La moraleja de esta historia es que si tienes poder sin sabiduría, es posible abusar de él. En este tiempo y espacio, muchas personas tienen programas de creencias que *harán* que abusen de las habilidades que conlleva ThetaHealing. Estos programas pueden estar almacenados en diferentes niveles de creencias. Para algunas personas, existen programas de auto sabotaje a un nivel inconsciente. En otros casos, el ego negativo de un practicante puede evitar su desarrollo como sanador ThetaHealer®. El equilibrio es clave para convertirse en un sanador intuitivo de trabajo energético. Si el sanador está desequilibrado, es posible que las sesiones y las sanaciones no sean efectivas.

Además, en las sesiones, sanaciones y en la enseñanza de este trabajo, debes proyectar amor incondicional. Si no *amas* con sinceridad al individuo que estás sanando, este puede percibirlo. Si miras en tu interior y descubres que te disgustan ciertas personas, quizá debas utilizar el trabajo con las creencias hasta que veas la *verdad* sobre la gente y aun así los aceptes y los *ames* tal como son. Podemos reconocer características en otros que nos parecen molestas, pero es el dominio de esas características en nuestro *interior*, lo que logrará que superemos el círculo infinito de competencia en el mundo. Liberar las creencias más profundas y aceptar las emociones esenciales del Creador, los hará libres.

¡BIENVENIDO A THETAHEALING AVANZADO!

La naturaleza intrínseca de la vida puede percibirse como energía pura. Los siete planos de existencia son la danza y el círculo de esta energía. La energía divina es infinita, simplemente cambia de forma a través de diferentes frecuencias de vibración. Ningún plano de existencia es más importante que otro. El objetivo es equilibrarse con la energía de cada plano a través del séptimo plano del Creador de Todo lo que Es: el espíritu universal que anima y conecta todas las cosas en la existencia.

El propósito de este libro no sólo es explicar esto, sino también enfocarnos en la energía que atrae los resultados mejores y más rápidos y demostrar que todo lo que ha sido creado puede ser 'des-creado' y luego vuelto a crear.

'ThetaHealing Avanzado' es el entendimiento profundo de la naturaleza espiritual de los átomos y el conocimiento de que somos seres magníficos creando la realidad.

1
REPASO DEL TRABAJO CON LAS EMOCIONES DE THETAHEALING

En este libro, aprenderás a sanar desde el *séptimo plano de existencia*. Esta es la *esencia de Todo lo que Es*.

También aprenderás más detalles relacionados con todos los planos: cómo eliminar juramentos, votos y compromisos que ya no te sirven y cómo sanar las almas rotas.

Atraerás emociones que nunca has experimentado.

Liberarás espacio desperdiciado en la mente por almacenar emociones negativas fortuitas, como: ira, venganza, resentimiento, remordimiento, agresividad, celos, envidia y amargura. Esto también te permitirá utilizar más energía, lograr mayor rapidez en la sanaciones, avanzar como especie humana y conectarte con la divinidad.

Antes de comenzar este libro, por favor, entiende que eres responsable de tus propias decisiones y de tu propia vida. Los conceptos aquí expuestos son maravillosos y te ayudarán a crecer, pero no pueden ser usados para alterar el libre albedrío de otra persona. Independientemente de quién eres y de cómo piensas, la verdad es que *todos* estamos aquí para aprender experimentando, y que *todos* tenemos libre albedrío. El libre albedrío es una ley del universo. Simplemente, es. Si estás leyendo este libro con otras ideas en mente, quizá esta información no es para ti. Cualquiera que use este trabajo y abuse de él, debe comprender que hay otras leyes conectadas con el libre albedrío, como la ley de la verdad y la ley de la justicia. Romper una ley como el libre albedrío, significa estar en oposición directa a la ley de la verdad y a la ley de la justicia. Todas las leyes trabajan en colaboración mutua para mejorar los atributos inherentes a cada ley individual. Es esencial tener esto en cuenta al llevar a cabo este trabajo.

En el año 2003, supe que habría una clase de ThetaHealing de ADN 3. Con el fin de avanzar a esta clase, comprender y utilizar la información, los alumnos deberían ser instilados con emociones que quizá nunca habían conocido de parte del Creador de Todo lo que Es. Estas descargas fueron ofrecidas en lo que llegó a denominarse la clase de 'ThetaHealing Avanzado', y están en este libro. Este libro enseña cómo descargar estas emociones en ti, teniendo acceso a la definición más elevada de ellas, de parte del Creador de Todo lo que Es. Entiendo que muchos de ustedes ya podrían tener algunas de estas emociones y creencias, y no estar experimentando los cambios demoledores que se producen como resultado de su descarga. Sin embargo, comprender apropiadamente estas emociones, puede crear cambios positivos en tu vida.

Así es como creemos que funciona: desde el momento de la concepción hasta el tiempo presente, nuestras células han sido entrenadas sobre nuestras expectativas por medio de los mensajes que llegan a través de sus receptores. Cada célula tiene receptores. Están ahí para recibir nutrición, hormonas y comunicación. Actúan como puntos de recepción, desembarque y distribución, para el buen funcionamiento de las células.

Las células también han sido entrenadas, desde nuestra más tierna juventud, por los mensajes *emocionales* que les son enviados. Por ejemplo, si fuiste creado en un hogar en donde la mayoría de tus familiares sufrían de depresión crónica, puedes tener receptores diseñados para generar en ti depresión crónica. Al crecer, esto creará eventualmente una situación en donde las células de tu cuerpo no se sentirán normales a menos que estés deprimido. De hecho, puedes no sentirte normal a menos que te deprimas respecto a algo, por lo menos, una vez al día. En esta situación, el cuerpo ha sido entrenado para estar crónicamente deprimido a través de la influencia de miembros de tu familia.

Con el fin de ayudar a un individuo con depresión a través de ThetaHealing, es posible que debamos usar el trabajo con las creencias, según lo expliqué en mi primer libro. No obstante, extraer la creencia: 'Estoy deprimido' y reemplazarla con otro programa, puede no ser suficiente para eliminar el problema. Ahí es cuando el trabajo con las emociones entra en acción. En este caso, lo que se debe hacer es enseñarle al cuerpo de la forma más elevada y mejor *a vivir sin depresión*. Esto entrena de nuevo a los receptores para cerrar las minúsculas compuertas que permiten la entrada de los mensajes de depresión y abrir nuevas vías de comunicación a las células para emociones y sentimientos beneficiosos. Cuando instilas una nueva emoción, se crearán también estas nuevas vías receptoras. Ahora la célula entiende cómo vivir sin depresión. Los cambios en las células se registran en el ADN, por lo que cuando las células se replican, la nueva célula también tendrá las nuevas vías de comunicación.

Además de cambiar los receptores en las células a través del trabajo con las emociones, cuando introducimos un nuevo concepto o modificamos cierta creencia, se crean nuevos circuitos neuronales en el cerebro. El cerebro es un transmisor y receptor biológico electromagnético de información, una característica que nos permite aprender. Por ejemplo, si liberas el programa de la creencia de que eres feo y lo reemplazas con la creencia de que eres bello, las neuronas seguirán un nuevo patrón. No obstante, primero debes saber cómo se *siente* ser bello.

En la mayoría de los casos, *la técnica de indagación* debe preceder la introducción de emociones o la liberación de programas. Esta técnica nos permite comprender cuáles conexiones neuronales debemos cambiar. Luego debemos asegurarnos de que cambiamos cualquier patrón asociado que pueda interferir con el nuevo concepto. En el primer libro, trato el tema de la indagación para las creencias fundamentales. En este libro, ofreceré una explicación más profunda del proceso.

Indagar no significa preguntarle al Creador qué debe cambiarse y nada más. Involucra una conversación con el cliente, puesto que el simple acto de hablar del tema lo liberará de una parte del asunto. De hecho, llevará el programa a la luz de la mente consciente para ser eliminado de forma espontánea. El punto clave está en la interacción entre el cliente y el practicante, pero el cliente no debe enfocarse demasiado en la idea de que su cerebro está siendo reprogramado, o de lo contrario, su subconsciente puede intentar reemplazar el nuevo programa con el viejo.

Cuando encuentres un nuevo programa conectado a un receptor, pregúntale al Creador si debes liberarlo, reemplazarlo o simplemente borrar algún aspecto de él. Nunca reemplaces un programa sin usar el discernimiento apropiado. Lo que puede parecer al principio como un programa negativo, puede en realidad ser beneficioso. Los programas no deben ser liberados de forma fortuita.

Enseñarle al subconsciente a actuar de forma distinta no es una idea novedosa de mi propiedad. Muchas personas usan procesos diferentes, como leer lo mismo durante 30 días, para cambiar la mente subconsciente. No obstante, en ThetaHealing, creemos que los cambios son casi instantáneos. Las creencias son extraídas, enviadas al Creador, reemplazadas con nuevos programas y sentimientos instilados por el Creador, y ¡ahí estás como nuevo! Creemos que al usar el trabajo con las creencias y las emociones, es posible realizar cambios físicos en el cuerpo y curar las enfermedades. He visto cambiar muchas vidas simplemente descargando emociones del Creador.

2

DESCUBRE EL SÉPTIMO PLANO

Al enseñar en mis clases de ThetaHealing, no solamente observo a mis alumnos en el sentido físico, sino también en el sentido espiritual divino. Uso la percepción visual intuitiva que me permite observar a dónde están yendo con sus conciencias cuando realizan los ejercicios. Recuerda, en ThetaHealing, nos visualizamos elevándonos por encima de nuestro espacio para activar la onda cerebral theta, razón por la cual el trabajo con ThetaHealing funciona. Pero no me tomó mucho tiempo comprender que cada persona parecía ir a un lugar diferente.

Durante una de estas clases, una de mis alumnas, frustrada con sus resultados, me preguntó a dónde iba yo para cocrear sesiones y sanaciones. Se lo expliqué lo mejor que pude, pero comprendí que el proceso se había vuelto algo tan natural para mí, que las palabras no le hacían justicia a la explicación. No obstante, de alguna manera tenía que exponerlo en palabras. Esto hizo que me sentara a escribir el proceso paso a paso, hasta convertirse en lo que ahora llamo 'el mapa del camino al séptimo plano'.

Ya he descrito este proceso en mi libro 'ThetaHealing', pero lo describiré de nuevo aquí, puesto que solamente ascendiendo al séptimo plano puedes tener acceso a la energía Creadora de Todo lo que Es. Es solo ahí que existe la energía de la creación, para que puedas 'des-crear' las enfermedades y crear de nuevo la salud en un instante. Es el lugar donde los practicantes (ThetaHealers) deben ir y desde donde deben sanar.

Cuando te visualizas elevándote por encima de tu espacio hasta el séptimo plano, estas dejando atrás tu paradigma personal y tus percepciones limitadas del mundo. Este proceso activará nuevas vías de comunicación a todas las zonas de tu cerebro y casi dará un revés a tu conciencia, permitiendo que observes todo a tu alrededor con claridad.

4

LA ASCENSIÓN AL SÉPTIMO PLANO

El siguiente proceso te ha sido entregado por el Creador para entrenar Todo lo que Eres, para que comprendas y te conectes con Todo lo que Es. Una vez que aprendas esto, acudirás de forma consistente al séptimo plano y ya no tendrás que pasar por todo el proceso, pues reconocerás en tu mente que ya estás ahí.

Imagina la energía ascendiendo a través de las plantas de tus pies desde el centro de la Tierra y subiendo hasta la parte superior de tu cabeza como una hermosa esfera de luz. Tú estás en esta esfera de luz. Tómate tiempo para advertir de qué color es

Ahora imagínate ascendiendo más allá del universo.

Ahora imagínate llegando a la luz que está más allá del universo. Es una luz grande y hermosa.

Imagínate atravesando esa luz, y luego viendo otra luz brillante, y otra, y otra. De hecho, hay muchas luces brillantes. Sigue avanzando. Entre las luces, hay un poco de luz oscura, pero es sólo una capa antes de la siguiente luz; sigue avanzando.

Finalmente, llegas a una luz dorada enorme y brillante. Atraviésala. Luego verás una sustancia gelatinosa con todos los colores del arco iris. Cuando la penetras, ves que cambia de color. Son las leyes. Verás todo tipo de formas y colores.

En la distancia, hay una luz blanca iridiscente. Su color es blanco azulado, como una perla. Dirígete hacia esa luz. Evita la luz de color azul profundo que verás, puesto que se trata de la ley del magnetismo.

Al acercarte a la luz iridiscente, verás una bruma rosada. Continúa hasta que la veas. Se trata de la ley de la compasión, te enviará hacia la luz.

Verás que la luz iridiscente tiene la forma de un rectángulo, como una ventana. Esta ventana es en verdad la entrada al séptimo plano. Atraviésala en toda su plenitud. Observa un brillo intenso blancuzco a través de tu cuerpo. Siéntelo. Se siente ligero, pero tiene esencia. Puedes sentir cómo te atraviesa y es como si ya no pudieras sentir ninguna separación entre tu propio cuerpo y la energía. Te conviertes en Todo lo que Es. No te preocupes. Tu cuerpo no desaparecerá. Puede volverse perfecto y sano. Recuerda que ahí solo hay energía, no personas y cosas. Por lo que si ves personas, elévate más.

Es desde este lugar que el Creador de Todo lo que Es puede realizar sanaciones instantáneas y que tú puedes crear en todos los aspectos de tu vida.

Practica usando esta forma de ascender al séptimo plano de existencia. Descorrerá el cerrojo de muchas puertas de tu mente y estimulará a las neuronas de tu cerebro para conectarte con la energía de la creación. No te llevará al universo más remoto; más bien, te llevará a una parte interior de tu ser que puedes no haber experimentado nunca: tu universo interno. Es la razón por la cual algunas personas ven un reflejo de ellos mismos cuando van por primera vez al séptimo plano.

A donde verdaderamente te diriges es al comienzo de todas las cosas. Ahí comprenderás que estás conectado con *todo*.

EL MÉTODO EXPANDIDO

Otra forma de llegar al séptimo plano es a través del método expandido. No debes intentar este método hasta que hayas experimentado con el primero y hayas, por consiguiente, comprendido que todo alrededor de ti es energía y que eres parte integral de Todo lo que Es.

Siéntate cómodamente en una silla o sofá y respira profundo. Imagínate que tú y la silla se convierten en uno a nivel molecular. Tus moléculas y las de la silla se transfieren mutuamente. Estás conectado con las moléculas, convirtiéndote en uno con ellas. Ahora imagínate que a un nivel molecular, eres parte de todo en la habitación. Expándete hacia fuera y conviértete en uno con el mundo exterior.

Imagínate que eres parte de una zona, y luego del país en el que estás.

Imagínate que eres parte de toda la Tierra, conectándote con el planeta, con la tierra y el mar, con cada criatura, con cada nación de este planeta, hasta que tú y la Tierra sean uno y lo mismo.

Imagínate que tú y el universo son uno y lo mismo.

Imagínate que eres parte de todas las luces blancas brillantes.

Imagínate que eres parte de la sustancia gelatinosa.

Finalmente, imagínate que eres parte de una luz blanca iridiscente que es el séptimo plano de existencia. Conviértete en uno con esta luz blanca iridiscente, sientes un hormigueo en toda la piel.

Respira profundo y abre tus ojos. Bienvenido al séptimo plano de existencia. Contempla ahora que no estás separado, eres parte de Dios: de Todo lo que Es.

CÓMO TOMAR UN ATAJO

Una vez que has pasado por este proceso, descubrirás que eres capaz de ir al séptimo plano de forma instantánea pidiendo estar ahí. Es un interruptor integrado al cerebro.

Recuerda, estás pidiendo ir al séptimo *plano*, no al séptimo *nivel*. Hay muchos niveles en los planos de existencia y si pidieras ir al séptimo nivel, estarías yendo al quinto plano.

ENRAIZARTE

Cuando regreses del séptimo plano y lleves tu conciencia de vuelta a tu espacio, existe una forma apropiada de *enraizarte de nuevo a tu cuerpo*. Es importante que envíes una vez más tu conciencia energética hacia el centro de la Tierra, y luego regreses a tu espacio.

Cuando algunas personas regresan a su espacio después de enviar su conciencia al espacio de otra persona en una sanación o en una sesión, no filtran su esencia a través de Todo lo que Es antes de reconectarse con su cuerpo. Es mejor conectarse con Todo lo que Es cuando regreses a tu espacio.

EL CREADOR

Muchas personas creen que lo que están haciendo cuando van al séptimo plano es ascendiendo al cosmos. Lo que están haciendo, en verdad, como ya lo expliqué, es activando algo en *su interior*, en la energía, el núcleo y la estructura de un átomo. Este acto es la memoria del alma de que estamos conectados con el Creador de Todo lo que Es.

En muchas culturas, se considera que el Creador es masculino, o un dios masculino. Pero cuando llegas al séptimo plano, llegas a la energía que lo crea *Todo*. Aquí no hay masculino ni femenino, sólo la energía de la creación que reside en todos nosotros.

Una de mis alumnas y maestra, nunca pudo captar el concepto de que el Creador estaba en todas partes y que nosotros éramos parte de ese Creador. Recuerdo que hice todo lo posible por llevarla al séptimo plano para que pudiera comprenderlo. Estalló en lágrimas diciéndome que estaba demasiado lejos, que el Creador estaba demasiado lejos de ella. Le dije: 'Una vez que llegues al séptimo plano y abras tus ojos a la energía de Todo lo que Es, verás un reflejo de ti misma'. Pero durante todo el tiempo que estuve enseñándole en la clase, nunca entendió el concepto. Nunca dejó de revolcarse en sus viejas creencias durante el tiempo suficiente para escuchar lo que estaba diciendo.

Parte del objetivo de ThetaHealing es usar el trabajo con las creencias para eliminar cualquier bloqueo que te impida comprender que estás llegando y *eres parte* del séptimo plano y de Todo lo que Es. Esta es la energía que debes comprender con el fin de utilizar el ADN 3.

CONEXIÓN CON LA DIVINIDAD

También es posible elevarte, salir de tu conciencia y conectarte directamente con el Creador. He descubierto que la mejor forma de hacer esto es la siguiente:

1. Comienza debajo de tus pies y atrae la energía desde el centro de la Tierra.
2. Atrae esta energía hacia ti.

Esto abre automáticamente los chacras y activa la energía del *kundalini*. Con esta energía, se realiza la conexión con el Creador de Todo lo que Es del séptimo plano de existencia.

Es importante que sigas este procedimiento, porque abre los chacras y eleva el *kundalini* de forma segura y correcta. En mi experiencia, si se activa demasiado rápido el *kundalini*, existe la posibilidad de crear tensión en los órganos físicos.

3

LA SESIÓN AVANZADA

Las sesiones de ThetaHealing usan la onda cerebral theta, de la cual se ha descubierto que tiene varias propiedades interesantes. Los científicos han encontrado que ciertas frecuencias cerebrales (en particular los rangos alfa, theta y theta gamma):

- alivian el estrés y promueven una reducción duradera y sustancial de la ansiedad
- facilitan la relajación física profunda y la claridad mental
- incrementan la habilidad verbal y el coeficiente intelectual del desempeño verbal
- sincronizan los dos hemisferios del cerebro
- invocan imágenes mentales espontáneas, así como: creatividad imaginativa, reducen el dolor, promueven la euforia y estimulan la liberación de endorfinas.

Cada vez que te conectas con el Creador de Todo lo que Es bajo theta, activas las vías de comunicación neurológicas del lóbulo frontal del cerebro. Esta es la parte que se activa cuando reaccionas a un placebo. Conforme mantienes la onda theta, más se desarrolla esa parte de tu cerebro, dejándote una sensación de euforia.

Mantener la onda theta puede no ser fácil al comienzo, pero sí con la práctica: un practicante avanzado de ThetaHealing logrará mantener la onda theta con 50 personas en una habitación, en una calle muy concurrida o en medio de cualquier ruido o caos. Obviamente, es mucho más fácil alcanzar un estado meditativo divino en un ambiente pacífico y armónico, pero no siempre tenemos ese tipo de lujo. Lo que es importante es ser capaces de usar nuestras habilidades intuitivas, aunque estemos en medio de una conmoción. Debemos entrenar nuestra mente para trasladarse al estado theta divino de forma instantánea, antes de que nuestra mente consciente pueda convencernos de lo contrario con sus temores y dudas respecto a nuestras habilidades.

LA SESIÓN

Con el fin de entrenar al cerebro para realizar una sesión o sanación, usa el siguiente proceso (esta es una versión simplificada del proceso más complejo y extenso, que se le enseña al principiante y que ha sido descrito en el libro *ThetaHealing*):

1. Comienza con el chacra del corazón.
2. Envía tu energía hacia abajo, hacia el centro de la Madre Tierra.
3. Lleva la energía de regreso hacia tu cuerpo para abrir los chacras y activar el *kundalini*.
4. Envía la energía hacia arriba y hacia afuera de tu chacra de la corona.
5. Atraviesa todos los planos de existencia usando el mapa del camino a Todo lo que Es.
6. Conéctate con el séptimo plano de existencia y con el Creador de Todo lo que Es.
7. Pide ser testigo de la sesión.
8. Entra al espacio de la persona y presencia el interior de su cuerpo.
9. Una vez que hayas terminado, lleva tu conciencia fuera del espacio de la persona a través del chacra de la corona, desconéctate limpiándote en una corriente de agua o de luz blanca y entra a tu cuerpo a través de tu chacra de la corona. Envía tu conciencia de regreso a la Madre Tierra para conectarte y lleva la energía hacia arriba a lo largo de todo tu cuerpo y hasta tu corona.

Una vez que este proceso se convierta en algo espontáneo y sincrónico, descubrirás que ya no es necesario atravesar de forma mecánica cada paso del proceso. En un instante atemporal, la conexión de la energía del centro de la Tierra ascenderá desde tu columna hacia el chacra de la corona. Con esta conciencia theta, atravesarás todos los planos de existencia utilizando el mapa del camino al Creador. Luego, en un momento atemporal, te reunirás con la energía divina del Creador de Todo lo que Es del séptimo plano de existencia.

LA RECOMPENSA DEL MAPA DEL CAMINO

El mapa del camino nos sirve como un enfoque de la conciencia y su objetivo es, en parte, evitar que te dejes distraer por el atractivo de los primeros seis planos de existencia. Además, inherente al proceso del mapa del camino, existe un patrón oculto de activación que estimula tu cerebro y mejora tu habilidad de realizar sesiones y sanaciones.

El uso continuo del mapa del camino te ayudará a comprender y utilizar la energía de Todo lo que Es. La razón es que cada vez que asciendes hacia las luces blancas, a las luces negras y a través de la oscuridad hacia la luz blanca brillante, diferentes partes de tu cerebro se 'ponen en marcha' hacia los siete planos y al Creador de Todo lo que Es.

Mientras sientes que estás ascendiendo al Creador, sé testigo de la activación de tu lóbulo frontal, glándula pineal, pituitaria e hipotálamo. Una onda de energía cubrirá estas partes del cerebro. Cuando usas la meditación del mapa del camino, ejercitas los 'músculos' del cerebro que no has usado durante mucho tiempo.

Podrías preguntarte: '¿Cuál es la recompensa de todo esto?'. La recompensa es que encontrarás lo que estás buscando. Encontrarás paz, pureza y alegría inimaginables. Estas emociones permanecerán contigo. Será entonces tu responsabilidad compartirlas con algunas de las personas que te rodean (porque es bueno hacerlo).

ASCENSIÓN

Creo que cuando ascendemos al séptimo plano, en realidad estamos yendo a una jornada interior *al mismo tiempo* que estamos viajando al exterior, hacia la infinidad de la creación. Estamos realizando una jornada al interior de nuestro cerebro, a los mensajeros y neuronas, y siguiendo las vías de comunicación de los circuitos neuronales del cuerpo, para ir al interior de cada energía atómica que reside en cada molécula.

Somos estimulados por una conciencia; la conciencia de que estamos conectados con cada molécula, cada átomo y con la energía asociada con las partículas subatómicas. Este es el primer paso de la ascensión. Será esta conciencia interna que nos llevará a la comprensión de que ya no hace falta la increíble competencia que existe actualmente en el mundo: se terminará la batalla de la dualidad. El poder masivo del universo está en nuestro interior, esperando fundirse con nosotros. Una vez que hemos reconocido este poder interno, al enfocarnos en la ondas cerebrales theta, fluirá hacia el macrocosmos de nuestras vidas diarias, expandiéndose a través de los planos de existencia, hacia el inmenso macrocosmos del Creador de Todo lo que Es.

EL PEDIDO

En ThetaHealing, aprendemos a realizar un *pedido* a nuestra mente inconsciente para lograr algo. Luego somos testigos a través de la visualización. Lo que debemos comprender es que cuando hacemos este pedido, no cuestionamos, ni con la mente consciente ni la inconsciente, si esto será cumplido, este proceso elimina todas las dudas sobre nuestro merecimiento, habilidades o similares. Este pedido por sí mismo otorga la realización de nuestra propia parte en la sanación.

No obstante, no debemos perder de vista lo que este pedido es y lo que no es. Debemos entrenarnos para reconocer la diferencia entre un *pedido* y una *exigencia* cuando nos comunicamos con la divinidad.

Una de las cosas más importantes que nos otorga ThetaHealing es la habilidad de *comunicarnos con* la divinidad, no de *exigirle* a la divinidad. No está diseñado para usarse como una *lista de deseos* de nuestros anhelos egoístas más ínfimos o más grandes.

Además, en ThetaHealing no se trata de '*hablar*' con el Creador. Es hablar *con* el Creador y *escucharlo*. Esta es la verdadera comunicación con la divinidad.

PRESENCIAR EL PEDIDO

Es *siendo testigos* de una sanación o manifestación que funciona en verdad el *pedido*. Hay una ley que dice: '*Si no lo presencias, no ocurrirá*'.

He descubierto que muchos sanadores se apresuran a salir del cuerpo antes de terminar de presenciar el proceso. Si no eres testigo del proceso hasta su terminación, no *estará* completo.

LA LIMPIEZA

Al principiante se le enseña a limpiarse de cualquier energía residual del cliente con agua o luz blanca cuando regresa a su propio espacio. Pero cuando el practicante avanzado ha llegado al punto de la verdadera comunicación, no será necesario limpiar la energía psíquica residual. Esto se debe a que las sesiones y sanaciones son realizadas por la energía perfecta de Todo lo que Es.

CON SUAVIDAD Y DELICADEZA

Una onda cerebral enfocada theta que es filtrada a través del Creador es una señal muy suave y no es necesario 'actuar' con gestos físicos. He visto a muchos de mis alumnos poner los ojos en blanco en una sesión o mover todo su cuerpo como si fuera un diapasón. ¡Algunas personas hasta actúan como si estuvieran teniendo una evacuación difícil! Estas personas están haciendo un esfuerzo demasiado grande.

La mejor forma de entrar en el espacio de alguien es hacerlo con la suavidad de una pluma flotando en la brisa. Entra como si fueras parte de su cuerpo, no separado. Los sistemas corporales tienen su propia percepción, su propia inteligencia. Las células del cuerpo pueden percibir que tu conciencia está en el cuerpo y si los macrófagos te perciben como una amenaza, el sistema inmunológico puede comenzar a trabajar con mayor intensidad de lo que debería para contrarrestar el ataque percibido de un invasor extraño. Entra entonces con absoluta reverencia, con suavidad y delicadeza, y pidiendo permiso. Estás entrando en el templo sagrado de otra persona.

ENFOQUE

Cuando una persona pide una sesión, debes permanecer enfocado en su energía. No obstante, si estás demasiado ocupado enfocándote en estar enfocado, podrías perderte de algo. Una sesión es cuestión de enfocarte *y* mantener el estado theta.

Además, si deseas dedicarte a esto profesionalmente, debes saber que no siempre es fácil, ya que estás lidiando con seres humanos y todos somos distintos. Se requiere disciplina. Cuando comencé con esta labor, le pedí al universo que el Creador me trajera personas recomendadas por otras, pero siempre *iba* a mi trabajo. Iba a diario y esperaba a que sonara el teléfono. Me aseguraba de cumplir mi papel en el proceso.

He escuchado decir: 'No quiero hacer sesiones hoy. No me siento con el ánimo para hacerlo'. Y luego se sorprenden porque no tienen una clientela consistente. Me aseguraba de estar siempre disponible y me presentaba a diario, incluso durante las noches y los sábados si era el único momento en que mi cliente podía acudir.

Algunos de mis alumnos principiantes sienten mucho temor de equivocarse en una sesión. Puedo entender esto. He realizado miles de sesiones, pero justo antes de comenzar la conversación telefónica o la sesión con un cliente, mi corazón todavía late con un poco de nerviosismo. Luego me elevo y me conecto con el Creador y todo sale bien. Sé que siempre que entre al estado theta, el Creador se hará cargo de todo. No puedo decirle a alguien cuánto le tomará tener una comunicación consistente y pura con el Creador. Es diferente en todos los casos, porque todos tenemos sistemas de creencias diferentes.

De lo que sí estoy segura es que después de un largo día trabajando con muchos clientes, siempre habrá alguien hacia quien me sienta agradecido por su inspiración. Entonces digo: 'Creador, gracias por traerme a esta persona hoy'.

Una de estas personas fue una mujer paralizada por esclerosis múltiple. Trabajamos en sus sistemas de creencias, y para cuando terminamos, era como si fuera ella la que me estuviera dando la terapia, y no al contrario. No me dijo: '¿Me puedes sanar?', sino: '¿Qué puedo hacer para que el Creador se sienta orgulloso de mí?'.

Después de una sesión tan inspiradora como esta, todo regresa a su perspectiva y me siento volando por las nubes durante varios días.

LA IMAGEN

La imagen que un cliente tiene del practicante de theta es una parte importante de la sesión. Como practicante, debes asumir un *personaje* con cierta iluminación. Es tu responsabilidad ayudar a las personas a acercarse a la divinidad, no quitarles su ilusión. No te puedes dar el lujo de permitir que tus clientes vean tu vida emocional. Ellos tienen ciertas expectativas y es tu responsabilidad hacer lo máximo posible para cumplir con esas expectativas. Los puntos a continuación son cruciales:

- No te involucres emocionalmente en los dramas o traumas de un cliente. ¡No es bueno para ti tener una crisis emocional frente a un cliente! Esto también impedirá que seas testigo de la sanación.

- Pregúntale al Creador si es seguro convertir a uno de tus clientes en un amigo cercano antes de hacerlo.

- Habrá momentos en que un cliente acuda a una sesión, solo para demostrar sus emociones. Incluso puede gritarte. Esto puede ocasionar rápidamente un desequilibrio en ti, sin embargo, nueve de diez veces, no tendrá nada que ver contigo.

- Como sanador, es un reto permanecer en un buen espacio bajo las condiciones más adversas. Nunca permitas que el cliente te vea sudar. Al final del día, deberás estar de vuelta en tu cuerpo, enraizado, limpio de toda negatividad y de buen humor. Para poder cuidar a los demás, debes primero cuidar de ti.

- Sin saberlo siquiera, puedes estar tratando a alguna persona de la misma forma que su subconsciente negativo lo está proyectando. Con pensamientos y con obras, con palabras y con acciones, debemos a tratar a todos con amabilidad. Para lograrlo, es importante conocer las diferencias entre nuestros sentimientos, programas y creencias y los ajenos.

ESCUCHAR A LA DIVINIDAD

Es importante desarrollar la habilidad de escuchar 'más allá de tu ego'. Aprende a escuchar cómo sanar a alguien, cómo escuchar la verdad y cómo escuchar la explicación del Creador.

Escuchar los pensamientos ajenos puede ser difícil, particularmente ¡si están pensando que odian tu determinación! Pero si puedes decirte: 'Puedo amar a esta persona de todas maneras', lograrás una gran diferencia, por lo menos la mayor parte del tiempo.

CONFIDENCIALIDAD

Mantén todos los asuntos confidenciales tan secretos y sagrados como te sea posible. No hables de nadie ni compartas la información. Si puedes ver que alguien está en peligro, a veces no hay mucho que puedas hacer. En estas situaciones, deja que sea el Creador quien te guíe.

BEATERÍA

Puede ser desafiante impedir que tu propia moral se involucre en una sesión. Creo que cuando las personas comparten secretos como: 'Estoy teniendo una aventura con alguien', o cosas por el estilo, no me incumbe verlo como algo malo. Pregúntale al Creador la verdad de la situación. Mi opinión externa podría ser que cometes un error cada vez que le haces daño a alguien, pero no expreso esta opinión en una sesión.

La verdad, dicho sea de paso, no es cuestión de decirle abruptamente al cliente: 'Puedo ver que estás teniendo una aventura con alguien', porque también es importante honrar la verdad de la otra persona. En una sesión, a veces pido que me formulen preguntas. De esta forma, no tengo que hablar sobre temas que el individuo no desea que yo descubra.

'¿POR QUÉ?'

Como practicantes, pensamos que debemos entender por qué algo es como es en una sesión. No obstante, no es necesario que nos dejemos atrapar por el drama emocional de la historia de un individuo. Solo debes comprender que algo 'es', en vez de preguntar *por qué* es así. Como sanador, debes comprender que la enfermedad 'es' y debe cambiarse. Si un componente emocional está ocasionando la enfermedad, entonces debes liberar una creencia o instilar una emoción. Pero no te dejes atrapar emocionalmente por la causa de la enfermedad.

Por ejemplo, si la causa emocional de la enfermedad está relacionada con el sufrimiento por una ex pareja infiel, no hay necesidad de tratar de entender la razón por la cual la pareja fue infiel, solo reconoce que fue así. Simplemente, cambia los programas asociados con la ex pareja. No todo ni todos tendrán sentido para ti como sanador.

LA VERDAD

En una sesión, siempre pide la verdad más elevada. Dile al Creador: 'Muéstrame la verdad más elevada'. Si te elevas para conectarte y la energía con la que te conectas tiene una emoción de caos, temor o ira, es muy probable que no sea la verdad pura. La verdad pura contiene una calma inherente.

15

Por ejemplo, digamos que estás en una parte peligrosa de tu ciudad y recibes un mensaje que te dice calmadamente: '¡Es hora de salir de aquí!'. Si te sientes claro y calmado respecto al mensaje, es una verdad innegable.

La verdad es en realidad algo curioso. Una verdad es que hay cosas terribles en el mundo y que si vas a hacer un buen trabajo de intuición, verás cosas malas así como cosas buenas. Cuando comienzas a ver la verdad real de la gente, ¡podría ser que no quisieras trabajar con nadie nunca más! Puede ser que necesites instrucciones del Creador para aprender a amar a las personas a pesar de lo que ves.

Todos somos producto de nuestra genética y de nuestra crianza. *Si puedes ver la verdad completa y divina de alguien, no expresarías un juicio tan crítico sobre esa persona.*

Si alguien acude a ti para una sesión y puedes percibir que está inestable, será muy difícil para ti ver la verdad de esa persona. ¿La rechazas? ¿Expresas tu verdad y le dices lo que sabes? O ¿lo ayudas con suavidad y delicadeza? ¿Sería sensato hacer eso? ¿Es peligrosa esa persona? Todas estas preguntas pueden acudir a tu mente. Y, por supuesto, la verdad es que las personas inestables necesitan ayuda igual que cualquier otra, siempre y cuando no te arriesgues a costa de ellas.

Una vez que comienzas con esta labor y te comunicas con el Creador, también te harás consciente del ego humano: el tuyo y el ajeno. El ego no interferirá si sabes que es el Creador quien realiza el trabajo y quien te permite ser testigo de la obra. Esto te quita un poco de carga cuando una persona te dice: 'Eres mi última y única esperanza'. Es el momento perfecto para responder: 'El Creador puede sanarte y yo rezaré por ti'. Esto deja a tu ego fuera del proceso.

Explora tu interior y observa si necesitas los siguientes sentimientos respecto a la verdad:

'Es seguro ver la verdad'.

'Entiendo cómo se siente la verdad'.

'Entiendo la verdad de la realidad ajena'.

'Soy capaz de discernir la verdad más elevada a través del Creador de Todo lo que Es'.

DISCERNIMIENTO DE LA VERDAD: ¿DE DÓNDE PROVIENEN TUS PENSAMIENTOS?

La gente siempre asume que el Creador me habla sin parar y que yo sé qué hacer todo el tiempo. Sin embargo, todavía me llegan ideas dispersas a la mente y tengo que discernir cuáles provienen del Creador y cuáles son simples formas de pensamiento flotantes.

Lo que debes saber es que la mente procesa miles de pensamientos todo el tiempo. De hecho, mi esposo, Guy, dice que no es justo luchar contra sus *pensamientos* que yo puedo escuchar, porque son apenas pensamientos dispersos que atraviesan su mente. Es verdad que puedes cancelar ciertos pensamientos, incluso cuando están atravesando tu mente, y que no llevas a cabo la mayor parte de tus ideas. Esta es la razón por la cual debes enfocarte y separar lo que proviene del Creador de lo que no... Y esto toma un poco de práctica. Otra complicación es que a veces las personas comienzan a escuchar a diferentes guías espirituales, y cada guía tiene su propia opinión.

También debes decidir si estás percibiendo los pensamientos de las personas cuando estás en una sesión. En algunos casos, puedes captar su mayor temor. Lo que muchas personas no comprenden es que en una sesión, no hay secretos, por lo menos así es para un buen psíquico intuitivo. Me parece divertido cuando los clientes vienen a verme y tratan de colocar un escudo. Si te entregan su consentimiento verbal y luego tratan de bloquearte, lo único que logran es facilitar más la lectura de sus pensamientos.

En verdad, no hay secretos en el universo. Si asumes esto y luego vives tu vida sabiendo que todo el mundo puede ver tu alma, cambiará definitivamente la forma en que vives. Pienso que ha cambiado mi forma de vivir.

Como practicante theta, es importante entrenar la mente para discernir. Debes estar seguro de que eres capaz de distinguir entre lo que proviene del Creador de Todo lo que Es y de lo que proviene de otras personas, sin negarle la entrada a otras vibraciones importantes ni sobrecargar tu mente.

La pregunta que debes formular siempre es: '¿Es esta la verdad del Creador?'.

Un buen ejemplo de esto fue cuando mi cuñado vino a visitarme. Tenía problemas con un cáncer que se estaba empeorando en esa época. Cuando entré a la habitación, el primer pensamiento que llegó a mi mente fue: 'Oh, ¡el cáncer está en todas partes!'. Este pensamiento no era mío; me llegaba de mi *cuñado*. Pero me golpeó como una ola en el océano y por un momento entré en pánico absoluto, por lo menos hasta que me elevé y le pregunté al Creador cuál era la verdad. Me dijo que el cáncer no estaba 'en todas partes' sino localizado en un solo lugar. Esto fue confirmado más tarde por los médicos de mi cuñado. Yo había captado su miedo, no la verdad.

LA VERDAD DEL CREADOR

En una sesión, percibirás la verdad de una persona (la verdad que ha creado para sí misma), pero la verdad del Creador puede ser diferente.

Hace muchos años, antes de conocer a Guy, me encontraba en una relación con una persona con quien no era compatible. Permanecía en esa relación porque temía el cambio y porque la situación era potencialmente volátil, por lo que dudaba ponerle un final definitivo.

Durante ese tiempo, tuve conversaciones con Dios. Mi verdad sobre la situación y la verdad del Creador eran muy diferentes. La verdad del Creador era: 'Esta persona llegó a tu vida y tú le permitiste que abusara de ti. Sigues permitiendo que se aproveche de ti. Podrías haber dicho 'no' o lidiar con la situación en muchas formas, pero en realidad, Vianna, tú permitiste que esto ocurriera. Fue un drama perfecto'.

Admitir que no era feliz y que quería un cambio era más de lo que podía manejar en ese momento. Simplemente, no podía hacerlo, y me inventaba excusas todo el tiempo. No obstante, la verdad del Creador era: '¿No has terminado con esto todavía? ¿Quieres que las cosas cambien? ¿Quieres saber cómo? Debes liberarte de toda obligación hacia este individuo. Cambia tu sistema de creencias y él se desvanecerá de tu vida'.

Para ser honesta, no supe cómo permitirme ser amada en ninguna de mis relaciones hasta conocer a Guy. Fui lo suficientemente inteligente como para dejar esas relaciones, pero también tenía un programa definitivo que *tenía* que dejar antes de encontrar a mi hombre de Montana. Quizá yo elegía personas que sabía que podía dejar. Cuando comencé mi relación con Guy, podía visualizarme en una mecedora envejeciendo a su lado. Finalmente, había encontrado a alguien con quien podía imaginarme estar por el resto de mi vida. Y el trabajo de las creencias se formó justo cuando lo conocí.

Creo que a medida que nos desarrollamos, nos reunimos con nuestras familias del alma en un sincronismo divino y perfecto.

Creo que parte de nuestra verdad divina es encontrar esas familias y trabajar en nuestro sistema de creencias.

Creo que estamos aquí para conectarnos con la energía del Creador y para aprender. Esto es lo más importante: aprender algo maravilloso de esta existencia. He aprendido muchas cosas maravillosas de todas las personas de mi vida.

Si estás teniendo dificultades en tu matrimonio o en tu relación, realiza la prueba de energía en busca de estos programas:

'Está bien ser amado'.

'Sé que es seguro ser amado'.

'Sé cómo se siente ser feliz'.

'Está mal ser feliz'.

'Es egoísta ser feliz'.

'Si soy feliz, algo malo ocurrirá'.

'Si me acerco mucho a alguien, me hará daño'.

Mientras te concientizas de estos programas negativos, recuerda que algunos de ellos te han ayudado a sobrevivir e incluso a prosperar. No te agobies diciendo: 'Tengo demasiadas *cosas* que trabajar en mí'. Más bien, piensa: 'Tengo muchas cosas en las que debo trabajar, pero sé que una vez que termine, seré una mejor persona. Comprenderé por qué tengo estos sistemas de creencias y sabré cómo cambiarlos'.

PROYECCIÓN DE CREENCIAS

Una de las cosas más importantes que debes evitar en una sesión, es proyectar tus creencias sobre los demás. Por ejemplo, si estás teniendo problemas con tu pareja, puedes estar tan desequilibrado emocionalmente por tu propia situación que llegas a creer que *todos* están teniendo problemas en su relación.

Aprendí lo fácil que era que algo así ocurriera con un joven que hacía sesiones en mi oficina. Era homosexual y comenzó a decirle a muchos de sus clientes que ellos también eran homosexuales. Estaba tanto en su propio mundo que deseaba que todos fueran como él. Dedicó una cruzada para decirles a todos que estaban inherentemente atraídos por el mismo sexo.

Me enteré por primera vez de esta conducta cuando a una de sus clientas se le escapó el secreto. Llevaba casada 28 años, pero todo en su vida se estaba yendo a pique porque acababa de descubrir que era lesbiana. Le pregunté por qué pensaba eso y me dijo que el joven le había dicho en una sesión que definitivamente ella era lesbiana, que no quedaba ninguna duda al respecto.

Quedé atónita de que alguien pudiera decir una falsedad así en una sesión. Le pregunté: '¿Amas a tu esposo?'.

Me respondió: 'Por supuesto que amo a mi esposo'.

'¿Disfrutas las relaciones sexuales con tu esposo?'.

'Sí, disfruto el sexo con mi esposo'.

'Entonces, no eres lesbiana, deja de preocuparte por eso'.

Después de eso tuve que reparar algunos daños que el joven había ocasionado en otras personas en sus sesiones. Se convirtió en tal molestia que tuve que pedirle que se fuera.

Por esta razón debes ser extremadamente cuidadoso en una sesión. La vulnerabilidad de los clientes puede ser tal cuando acuden a ti para un consejo intuitivo, que te entregan el control de su vida. Es de suma importancia cuando le hables a alguien sobre su futuro, que le digas también que cada *cual* crea su futuro, pues las personas a veces crean lo que tú les dices.

Digamos que ya has entrado en profundidad en una sesión con un cliente. De repente, tienes una revelación psíquica y le dices: 'Oh, no te estás llevando bien con tu amorcito'.

En vista de que has llegado a ver tanta profundidad de su vida, se convierte en tu labor ayudar a esa persona a resolver su asunto y quizá a reconstruir su relación. Al llegar a este punto de la sesión, debes tener mucho cuidado con el cliente pues este podría estar dispuesto a romper con su amante y a culparte luego.

La situación puede surgir debido a que no son capaces de sentir amor o interés por otra persona, o sienten que nunca serán capaces de satisfacer a la persona amada como el cónyuge. El tema de la relación puede no tener nada que ver con la otra persona, sino más bien con las emociones de las cuales carece el cliente.

También es muy importante para ti que evites proyectar tus propias emociones en la situación, *particularmente, si estás teniendo problemas en tu propia relación*. En este momento es que el trabajo con las creencias y con las emociones es útil para la sesión. El cliente debe haberte dado la opción de aceptar o negar la emoción de: 'Sé cómo recibir amor'. Al mismo tiempo, si llevas a cabo el trabajo con las creencias, puede ser que la persona llegue a darse cuenta de que desea reconectarse con su pareja. Es su decisión. Tu trabajo es ayudarla a estabilizarse emocionalmente y a ser capaz de tomar sus propias decisiones.

PROYECCIÓN DE LA PERCEPCIÓN

En pensamiento y en obra, en palabra y en acción, debemos tratarnos con gentileza. Para lograr esto, es importante conocer de forma intuitiva la diferencia entre nuestras emociones, programas y creencias, y los ajenos.

Programas aprendidos desde niños, como: '¡Aléjate de mí!', pueden convertirse en proyecciones de lo que somos en nuestro presente. Es decir, podemos proyectar estos programas hacia el exterior con formas de pensamiento que pueden manifestarse en todos los niveles: espiritual, físico, mental y emocional. Luego, en algunos casos, otras personas nos tratarán de acuerdo con lo que estamos proyectando.

La forma en que te percibes y te proyectas a un nivel consciente, no necesariamente es lo que estás proyectando a un nivel subconsciente y psíquico. Puedes creer que estás bien, pero aun así tener programas que fueron aceptados desde niño, flotando en el interior de tu mente inconsciente. Estos programas pueden causar perturbaciones en la forma en que interactúas con los demás y en la forma en que ellos interactúan contigo.

Por consiguiente, en una sesión, es importante estar alerta a las formas de pensamiento proyectadas de parte del cliente. Sin saberlo, podrías terminar tratando a alguien de la forma que su subconsciente negativo está proyectando.

Obviamente, la meta es que todos tengamos una interacción desde el séptimo plano. Este tipo de interacción nos elevaría más allá de la competencia, el odio y la envidia, sin mencionar otras emociones bajas que nos impiden ser todo lo que podemos ser con los demás y con nosotros mismos.

Debemos aprender a *interactuar* en vez de *reaccionar* en nuestras relaciones con los demás. Si logramos hacerlo, cambiando la forma en que percibimos y enviamos mensajes intuitivamente, podemos cambiar el mundo.

La percepción de la información también es un factor importante en la comprensión del conocimiento sagrado. Muchos factores juegan un papel aquí, incluyendo los antecedentes del psíquico, su estado mental y físico actual, así como su desarrollo espiritual. Todo esto afecta su habilidad de escuchar y discernir el conocimiento sagrado. Un ser intuitivo debe aprender a sintonizar sus percepciones para encontrar la esencia de la aceptación sin la interferencia de influencias negativas, e incluso positivas, que puedan bloquear su desarrollo.

ACEPTACIÓN CONSCIENTE

Debo ser muy clara en otro aspecto de una sesión. En el trabajo con las creencias, no puedes pedirle a tu cliente que te permita descargar emociones y programas de creencias múltiples; debes pedir permiso verbal para cada programa y creencia a la vez. Si te conectas con el Creador y encuentras una emoción que el Creador te dice que sería útil para la persona, sigue siendo tu responsabilidad explicarle a la persona la emoción para que acepte o rehúse conscientemente esta energía. Puedes ir hasta el punto de preguntarle al Creador cuáles serían las ramificaciones posibles en caso de que la persona aceptara la emoción.

Los programas de creencias y emociones no son juguetes que puedes descartar a tu antojo. Son esencias del Creador, fuerzas transformadoras de vida que cambiarán la vibración de un individuo y no deben tomarse a la ligera, ni por el practicante ni por el cliente. Que un practicante decida lleno de arrogancia que sabe cuáles creencias y programas necesita una persona y luego intente descargar estas esencias sin permiso verbal, es la personificación de la presuntuosidad.

En este caso, también es muy poco probable que la mente inconsciente de la persona acepte esta energía, pues está diseñada para protegerse de programas con los que no esté familiarizada. La mayoría de las influencias externas, como las descargas y las formas de pensamiento que no son aceptadas conscientemente, son rechazadas automáticamente por la mente inconsciente de una forma que podría denominarse 'reflejo autónomo de supervivencia'. Este reflejo está diseñado para protegernos de emociones y pensamientos negativos ajenos y permitirnos reconocer la diferencia entre nuestros propios pensamientos y los ajenos. En algunas personas, esto funciona tan bien que nunca se dejan afectar por pensamientos ajenos. En cambio, los seres intuitivos, deben desarrollar la habilidad de comprender toda la información que les llega de los pensamientos ajenos, así como de otras energías 'metafísicas'.

En todo caso, todos debemos tomar la decisión consciente de aceptar o no cualquier programa o emoción, independientemente de la opinión ajena. Por ejemplo, puede ser que yo sepa desde lo más profundo de mi ser, que mi esposo necesita el programa de la creencia: 'Sé cómo expresarme' en todos los niveles. No obstante, según la ley del libre albedrío del sexto plano, no puedo descargar este programa en él mientras esté en otra habitación esperando que lo acepte en todos los niveles de su ser. Su mente inconsciente está programada para rechazar dicha forma de pensamiento. De igual manera, un practicante theta no puede colocar su mano en un libro de descargas y colocar la otra mano en el hombro de la persona y pedirle que acepte todos los programas del libro. La mente inconsciente no trabaja así. Esto se debe a la *ley del libre albedrío*.

LIBRE ALBEDRÍO Y AUTONOMÍA

El libre albedrío y la autonomía son creencias de que los seres humanos tienen el poder de tomar sus propias decisiones. Las connotaciones espirituales de la autonomía le otorgan al individuo autoridad propia para conectarse con lo que ellos perciben como Dios o el Creador. En ThetaHealing, tenemos la autonomía de conectarnos con los aspectos internos y externos de nuestra divinidad interna, así como con la externa.

Aunque nos han sido otorgadas las herramientas de *ética* y *respeto* hacia los demás, tenemos el libre albedrío de usarlas o no. El Creador nos ama lo suficiente como para permitirnos nuestras propias oportunidades de experimentar la alegría de la vida sin interferencia. Al avanzar por la existencia, nos son dadas las oportunidades para crear algunos de nuestros propios senderos para encontrar nuestro camino. Nuestra existencia aquí puede ser percibida como un hermoso proceso de aprendizaje de una exploración física, mental y espiritual.

El libre albedrío ha sido considerado importante para el juicio moral según muchas autoridades religiosas, y también ha sido criticado como una forma de ideología individualista. Este principio tiene implicaciones religiosas, éticas, psicológicas y científicas. Por ejemplo, en la religión, el libre albedrío puede implicar que Dios no hace valer su poder sobre las decisiones y voluntad del individuo. En ética, puede implicar que un individuo puede ser considerado responsable de sus acciones. En psicología, puede implicar que la mente controla por lo menos algunas de las acciones del cuerpo. En el dominio científico, puede implicar que las acciones del cuerpo, incluyendo el cerebro, no están determinadas en su totalidad por una causalidad física. (La causalidad es el principio de causa y efecto).[1]

Este concepto de libre albedrío fue puesto en tela de juicio por primera vez en el siglo IV por un sacerdote británico llamado Pelagio. Sus escritos no sobrevivieron el paso del tiempo, pero uno de sus discípulos escribió algunas de sus creencias, las cuales eran diametralmente opuestas a las de la Iglesia y a San Agustín. Desde esa época, el asunto del libre albedrío sigue siendo una cuestión de los grandes pensadores de temas espirituales, religiosos e incluso, científicos.

Una visión es que la humanidad tiene la capacidad de buscar a Dios apartándose de cualquier movimiento de la palabra de Dios o del Espíritu Santo. No tenemos control completo sobre las cosas, pero podemos cooperar con Dios a cierto grado en este esfuerzo de salvación: podemos (sin ayuda de la gracia) tomar el primer paso hacia Dios, y Dios completará entonces el proceso de salvación. Esta enseñanza es la doctrina de la *sinergia*, en la cual el proceso de salvación es una cooperación entre Dios y la humanidad desde el comienzo hasta el final.

Cualquiera que sea nuestra visión, el libre albedrío es un principio imperecedero. Concierne nuestras habilidades, concierne la divinidad, concierne a los individuos en el gran esquema de las cosas, y concierne hasta el cerebro que controla el cuerpo, por lo tanto, simplemente, no puede extinguirse. Ha habido muchos intentos de invalidarlo a través de los tiempos e incluso, en ThetaHealing, algunas personas han intentado descargar programas y creencias en otros sin su *aceptación consciente*. Como ya lo he explicado, aunque estas formas de pensamiento divinas puedan ser enviadas con la mejor de las intenciones, nunca serán efectivas a menos que la persona las acepte conscientemente.

Recuerda siempre: el libre albedrío y la autonomía son ramas importantes del árbol de ThetaHealing.

---

[1] Fuente: Wikipedia.

4

Sanación avanzada

Hay cuatro métodos generales de sanación energética:

- a través de la energía *chi* del cuerpo
- a través de la energía eléctrica de la mente
- a través de las energías espirituales invocadas
- a través del Creador de Todo lo que Es.

Todas estas formas de sanación provienen del Creador, pero la última es la más sencilla.

SER TESTIGO DE UNA SANACIÓN DEL CREADOR

Algunas veces utilizamos la energía eléctrica de la mente para crear cambios en el cuerpo. No obstante, si estás usando tu mente para sanar, es muy probable que te canses a la hora de terminar. Por otro lado, si eres testigo de una sanación del Creador, te sentirás despierto y vivo al terminar. Presenciar la sanación del Creador también mantiene al ego al margen de la sanación. Debes ser paciente y esperar que llegue la energía del Creador luego, sencillamente, *presenciarla*, en vez de intentar *forzarla* con tu propia energía.

Un excelente ejemplo de una *sanación forzada* usando la mente ocurrió en una sesión que tuve con una mujer que llegó con melanoma en su rostro. El melanoma es un tipo de cáncer muy peligroso que si no se trata, puede extenderse rápidamente por todo el cuerpo. Yo estaba muy preocupada y molesta con la mujer por haber permitido que la enfermedad avanzara hasta ese punto. Lo único que podía pensar era: '¿Por qué dejaste que esto llegara tan lejos sin ver a tu médico?'. Esto ocurrió muchos años antes de que el Creador me enseñara a tener mucha más paciencia. Me elevé y pedí que el melanoma desapareciera de su cuerpo en ese *instante* y *presioné* la sanación a través de mi mente, usando la energía de mi enojo e imaginando que desaparecía de su piel. En vez de solo observar el hecho a través del Creador, me imaginé entrando y extrayéndolo.

La mujer llegó al día siguiente con un agujero muy grande en su rostro, como si el tumor canceroso se hubiera caído misteriosamente. Eventualmente, el agujero llegó a cerrarse perfectamente, pero sin lugar a dudas, el Creador habría sanado la piel mientras extraía el cáncer sin dejar un agujero abierto.

Lo que aprendí de esto fue: ¡*no fuerces la sanación!*

En total, me tomó siete años finalmente aprender a dejar actuar al Creador y decirle: 'Creador, muéstrame lo que debe hacerse', en vez de siempre añadir mi opinión. Eventualmente, comprendí que aunque entiendo muy bien lo que está ocurriendo en el cuerpo, no poseo la comprensión del Creador respecto a las enfermedades. En una sanación, puedo tener una visión general de lo que debe hacerse, pero en un nivel mucho más amplio, no entiendo las cosas como el Creador las entiende. Para cuando llegue a comprender todo lo que debe hacerse a un nivel molecular o subatómico, puedo haber pasado unos 50 años en el cuerpo intentando descubrir todos los pormenores relacionados a la sanación. Y todo eso es el ego.

Por lo que te sugiero con énfasis que, sencillamente, le pidas al Creador que te muestre lo que debe realizarse para que la sanación ocurra como debe. Solo di: 'Creador, haz lo que necesita hacerse. Muéstramelo'. No tienes que entender por completo el trastorno; solo tienes que ser testigo de su sanación.

Conforme leo más revistas científicas serias, más comprendo lo fácil que es cambiar la estructura molecular. Y si el Creador sabe crearla como la ha creado, entonces el Creador también sabe cómo repararla, y yo puedo pedir después una explicación.

FUSIÓN DEL SANADOR Y EL PSÍQUICO

ThetaHealing ha sido diseñada para despertar nuestras *habilidades psíquicas de sanación*. La mayoría de las personas no llegan a comprender que ser psíquico y ser sanador son dos habilidades diferentes. La clave es fusionarlas.

Cada una de estas habilidades conlleva sus propias expectativas. Se espera que el *sanador* sea testigo de la sanación de la condición y se espera que el *psíquico del cuerpo* vea el interior del cuerpo.

De igual forma, como psíquico, debes practicar cómo ver y reconocer los diferentes virus, bacterias, parásitos y metales pesados, para de esta forma conocer su apariencia y saber cómo se sienten en el cuerpo. El cliente espera que identifiques estas influencias con exactitud.

Como sanador, estás a prueba de una manera diferente. No tienes que saber de qué enfermedad se trata para que el Creador la sane, solo debes saber que una persona tiene algo que le está haciendo daño, pero tienes que entrar en un estado de meditación lo suficientemente profundo como para ser testigo del cambio, para *presenciar* la sanación.

Hay estados theta 'altos' y 'bajos' que las personas utilizan en ThetaHealing. Los estados 'altos' no son tan efectivos como los estados 'bajos' en las sanaciones más grandes. Asegúrate de tomarte el tiempo para entrar a un estado theta profundo cuando facilites una sanación.

Un sanador o ThetaHealer es una combinación de sanador y psíquico: un sanador que utiliza sus habilidades psíquicas para presenciar una sanación a través de su conexión con el Creador.

EL PROCESO DE SANACIÓN

SENTIRSE SANOS

Cuando una persona viene a verme para una sanación, una de las primeras cosas que hago es pedirle al Creador que le enseñe cómo se siente sentirse sano, porque algunas personas no saben cómo se siente eso. A partir de ese punto en la sesión, se sienten mejor y es mucho más probable que acepten una sanación física.

A continuación vemos un proceso de sanación paso a paso:

PROCESO COMPLETO DE SANACIÓN Y ENRAIZAMIENTO.

1. Céntrate en tu corazón y visualízate descendiendo a la Madre Tierra, que es parte de Todo lo que Es.
2. Visualízate llevando la energía desde la tierra hasta tus pies, abriendo todos tus chacras mientras lo haces. Continúa ascendiendo hasta tu chacra de la corona, en una hermosa esfera de luz, hasta el universo.
3. Ve más allá el universo, pasa las luces blancas, la luz oscura, la luz blanca, la sustancia gelatinosa que son las leyes, hasta una luz blanca perlada iridiscente, el séptimo plano de existencia.
4. Congrega amor incondicional y pide: *'Creador, te pido que sanes ahora mismo a esta persona. ¡Gracias! Ya es un hecho. Ya es un hecho. Ya es un hecho'.*
5. Sé testigo de la energía sanadora entrando al espacio de la persona y observa los cambios y las transformaciones realizadas. Continúa observando hasta que todo se termine.
6. Imagínate limpiándote en un arroyo de agua o con luz blanca.

7. Para enraizarte de forma apropiada, imagínate la energía regresando a tu espacio y luego a la Tierra, después haz que pase por todos tus chacras hasta tu chacra de la corona. Una vez que te familiarices con esta práctica, ya no será necesario enraizarte en tu cuerpo, pues ya habrás comprendido por completo que no está separado, sino que eres parte de Todo lo que Es.

8. Haz un corte energético físico (tal como se describe en el libro *ThetaHealing*). Esto mantendrá el equilibrio en tu cuerpo.

AMOR INCONDICIONAL

Para realizar un cambio molecular en el cuerpo, uno debe tener energía para crear o 'des-crear'. ¿De dónde proviene esta energía en una sanación?

Cuando asciendes al Creador de Todo lo que Es para una sanación, te elevas y tomas la energía del *amor incondicional* para colocarlo en el cuerpo. Esto le permite al cuerpo tener la energía necesaria para realizar los cambios. Solo hace falta un átomo de amor incondicional para lograr cualquier cambio en el cuerpo.

En las clases de principiantes, les enseñamos a los alumnos el proceso detallado para visualizar 'cómo elevarse' y congregar el amor. Conforme el cerebro se familiariza con lo que se supone que debe visualizar, el proceso ocurrirá de forma espontánea y automática.

A fin de cuentas, es la habilidad del practicante de *presenciar* la sanación lo que hará que así ocurra. El Creador realiza la sanación, el practicante la presencia y el hecho ocurre. Existe una ley física que dice que nada existe a menos que sea presenciado.

En las clases de ThetaHealing, el proceso de sanación grupal enseña a aceptar el amor incondicional del Creador y le presenta a los grupos el trabajo con las creencias y con las emociones. No obstante, si fuerzas el amor incondicional en el cuerpo de una persona que jamás lo ha recibido, su cuerpo lo combatirá, de igual forma que lo haría con una bacteria o virus. La persona se sentirá incómoda y fuera de lugar respecto al proceso. El practicante sentirá el rechazo. En este momento debes realizar la prueba energética con el individuo para el programa: 'Puedo aceptar amor incondicional'. Si la prueba indica que no sabe cómo aceptar amor incondicional, debes obtener su permiso e instilar la emoción del Creador.

Sentir *amor incondicional* por las personas es amar con conciencia crística o búdica. Es ver su verdad a través del Creador (como seres iluminados), y amarlos a pesar de todo.

Según mi experiencia, los programas asociados con la aceptación del amor incondicional son creados con frecuencia en la infancia. Por ejemplo, una madre podría mostrarle amor real a su hijo solo para luego golpearlo sin misericordia. En otro escenario, un padre podría expresar amor real a su hijo y luego abusar de él sexualmente. Situaciones de este tipo en la niñez crean programas que significan que la persona no sabe cómo recibir amor incondicional.

También he observado que algunos sobrevivientes de abuso infantil severo son capaces de anticipar lo que una persona va hacer antes de hacerlo. Por razones obvias, este reflejo de supervivencia los ha transformado en personas muy psíquicas. Creo que muchos niños que han sufrido de abuso se han desarrollado de la misma forma. Para ellos es natural salirse de su propio espacio y observar de forma intuitiva a los demás, puesto que están acostumbrados a hacerlo. Este tipo de individuos se han enfocado en estar en el espacio ajeno la mayor parte de su tiempo en el comienzo de sus vidas. Están buscando amor.

En un sentido muy amplio, nuestra vida está impregnada de la búsqueda del amor en todas sus facetas. Para encontrar ejemplos, solo debemos observar la fuerza que nos impulsa a encontrar a nuestra alma gemela, tener amigos, tener y criar hijos, tener mascotas, y tantas cosas por el estilo. Los hombres participan en deportes de competencia solo para sentir la camaradería y el vínculo con otros jugadores. Incluso la ira y el odio son el resultado de la búsqueda del amor, o la pérdida o carencia de amor. La mayoría de las relaciones humanas de naturaleza positiva son una búsqueda de la esencia del amor.

Un gran número de personas con las que vas a trabajar buscará en vano el amor y no será capaz de encontrarlo por mucho que busquen. Esto puede deberse a que no se aman a sí mismos y no saben cómo se siente amar. Con su permiso, instila en ellos y en todos los niveles la emoción del amor puro del Creador.

SANACIÓN INSTANTÁNEA

Algunas personas requieren más de una sanación debido a la naturaleza de las dificultades que están experimentando. Puede tratarse de una necesidad espiritual, mental, física o emocional. Otras personas están listas para una sanación instantánea y completa.

Si el cuerpo no recibe una sanación instantánea cuando se realiza el pedido, hay un programa subconsciente que la está bloqueando. Este programa debe encontrarse y cambiarse. Las personas que no tienen bloqueos para detener la sanación, se sanarán de forma espontánea. Otros clientes no creen que pueden sanarse y necesitan descargas de programas para poder cambiar. Siempre y cuando no te desanimes, el Creador y la persona misma te ayudarán a encontrar la emoción, sentimiento o creencia apropiada. La mente, el cuerpo y el espíritu de una persona poseen memoria, al igual que una computadora, y si sabes formular las preguntas apropiadas, estos aspectos te dirán lo que hace falta extraer y ser reemplazado o la emoción faltante.

Sin embargo, es posible que malinterpretes estos mensajes y te desanimes. Quizá este sentimiento no es tuyo propio, sino que está siendo proyectado por el cliente que está siendo sanado. Quizá este individuo no sabe cómo vivir sin sentirse desanimado y ha perdido toda esperanza.

Creo que solamente existen unos pocos sentimientos y creencias esenciales para cada sanación. He comprendido que las enfermedades se desarrollan por tener ciertas creencias durante un largo periodo de tiempo. Una vez que estas creencias son liberadas, la enfermedad desaparece. Su presencia tenía la intención de llamar la atención, de decirte que algo estaba fuera de sincronía, desenfocado o desequilibrado con el cuerpo.

La meta es liberar el cuerpo, la mente y el alma de suficientes creencias agobiantes para tener una comunicación pura y no adulterada con el Creador. También es mi creencia que ThetaHealing no es solo cuestión de liberarse de enfermedades, sino también de permitir que la humanidad se comunique con el Creador de Todo lo que Es.

SANACIÓN CON NIÑOS

Las probabilidades de tener éxito en una sanación con un niño son muy elevadas. Los niños tienen una convicción pura en la realidad de la divinidad y por lo general, no bloquean ni impiden la sanación. No obstante, con frecuencia los padres se quedan estancados en el problema de su hijo con tal profundidad que no permiten su sanación. Pueden haber desarrollado la creencia de que su hijo está enfermo y lo seguirá estando, y que nada puede ayudarlo. Esto interfiere con el proceso de sanación.

Por lo tanto, en el caso de los niños, debes trabajar con los sistemas de creencias de los padres. El reto más grande es hacerlos comprender que la salud de su hijo puede cambiar. Trabaja con los sistemas de creencias de ambos padres, en especial, la madre. Los padres necesitan un aliciente para saber que el niño puede y va a mejorar.

El amor es la clave en la sanación de un niño. *Verifica si el niño cree que debe estar enfermo para llamar la atención de los padres.* Si tiene la edad suficiente, es decir, si puede hablar, pide permiso para sanarlo.

En ciertos casos, los niños se sanan, pero luego regresan al mismo ambiente que creó la enfermedad. Factores posibles pueden ser: contaminación, metales pesados, mala alimentación y falta de cuidados.

En una ocasión, en una clase con niños pequeños, guíe al grupo entero al estado theta. Luego le pedí a estos chiquillos que hicieran un escaneo mutuo de sus cuerpos. Una y otra vez, informaban correctamente lo que habían experimentado durante sus sesiones. Estos niños aprendían en cuatro horas lo que les tomaba tres días aprender a los adultos.

Una de las razones es que seguían teniendo la energía de 'pienso que puedo hacerlo'. Pregúntate si te gustaría saber de nuevo *cómo se siente* la energía de 'pienso que puedo hacerlo'. Es un programa de la infancia que muchos de nosotros hemos perdido a lo largo del camino.

¿Te gustaría saber que todo lo que has hecho hasta este punto de tu vida es, en realidad, muy *importante*?

Me gusta la expresión: 'Se supone que la infancia sea una gran parte de nuestra vida, pero pasamos la mayor parte de nuestras vidas superándola'. Los comienzos pueden ser difíciles y los finales son tristes, pero es el recorrido el que cuenta. Si la vida es difícil, dale tiempo a la esperanza para que salga a flote (extraído de la película '*Vientos de esperanza*').

CREENCIAS Y ENFERMEDADES

Creo que en algunos casos, las personas atraen virus o bacterias debido a las creencias asociadas con el miedo de tenerlos.

Todos conocemos personas en nuestra vida diaria que apenas si se enferman y personas que son más propensas a las enfermedades. Podrías decir que algunas personas tienen mejor sistema inmunológico. Yo creo que la razón por la que tienen mejor sistema inmunológico es que creen que lo tienen. Por ejemplo, algunas personas creen que si caminan descalzas en la nieve se van a resfriar. Otros piensan que los niños pequeños son un campo de cultivo para las enfermedades. Y otros creen que no pueden estar cerca de ciertas enfermedades o las contraerán.

Si estas creencias fueran ciertas para todos, los médicos, las enfermeras y los maestros estarían enfermos todo el tiempo. ¿Por qué las enfermeras están cerca de personas enfermas y por lo general no se enferman? Es porque no tienen impregnado el miedo a la enfermedad. Si no fuera por estas personas temerarias en el mundo, nadie trabajaría con pacientes de enfermedades infecciosas, en pues todos sentirían demasiado miedo a contraerlas.

VIRUS Y CREENCIAS

Elegimos nuestras enfermedades de la misma forma que elegimos a nuestra pareja: nos sentimos atraídos hacia ellas debido a que concordamos con las mismas vibraciones y sistemas de creencias. Cuando tenemos el mismo sistema de creencias de un virus, bacteria, levadura u hongo, se crea una debilidad en nuestro sistema inmunológico. El virus, bacteria, levadura u hongo se siente entonces atraído hacia nosotros y es capaz de adherirse a nuestro cuerpo.

Estoy consciente de que es una declaración muy atrevida, pero llegué a esta conclusión a través de mi trabajo con una mujer con herpes genital. Tal como expliqué en el libro *ThetaHealing*, trabajé con ella durante mucho tiempo, pero el herpes no desaparecía. Eventualmente, el Creador me dijo que cambiara el sistema de creencias tanto en el virus como en ella. Por lo que comencé a extraer el sistema de creencias de la enfermedad y al llegar al sistema de creencias básico, observé cómo se transformaba en algo completamente diferente y dejaba el cuerpo. Desapareció, y esto fue confirmado por los médicos.

¿Qué está realmente ocurriendo en este proceso, en términos científicos? Es una teoría científica que la bacteria se convierte en virus y el virus se convierte en hongo y evoluciona hasta convertirse de nuevo en algo diferente, escapando por consiguiente a la detección. Cuando se lleva a cabo un trabajo de creencias en un virus, cambia de nuevo, pero esta vez hacia una forma inocua de energía. Comprende que no estamos *destruyendo* el virus; más bien, lo estamos *transformando* al observar la reorganización de sus partículas subatómicas. Todo puede cambiar en el cuerpo si eres testigo de la reorganización de las partículas subatómicas.

5

CREACIÓN DE EMOCIONES

Algunas personas nunca han experimentado la energía de ciertas emociones en su vida. Quizá fueron traumatizados cuando niños y no desarrollaron esas emociones, o las perdieron en algún momento durante el drama de su existencia. Pero con el fin de atraer, por ejemplo, alegría o amor en nuestras vidas, debemos *experimentarlo* primero. Debemos aprender cómo se siente esta emoción del Creador. La clase de ThetaHealing Avanzado fue desarrollada para entregarles a los alumnos un grupo de 'descargas de emociones'.

La velocidad a la cual los cambios se realizan con el trabajo de las emociones es fascinante. Lo que podría tomarles a algunas personas varias vidas para aprender, puede aprenderse en segundos. Los individuos pueden aprender a gran velocidad *cómo se sienten* al ser amados, honrados, respetados, queridos, e incluso vivir *sin* un sentimiento negativo creado por el hábito. Un ejemplo de esto sería: 'Sé cómo vivir sin ser miserable'.

Como describí en 'ThetaHealing', al igual que con el trabajo con las creencias, en el trabajo con las emociones, el practicante realiza la prueba de energía en el cliente (o en él mismo) para descubrir si ha experimentado o no emociones específicas. Luego obtiene el permiso verbal del cliente y se conecta con el Creador de Todo lo que Es. Usando el proceso de pedir, es testigo de la energía de la descarga de las emociones del Creador, fluyendo a través de cada célula del cuerpo de la persona en los cuatro niveles de creencias. Una vez que se experimentan estas emociones, la persona está lista para crear cambios en su vida.

Creo que usando el trabajo con las emociones podemos verdaderamente entrenar nuestras células a vivir sin ciertas emociones, como la depresión. El trabajo con las emociones nos brinda la habilidad de cambiar literalmente de mentalidad, de reprogramar los receptores de la depresión o de otras emociones indeseadas y de abrir nuevos receptores que pueden crearse bajo la onda theta.

Podrías preguntar: '¿Cuál es la prueba de esto?'. Te ofrezco la evidencia de que muchas personas se comenzaron a sentir bien una vez que comenzaron el trabajo con las emociones. Por ejemplo, simplemente instilar cómo se siente vivir sin sentirse derrotado, puede atraer cambios positivos en la diabetes y ayudar también con otras enfermedades.

Los sentimientos son descargados de parte del Creador de Todo lo que Es en el siguiente proceso:

CREACIÓN DEL PROCESO DE EMOCIONES

1. Céntrate y comienza a enviar tu conciencia al centro de la Madre Tierra, que es parte de Todo lo que Es. Lleva la energía hacia tus pies, a todo tu cuerpo y a lo largo de todos tus chacras.

2. Ve más allá del universo, pasa las luces blancas, la luz oscura, la luz blanca, la sustancia gelatinosa que son las leyes, hasta llegar al séptimo plano de existencia.

3. Conéctate con el Creador de Todo lo que Es y pide: *'Creador de Todo lo que Es, te pido que instiles la emoción de [nombre de la emoción] en [nombre de la persona] a través de cada célula de su cuerpo, en los cuatro niveles de creencias y en todas las áreas de su vida, de la forma más elevada y mejor. ¡Gracias! Ya es un hecho. Ya es un hecho. Ya es un hecho'.*

4. Sé testigo de la energía de la emoción fluyendo en el espacio de la persona y visualiza la emoción del Creador moviéndose a través de cada célula de su cuerpo, instilando la emoción en los cuatro niveles de creencias.

5. Una vez que hayas terminado, mueve tu conciencia fuera del espacio de la persona a través de tu chacra de la corona y desconéctate limpiándote en un arroyo de agua o en luz blanca. Entra a tu cuerpo a través de tu chacra de la corona, envía tu conciencia hacia la Madre Tierra, y luego lleva la energía cruzando tu cuerpo hasta tu corona y haz un corte energético.

Con el tiempo, al ir familiarizándote con este proceso, no será necesario enraizarte.

DESCARGAS

Hay una gran variedad de emociones y conocimientos que una persona nunca ha experimentado. Una vez que son descargados, se adquiere una conciencia que es integrada en su parte de Todo lo que Es por el Creador de Todo lo que Es del séptimo plano de existencia. Enseñarle estas emociones tendrá un efecto dramático en las habilidades de una persona intuitiva y creará bienestar físico y mayor conciencia espiritual.

Es importante considerar descargar las emociones aquí listadas, tanto para ti como para los demás. Luego todo aquello que no te es útil puede ser liberado de forma fácil.

Cuanto más puedas liberar tu mente de esta manera, más fácil será tu acceso al séptimo plano para atraer equilibrio a tu cuerpo. La enfermedad no es tu enemiga. La enfermedad es apenas una señal de desequilibrio.

✧✧✧✧

Los siguientes programas y emociones están en estas categorías:

'Conozco la definición del Creador de... '.

'Sé cómo se siente...'.

'Sé cómo se siente entender cómo...'.

'Sé cuándo...'.

'Sé cómo...'.

'Sé cómo vivir mi vida diaria y...'.

'Conozco la perspectiva del Creador de... '.

'Sé que es posible...'.

A continuación vemos algunos ejemplos:

'Conozco *la definición del Creador acerca de la confianza* '.

'Sé *cómo se siente confiar*'.

'Sé *cómo se siente entender cómo confiar*'.

'Sé *cuándo confiar*'.

'Sé *cómo confiar*'.

'Sé *cómo vivir mi vida diaria y confiar*'.

'Conozco *la perspectiva del Creador acerca de la confianza* '.

'Sé *que es posible confiar*'.

Si bien te estoy entregando aquí las siguientes descargas, de todas maneras, vale la pena que asistas a una clase de ThetaHealing Avanzado con un instructor certificado.

Programas del Creador de Todo lo que Es

'Entiendo cómo se siente estar totalmente conectado con el Creador de Todo lo que Es'.

'Sé cómo estar totalmente conectado con el Creador de Todo lo que Es'.

'Conozco al Creador de Todo lo que Es'.

'Entiendo cómo se siente permitir que el Creador me muestre el interior del cuerpo'.

'Sé cómo permitir que el Creador de Todo lo que Es me muestre el interior del cuerpo'.

'Entiendo cómo se siente confiar en que el Creador me dirá exactamente lo que estoy viendo en el cuerpo'.

'Sé cómo confiar en que el Creador me dirá exactamente lo que estoy viendo en el cuerpo'.

'Conozco la diferencia entre escuchar al Creador de Todo lo que Es y escucharme a mí mismo'.

'Entiendo cómo se siente mostrarles a los demás que son importantes para el Creador de Todo lo que Es'.

'Sé cómo mostrarles a los demás que son importantes para el Creador de Todo lo que Es'.

'Entiendo cómo se siente irradiar la energía del Creador de Todo lo que Es al mundo'.

'Sé cómo irradiar la energía del Creador de Todo lo que Es al mundo'.

'Entiendo cómo se siente reconocer la diferencia entre escuchar al Creador y escucharme a mí mismo'.

'Entiendo cómo se siente ser digno del amor del Creador de Todo lo que Es'.

'Entiendo cómo se siente saber que todas las cosas son posibles con el Creador'.

'Entiendo cómo se siente conocer al Creador de Todo lo que Es'.

'Sé que es posible saber que el Creador de Todo lo que Es, existe'.

'Entiendo cómo se siente merecer el amor del Creador de Todo lo que Es'.

'Sé que merezco el amor del Creador de Todo lo que Es'.

'Entiendo cómo se siente conectarse con el Creador de Todo lo que Es'.

'Sé cómo conectarme con el Creador de Todo lo que Es'.

'El Creador de Todo lo que Es está totalmente conectado conmigo'.

'Sé cómo vivir mi vida diaria totalmente conectado con el Creador de Todo lo que Es'.

'Entiendo cómo se siente ser testigo del Creador de Todo lo que Es realizando una sanación'.

'Sé cómo ser testigo de una sanación de parte del Creador de Todo lo que Es'.

'Sé cuándo ser testigo de una sanación de parte del Creador de Todo lo que Es'.

'Sé cómo vivir sin sentirme separado del Creador de Todo lo que Es'.

Abundancia

'Entiendo la definición de abundancia, según el Creador'.

'Entiendo cómo se siente tener abundancia'.

'Sé cómo tener abundancia'.

'Sé cómo vivir mi vida diaria con abundancia'.

'Conozco la perspectiva de abundancia, según el Creador'.

'Sé que es posible tener abundancia'.

Aceptación

'Entiendo la definición de aceptación, según el Creador.

'Entiendo cómo se siente la aceptación'.

'Sé cuándo aceptar cosas'.

'Sé cómo aceptar cosas'.

'Sé cómo vivir mi vida con aceptación'.

'Conozco la perspectiva de aceptación, según el Creador'.

'Sé que es posible aceptarme por completo'.

'Entiendo cómo se siente aceptar y recibir sanación de otra persona'.

'Sé cómo aceptar y recibir sanación de otra persona'.

'Conozco la perspectiva de sanación, según el Creador'.

'Sé que es posible aceptar y recibir sanación de otra persona'.

Aceptación del Creador

'Entiendo la definición del Creador de ser aceptado por completo por el Creador de Todo lo que Es'.

'Entiendo cómo se siente ser completamente aceptado por el Creador'.

'Sé cómo ser completamente aceptado por el Creador'.

'Sé cómo vivir mi vida diaria completamente aceptado por el Creador'.

'Conozco la perspectiva del Creador de ser completamente aceptado por el Creador de Todo lo que Es'.

'Sé que es posible ser completamente aceptado por el Creador'.

Aceptación propia

'Entiendo la definición de aceptación propia del Creador'.

'Entiendo cómo se siente aceptarme'.

'Sé cómo aceptarme'.

'Sé cómo vivir mi vida diaria aceptándome por completo'.

'Sé que es posible aceptarme por completo'.

Agradecimiento

'Entiendo la definición de agradecimiento, según el Creador'.

'Entiendo cómo se siente ser agradecido'.

'Sé cuándo ser agradecido'.

'Sé cómo ser agradecido'.

'Sé cómo vivir mi vida diaria con agradecimiento'.

'Conozco la perspectiva de agradecimiento, según el Creador'.

'Sé que es posible ser agradecido'.

Alegría

'Entiendo la definición de alegría, según el Creador'.

'Entiendo cómo se siente estar alegre'.

'Sé cómo estar alegre'.

'Sé cómo vivir mi vida diaria en alegría'.

'Conozco la perspectiva de alegría, según el Creador'.

'Sé que es posible estar alegre'.

Saber que el Creador es real

'Entiendo cómo se siente saber que el Creador es real'.

'Sé cómo vivir mi vida diaria sabiendo que el Creador es real'.

'Sé que es posible creer que el Creador es real'.

Amar a las personas tal como son

'Entiendo la definición del Creador de amar a las personas tal como son '.

'Entiendo cómo se siente amar a las personas tal como son'.

'Sé cómo amar a las personas tal como son'.

'Sé cómo vivir mi vida diaria con amor'.

'Conozco la perspectiva del amor del Creador'.

'Sé que es posible amar a las personas tal como son'.

Amor

'Entiendo la definición del amor del Creador'.

'Entiendo cómo se siente amar a mis semejantes'.

'Sé cómo amar a mis semejantes'.

'Conozco la perspectiva del amor del Creador'.

'Sé que es posible amar a mis semejantes'.

'Entiendo la definición del amor materno, a través del Creador de Todo lo que Es'.

'Entiendo cómo se siente tener el amor de una madre'.

'Sé cómo vivir mi vida diaria con el amor de mi madre'.

'Conozco la perspectiva del amor de madre del Creador'.

'Sé que es posible recibir el amor de una madre'.

'Entiendo la definición del amor de padre del Creador'.

'Entiendo cómo se siente tener el amor de un padre'.

'Sé cómo vivir mi vida diaria con el amor de un padre'.

'Conozco la perspectiva del amor de padre del Creador'.

'Sé que es posible recibir amor de un padre'.

Belleza

'Entiendo la definición de belleza, según el Creador'.

'Entiendo cómo se siente ser hermoso'.

'Sé cómo vivir mi vida diaria con belleza'.

'Conozco la perspectiva de belleza, según el Creador'.

'Sé que es posible ser hermoso'.

Benevolencia

'Entiendo la definición de benevolencia, según el Creador'.

'Entiendo cómo se siente ser benevolente'.

'Conozco la verdadera benevolencia'.

'Sé cuándo ser benevolente'.

'Sé cómo ser benevolente'.

'Sé cómo vivir mi vida diaria con benevolencia'.

'Conozco la perspectiva de benevolencia, según el Creador'.

'Sé que es posible ser benevolente'.

CREACIÓN DE EMOCIONES

Calma

'Entiendo la definición de calma, según el Creador'.

'Entiendo cómo se siente estar en calma'.

'Sé cuándo estar en calma'.

'Sé cómo estar en calma'.

'Sé cómo vivir mi vida diaria en calma'.

'Conozco la perspectiva de estar en calma, según el Creador'.

'Sé que es posible estar en calma'.

Clarividencia

'Entiendo la definición de clarividencia, según el Creador'.

'Entiendo cómo se siente la clarividencia'.

'Sé cuándo ser clarividente'.

'Sé cómo ser clarividente'.

'Sé cómo vivir mi vida diaria siendo clarividente'.

'Conozco la perspectiva de clarividencia, según el Creador'.

'Sé que es posible ser clarividente'.

Compasión

'Entiendo la definición de compasión del Creador'.

'Entiendo cómo se siente la compasión hacia mí y hacia los demás'.

'Conozco la verdadera compasión'.

'Sé cuándo tener compasión'.

'Sé cómo tener compasión'.

'Sé cómo vivir mi vida diaria con compasión'.

'Conozco la perspectiva de compasión del Creador'.

'Sé que es posible sentir compasión hacia mí y hacia los demás'.

Comunicación clara

'Entiendo la definición del Creador acerca de comunicarse con claridad'.

'Entiendo cómo se siente ser capaz de comunicarme con claridad'.

'Sé cómo ser capaz de comunicarme con claridad'.

'Sé cómo vivir mi vida diaria comunicándome con claridad'.

'Conozco la perspectiva del Creador de ser capaz de comunicarme con claridad'.

'Sé que es posible ser capaz de comunicarme con claridad'.

Confianza

'Entiendo la definición del Creador de ser confiable '.

'Entiendo cómo se siente ser confiable'.

'Sé cómo ser confiable'.

'Sé que es posible ser confiable'.

'Entiendo la definición de confiar en mí mismo del Creador'.

'Entiendo cómo se siente confiar 100% en mí mismo'.

'Sé cómo confiar 100% en mí mismo'.

'Sé que es posible confiar 100% en mí'.

'Entiendo la definición de confianza en el Creador del Creador'.

'Entiendo cómo se siente confiar 100% en el Creador'.

'Sé cómo confiar 100% en el Creador'.

'Sé cómo vivir mi vida diaria con plena confianza en el Creador'.

'Sé que es posible confiar 100% en el Creador'.

Conocer tu ser verdadero

'Entiendo cómo se siente conocer mi ser verdadero'.

'Conozco mi ser verdadero'.

'Conozco la perspectiva del Creador sobre mi ser verdadero'.

Cooperación

'Entiendo la definición de cooperación, según el Creador'.

'Entiendo cómo se siente ser cooperativo'.

'Sé qué es la cooperación'.

'Sé cuándo ser cooperativo'.

'Sé cómo vivir mi vida diaria en cooperación'.

Decir *no*

'Entiendo cómo se siente decir *no*'.

'Sé cuándo decir *no*'.

'Sé cómo decir *no*'.

'Sé que es posible decir *no*'.

Dedicación

'Entiendo la definición de dedicación, según el Creador'.

'Entiendo cómo se siente ser dedicado'.

'Sé cómo ser dedicado'.

'Sé cómo vivir mi vida diaria con dedicación'.

'Conozco la perspectiva de dedicación, según el Creador'.

'Sé que es posible ser dedicado'.

'Entiendo la definición del Creador de estar dedicado al Creador'.

'Entiendo cómo se siente estar dedicado al Creador'.

'Sé cómo estar dedicado al Creador'.

'Sé cómo vivir mi vida diaria dedicado al Creador'.

'Conozco la perspectiva del Creador de estar dedicado al Creador'.

'Sé que es posible estar dedicado al Creador'.

'Entiendo la definición de estar dedicado a mis metas'.

'Entiendo cómo se siente estar dedicado a mis metas'.

'Sé cuándo estar dedicado a mis metas'.

'Sé cómo dedicarme a mis metas'.

'Sé cómo vivir mi vida diaria dedicado a mis metas'.

'Conozco la perspectiva de estar dedicado a mis metas, según el Creador'.

'Sé que es posible estar dedicado a mis metas'.

Dejar ser

'Entiendo cómo se siente dejar que alguien sea tal como es'.

'Sé cómo dejar a alguien ser lo que es'.

'Entiendo cómo se siente cuando el mundo está en perfecta armonía y equilibrio'.

'Entiendo cómo se siente vivir mi vida diaria sin juzgarme, ni juzgar a los demás en exceso'.

Descanso

'Entiendo la definición de descanso, según el Creador'.

'Entiendo cómo se siente descansar'.

'Sé cuándo descansar'.

'Sé cómo descansar'.

'Conozco la perspectiva de descanso, según el Creador'.

'Sé que es posible descansar'.

Deuda

'Entiendo la definición de no tener deudas, según el Creador'.

'Entiendo cómo se siente no tener deudas'.

'Sé cómo no tener deudas'.

'Sé cómo vivir mi vida diaria sin tener deudas'.

'Sé que es posible no tener deudas'.

Devoción

'Entiendo la definición de devoción, según el Creador'.

'Entiendo cómo se siente ser devoto'.

'Sé que es la devoción'.

'Sé cómo vivir mi vida diaria con devoción'.

'Conozco la perspectiva de devoción, según el Creador'.

'Sé que es posible ser devoto'.

Diligencia

'Entiendo la definición de diligencia del Creador'.

'Entiendo cómo se siente ser diligente'.

'Sé cómo vivir mi vida diaria con diligencia'.

'Conozco la perspectiva de diligencia del Creador'.

'Sé que es posible ser diligente'.

Dinero

'Entiendo cómo se siente tener dinero'.

'Sé cómo tener dinero'.

'Sé cómo vivir mi vida diaria con dinero'.

'Conozco la perspectiva de dinero del Creador'.

'Sé que es posible tener dinero'.

'Sé que el dinero es una forma de intercambio'.

Diversión

'Entiendo la definición de diversión del Creador'.

'Entiendo cómo se siente divertirse'.

'Sé cuándo divertirme'.

'Sé cómo divertirme'.

'Sé cómo vivir mi vida diaria con diversión'.

'Conozco la perspectiva de diversión del Creador'.

'Sé que es posible divertirse'.

El aliento de vida

'Entiendo la definición de *aliento de vida*, según el Creador'.

'Entiendo cómo se siente recibir el *aliento de vida*'.

'Sé cómo recibir el *aliento de vida*'.

'Sé cómo vivir mi vida diaria respirando el *aliento de vida*'.

'Conozco la perspectiva de aliento de vida, según el Creador'.

'Sé que es posible respirar'.

Enfoque

'Entiendo la definición de enfoque, según el Creador'.

'Entiendo cómo se siente enfocarse'.

'Sé cuándo enfocarme'.

'Sé cómo enfocarme'.

'Sé cómo vivir mi vida diaria enfocado'.

'Conozco la perspectiva de enfoque, según el Creador'.

'Sé que es posible enfocarme'.

Equilibrio

'Entiendo la definición de equilibrio, según el Creador'.

'Entiendo cómo se siente estar en equilibrio'.

'Sé cómo estar en equilibrio'.

'Sé cómo vivir mi vida diaria en equilibrio'.

'Conozco la perspectiva de equilibrio, según el Creador'.

'Sé que es posible estar en equilibrio'.

Escuchar

'Entiendo la definición de escuchar del Creador'.

'Entiendo cómo se siente escuchar'.

'Sé cuándo escuchar'.

'Sé cómo escuchar'.

'Sé cómo vivir mi vida diaria escuchando'.

'Conozco la perspectiva de escuchar del Creador'.

'Sé que es posible ser un buen oyente'.

'Entiendo cómo se siente ser escuchado por un hombre, una mujer o por el Creador de Todo lo que Es'.

'Sé cómo ser escuchado por un hombre, por una mujer o por el Creador de Todo lo que Es'.

Estar a salvo

'Entiendo la definición de estar a salvo, según el Creador'.

'Entiendo cómo se siente estar a salvo'.

'Sé cuándo estoy a salvo'.

'Sé cómo estar a salvo'.

'Sé cómo vivir mi vida diaria estando a salvo'.

'Conozco la perspectiva de estar a salvo, según el Creador'.

'Sé que es posible estar a salvo'.

Estar abierto a nuevas ideas

'Conozco la definición del Creador de estar abierto a nuevas ideas'.

'Entiendo cómo se siente estar abierto a nuevas ideas'.

'Sé cuándo estar abierto a nuevas ideas'.

'Sé cómo estar abierto a nuevas ideas'.

'Sé cómo vivir mi vida diaria abierto a nuevas ideas'.

'Sé que es posible estar abierto a todas las ideas'.

Estar completo

'Entiendo la definición de *estar completo*, según el Creador'.

'Entiendo cómo se siente *estar completo*'.

'Sé cómo *estar completo*'.

'Sé que es posible *estar completo*'.

Estar emocionalmente presente

'Entiendo la definición del Creador de estar emocionalmente presente '.

'Entiendo cómo se siente estar emocionalmente presente'.

'Sé cómo estar emocionalmente presente'.

'Sé cómo vivir mi vida diaria estando emocionalmente presente'.

'Conozco la perspectiva del Creador de estar emocionalmente presente'.

'Sé que es posible estar emocionalmente presente'.

Estar en el momento

'Entiendo la definición del Creador acerca de *estar en el momento*'.

'Entiendo cómo se siente *estar en el momento*'.

'Sé cómo *estar en el momento*'.

'Sé cómo vivir mi vida diaria *en el momento*'.

'Conozco la perspectiva del Creador acerca de *estar en el momento*'.

'Sé que es posible *estar en el momento*'.

'Entiendo cómo se siente vivir en el ahora, en este momento y en este segundo'.

'Sé cómo vivir en el ahora, en este momento y en este segundo'.

'Entiendo cómo se siente vivir en el ahora, experimentando la alegría del momento'.

Evaluación

'Entiendo la definición de evaluación, según el Creador'.

'Entiendo cómo se siente evaluar una situación con claridad'.

'Sé cuándo evaluar una situación'.

'Sé cómo evaluar una situación'.

'Conozco la perspectiva de evaluación, según el Creador'.

'Sé que es posible evaluar una situación antes de actuar'.

Éxito

'Entiendo la definición de éxito, según el Creador'.

'Entiendo cómo se siente tener éxito'.

'Sé cómo tener éxito'.

'Sé cómo vivir mi vida diaria exitosamente'.

'Conozco la perspectiva de tener éxito del Creador'.

'Sé que es posible tener éxito'.

Expresar mis emociones

'Entiendo la definición del Creador para expresar mis emociones'.

'Entiendo cómo se siente expresar mis emociones'.

'Sé cuándo expresar mis emociones'.

'Sé cómo expresar mis emociones'.

'Sé cómo vivir mi vida diaria expresando mis emociones'.

'Conozco la perspectiva del Creador sobre expresar mis emociones'.

'Sé que es posible expresar mis emociones'.

Familia

'Entiendo la definición de familia, según el Creador'.

'Entiendo cómo se siente tener una familia'.

'Sé cuándo tener una familia'.

'Sé cómo tener una familia'.

'Conozco la perspectiva de familia, según el Creador'.

'Sé que es posible tener una familia'.

Fe

    'Entiendo la definición de fe del Creador'.

    'Entiendo cómo se siente tener fe'.

    'Sé cómo vivir mi vida diaria con fe'.

    'Conozco la perspectiva de fe del Creador'.

    'Sé que es posible tener fe'.

Gratitud

    'Entiendo la definición de gratitud, según el Creador'.

    'Entiendo cómo se siente la gratitud hacia los demás y hacia Dios'.

    'Sé cuándo sentir gratitud'.

    'Sé cómo sentir gratitud'.

    'Sé cómo vivir mi vida diaria con gratitud'.

    'Conozco la perspectiva de gratitud, según el Creador'.

    'Sé que es posible sentir gratitud'.

Hablar

    'Tengo algo que decir'.

    'Tengo algo valioso que decirle a los demás'.

    'Sé que lo que tengo que decir es importante'.

Hablar tu verdad

    'Entiendo la definición del Creador de hablar mi verdad '.

    'Entiendo cómo se siente hablar mi verdad'.

    'Sé cuándo hablar mi verdad'.

    'Sé cómo hablar mi verdad'.

    'Sé cómo vivir mi vida diaria hablando mi verdad'.

    'Sé que es posible hablar mi verdad'.

Hijos e hijas

    'Entiendo la definición de hijo o hija, según el Creador'.

    'Entiendo cómo se siente ser hijo o hija'.

    'Sé cómo vivir mi vida diaria como hijo o hija'.

    'Conozco la perspectiva de hijo o hija, según el Creador'.

    'Sé que es posible ser hijo o hija'.

Hogar

    'Conozco la definición de hogar, según el Creador'.

'Entiendo cómo se siente tener un hogar'.

'Sé cómo tener un hogar'.

'Conozco la perspectiva de hogar, según el Creador'.

'Sé que es posible tener un hogar'.

Honestidad

'Entiendo la definición de honestidad, según el Creador'.

'Entiendo cómo se siente ser honesto'.

'Sé cuándo ser honesto'.

'Sé cómo ser honesto'.

'Sé cómo vivir mi vida diaria con honestidad'.

'Conozco la perspectiva de honestidad, según el Creador'.

'Sé que es posible ser honesto'.

'Entiendo la definición de ser honesto conmigo mismo del Creador'.

'Entiendo cómo se siente ser honesto conmigo mismo'.

'Sé cómo ser honesto conmigo mismo'.

'Sé cómo vivir mi vida diaria siendo honesto conmigo mismo'.

'Conozco la perspectiva de ser honesto conmigo mismo del Creador'.

'Sé que es posible ser honesto conmigo mismo'.

Honor

'Entiendo la definición de honor del Creador'.

'Entiendo cómo se siente ser honorable'.

'Sé cuándo ser honorable'.

'Sé cómo ser honorable'.

'Sé cómo vivir mi vida diaria con honor'.

'Conozco la perspectiva de honor del Creador'.

'Sé que es posible ser honorable'.

Humildad

'Entiendo la definición de humildad del Creador'.

'Entiendo cómo se siente ser humilde'.

'Sé cuándo ser humilde'.

'Sé cómo ser humilde'.

'Conozco la perspectiva de humildad del Creador'.

'Sé que es posible ser humilde'.

Impenetrabilidad

'Entiendo la definición del Creador de ser impenetrable a la duda'.

'Entiendo cómo se siente ser impenetrable a la duda'.

'Sé cómo ser impenetrable a la duda'.

'Sé cómo vivir mi vida diaria siendo impenetrable a la duda'.

'Conozco la perspectiva del Creador de ser impenetrable a la duda'.

'Sé que es posible ser impenetrable a la duda'.

'Entiendo la definición del Creador de ser impenetrable a la toxicidad'.

'Entiendo cómo se siente ser impenetrable a la toxicidad'.

'Sé cómo ser impenetrable a la toxicidad'.

'Sé cómo vivir mi vida diaria impenetrable a la toxicidad'.

'Sé que es posible ser impenetrable a la toxicidad'.

'Entiendo la definición del Creador de ser impenetrable al negativismo'.

'Entiendo cómo se siente ser impenetrable al negativismo'.

'Sé cómo ser impenetrable al negativismo'.

'Sé cómo vivir mi vida diaria impenetrable al negativismo'.

'Sé que es posible ser impenetrable al negativismo'.

'Entiendo la definición del Creador de ser impenetrable a la preocupación'.

'Entiendo cómo se siente ser impenetrable a la preocupación'.

'Sé cómo ser impenetrable a la preocupación'.

'Sé cómo vivir mi vida diaria impenetrable a la preocupación'.

'Sé que es posible ser impenetrable a la preocupación'.

'Entiendo la definición del Creador de ser impenetrable a las enfermedades'.

'Entiendo cómo se siente ser impenetrable a las enfermedades'.

'Sé cómo ser impenetrable a las enfermedades'.

'Sé cómo vivir mi vida diaria impenetrable a las enfermedades'.

'Sé que es posible ser impenetrable a las enfermedades'.

Importancia

'Entiendo la definición de importancia, según el Creador'.

'Entiendo cómo se siente sentirse importante'.

'Sé cómo vivir mi vida diaria sintiéndome importante'.

'Conozco la perspectiva de importancia, según el Creador'.

'Sé que es posible ser importante para el Creador de Todo lo que Es'.

Inspirar amor

'Conozco la definición de inspirar amor del Creador'.

'Entiendo cómo se siente inspirar amor'.

'Sé cómo inspirar amor'.

'Conozco la perspectiva de inspirar amor del Creador'.

'Sé que es posible inspirar amor'.

Integridad

'Entiendo la definición de integridad, según el Creador'.

'Entiendo cómo se siente tener integridad'.

'Sé cómo tener integridad'.

'Sé cómo vivir mi vida diaria con integridad'.

'Conozco la perspectiva de integridad, según el Creador'.

'Sé que es posible tener total integridad'.

Interactuar con los demás

'Entiendo la definición del Creador sobre interactuar con los demás'.

'Entiendo cómo se siente interactuar con los demás'.

'Sé cuándo interactuar con los demás'.

'Sé cómo interactuar con los demás'.

'Sé cómo vivir mi vida diaria interactuando con los demás'.

'Sé que es posible interactuar con los demás'.

Intuición

'Entiendo la definición del Creador sobre la verdadera intuición'.

'Entiendo cómo se siente confiar en mi intuición'.

'Sé cuándo confiar en mi intuición'.

'Sé cómo confiar en mi intuición'.

'Sé cómo vivir mi vida diaria confiando en mi intuición'.

'Sé que es posible confiar en mi intuición'.

Jugar

'Entiendo la definición de jugar del Creador'.

'Entiendo cómo se siente jugar'.

'Sé cuándo jugar'.

'Sé cómo jugar'.

'Sé cómo vivir mi vida diaria jugando'.

'Conozco la perspectiva de jugar del Creador'.

'Sé que es posible jugar'.

Lealtad

'Entiendo la definición de lealtad del Creador'.

'Entiendo cómo se siente ser leal'.

'Sé cómo ser leal'.

'Sé cuándo ser leal'.

'Sé cómo vivir mi vida diaria con lealtad'.

'Conozco la perspectiva de lealtad del Creador'.

'Sé que es posible ser leal'.

Logros

'Entiendo la definición de conseguir logros, según el Creador'.

'Entiendo cómo se siente conseguir logros'.

'Sé cuándo conseguir logros'.

'Sé cómo conseguir logros'.

'Sé cómo vivir mi vida diaria consiguiendo mis logros'.

'Conozco la perspectiva de conseguir logros, según el Creador'.

Magia

'Entiendo la definición de magia, según el Creador'.

'Entiendo cómo se siente ser mágico'.

'Sé cómo ser mágico'.

'Sé cuándo ser mágico'.

'Sé cómo vivir mi vida diaria de forma mágica'.

'Conozco la perspectiva de magia, según el Creador'.

'Sé que es posible experimentar la magia'.

Merecer destacarse

'Entiendo la definición de *merecer destacarme*, según el Creador'.

'Entiendo cómo se siente merecer destacarme'.

'Sé cómo vivir mi vida diaria destacándome'.

'Conozco la perspectiva de merecer destacarme, a través del Creador de Todo lo que Es'.

CREACIÓN DE EMOCIONES

Milagros

'Entiendo la definición de milagros, según el Creador'.

'Entiendo cómo se siente ser testigo de un milagro'.

'Sé cuándo ocurre un milagro'.

'Sé cómo manifestar y ser testigo de milagros'.

'Sé cómo vivir mi vida diaria con milagros'.

'Conozco la perspectiva de los milagros, según el Creador'.

'Sé que es posible ser testigo de milagros'.

Motivación

'Entiendo la definición de motivación, según el Creador'.

'Entiendo cómo se siente estar motivado por el Creador de Todo lo que Es'.

'Sé cómo estar motivado por el Creador de Todo lo que Es'.

'Sé cómo vivir mi vida diaria con motivación'.

'Conozco la perspectiva de motivación, según el Creador'.

'Sé que es posible estar motivado por el Creador de Todo lo que Es'.

Orgullo

'Entiendo la definición de orgullo, según el Creador'.

'Entiendo cómo se siente tener orgullo '.

'Sé cuándo tener orgullo'.

'Sé cómo tener orgullo'.

'Sé cómo vivir mi vida diaria con orgullo'.

'Conozco la perspectiva de orgullo, según el Creador'.

'Sé que es posible tener orgullo'.

'Entiendo cómo se siente tener orgullo en mi trabajo'.

Paz

'Entiendo la definición de paz, según el Creador'.

'Entiendo cómo se siente tener paz'.

'Sé cómo tener paz'.

'Sé cómo vivir mi vida diaria en paz'.

'Conozco la perspectiva de paz, según el Creador'.

'Sé que es posible tener paz'.

Perdón

'Entiendo la definición de perdón, según el Creador'.

'Entiendo cómo se siente perdonarme y perdonar a los demás'.

'Conozco el verdadero perdón'.

'Sé cuándo perdonar'.

'Sé cómo perdonar'.

'Sé cómo vivir mi vida diaria con perdón'.

'Conozco la perspectiva de perdón, según el Creador'.

'Sé que es posible perdonarme y perdonar a los demás'.

Perseverancia

'Entiendo la definición de perseverancia, según el Creador'.

'Entiendo cómo se siente perseverar'.

'Sé cómo perseverar'.

'Sé que es posible perseverar'.

Propósito de vida

'Conozco la perspectiva del Creador sobre el propósito de mi vida '.

'Sé que es posible conocer el propósito de mi vida'.

Quietud

'Entiendo la definición de quietud, según el Creador'.

'Entiendo cómo se siente estar quieto'.

'Sé cuándo estar quieto'.

'Sé cómo estar quieto'.

'Sé cómo vivir mi vida diaria en quietud'.

'Sé que es posible estar quieto'.

Relajación

'Entiendo la definición de relajación, según el Creador'.

'Entiendo cómo se siente relajarse'.

'Sé cuándo relajarme'.

'Sé cómo relajarme'.

'Sé cómo vivir mi vida diaria relajado'.

'Conozco la perspectiva de relajación, según el Creador'.

'Sé que es posible relajarme'.

Resolver programas

'Entiendo cómo se siente encontrar y resolver mis propios programas'.

'Sé cómo encontrar y resolver mis propios programas'.

CREACIÓN DE EMOCIONES

Respeto

'Entiendo la definición de respeto hacia mí y hacia los demás del Creador'.

'Entiendo cómo se siente sentir respeto por mí y por los demás'.

'Sé cómo sentir respeto por mí mismo y por los demás'.

'Sé cómo vivir mi vida diaria respetando todas las cosas'.

'Conozco la perspectiva de respeto, según el Creador'.

'Sé que es posible sentir respeto'.

'Entiendo cómo se siente ser respetado por mis alumnos'.

'Sé cómo ser respetado por mis alumnos'.

'Sé que es posible ser respetado por mis alumnos'.

Responsabilidad

'Entiendo la definición de responsabilidad, según el Creador'.

'Entiendo cómo se siente ser responsable'.

'Sé cuándo ser responsable'.

'Sé cómo ser responsable'.

'Sé cómo vivir mi vida diaria con responsabilidad'.

'Conozco la perspectiva de responsabilidad, según el Creador'.

'Sé que es posible ser responsable de mis acciones'.

Sabiduría

'Entiendo la definición de sabiduría, según el Creador'.

'Entiendo cómo se siente tener sabiduría'.

'Sé cuándo tener sabiduría'.

'Sé cómo tener sabiduría'.

'Sé cómo vivir mi vida diaria con sabiduría'.

'Conozco la perspectiva de sabiduría, según el Creador'.

'Sé que es posible tener sabiduría'.

Salud

'Entiendo la definición de salud, según el Creador'.

'Entiendo cómo se siente estar sano'.

'Sé cuándo estar sano'.

'Sé cómo estar sano'.

'Sé cómo vivir mi vida diaria con salud'.

'Conozco la perspectiva de salud, según el Creador'.

'Sé que es posible estar sano'.

Sanación instantánea

'Entiendo la definición de sanación instantánea, según el Creador'.

'Entiendo cómo se siente ser testigo de una sanación instantánea'.

'Sé cómo ser testigo de una sanación instantánea'.

'Conozco la perspectiva de una sanación instantánea, según el Creador'.

'Sé que es posible ser testigo de una sanación instantánea'.

Seguridad

'Entiendo la definición de seguridad, según el Creador'.

'Entiendo cómo se siente estar seguro'.

'Sé cómo estar seguro'.

'Sé cómo vivir mi vida diaria con seguridad'.

'Conozco la perspectiva de seguridad, según el Creador'.

'Sé que es posible estar seguro'.

Sentido común

'Entiendo la definición de sentido común del Creador'.

'Entiendo cómo se siente tener sentido común'.

'Sé cuándo tener sentido común'.

'Sé cómo tener sentido común'.

'Sé cómo vivir mi vida diaria con sentido común'.

'Conozco la perspectiva de sentido común del Creador'.

'Sé que es posible tener sentido común'.

Sentirme feliz por los demás

'Entiendo la definición del Creador de estar feliz por los demás '.

'Entiendo cómo se siente estar feliz por los demás'.

'Sé cuándo estar feliz por los demás'.

'Sé cómo estar feliz por los demás'.

'Sé cómo vivir mi vida diaria estando feliz por los demás'.

'Conozco la perspectiva del Creador de sentirse feliz por los demás '.

'Sé que es posible estar feliz por los demás'.

Ser amado por una pareja

'Conozco la definición del Creador de ser amado por mi pareja'.

'Entiendo cómo se siente ser amado por mi pareja'.

'Sé cuándo ser amado por mi pareja'.

'Sé cómo ser amado por mi pareja'.

'Sé cómo vivir mi vida diaria amado por mi pareja'.

'Conozco la perspectiva del Creador de ser amado por mi pareja'.

'Sé que es posible ser amado por mi pareja'.

Ser apreciado

'Entiendo la definición de ser apreciado del Creador'.

'Entiendo cómo se siente ser apreciado'.

'Sé cómo ser apreciado'.

'Sé cómo vivir mi vida diaria siendo apreciado por los demás'.

'Conozco la perspectiva de ser apreciado del Creador '.

'Sé que es posible ser apreciado'.

Ser comprendido

'Conozco la definición del Creador de ser comprendido'.

'Entiendo cómo se siente ser comprendido'.

'Sé cuándo ser comprendido'.

'Sé cómo ser comprendido'.

'Sé cómo vivir mi vida diaria siendo comprendido'.

'Conozco las perspectiva del Creador de ser comprendido'.

'Sé que es posible ser comprendido'.

Ser confiado

'Entiendo la definición de *ser confiado*, del Creador de Todo lo que Es'.

'Entiendo cómo se siente ser confiado'.

'Sé cuándo ser confiado'.

'Sé cómo ser confiado'.

'Sé cómo vivir mi vida diaria confiando'.

'Conozco la perspectiva de ser confiado del Creador'.

'Sé que es posible confiar'.

Ser deseado

'Entiendo la definición de ser deseado, a través del Creador de Todo lo que Es'.

'Entiendo cómo se siente ser deseado'.

'Sé cuándo ser deseado'.

'Sé cómo ser deseado'.

'Sé que es posible ser deseado'.

Ser escuchado

'Entiendo la definición de ser escuchado, según el Creador'.

'Entiendo cómo se siente ser escuchado'.

'Sé cuándo ser escuchado'.

'Sé cómo ser escuchado'.

'Sé cómo vivir mi vida diaria siendo escuchado'.

'Conozco la perspectiva de ser escuchado, según el Creador'.

'Sé que es posible ser escuchado'.

Ser especial

'Entiendo cómo se siente ser especial'.

'Sé cómo ser especial'.

'Conozco la perspectiva del Creador de ser especial'.

'Sé que es posible ser especial'.

Ser íntegro

'Entiendo cómo se siente ser íntegro'.

'Sé cómo ser íntegro'.

'Sé que es posible ser íntegro'.

Serenidad

'Entiendo la definición de serenidad, según el Creador'.

'Entiendo cómo se siente estar sereno'.

'Sé cómo estar sereno'.

'Sé cómo vivir mi vida diaria con serenidad'.

'Conozco la perspectiva de serenidad, según el Creador'.

'Sé que es posible estar sereno'.

Singularidad

'Entiendo la definición de singularidad, según el Creador'.

'Entiendo cómo se siente ser único'.

'Sé cómo ser único'.

'Sé que es posible ser único'.

Tacto

'Entiendo la definición de tacto, según el Creador'.

'Entiendo cómo se siente tener tacto'.

'Sé cómo tener tacto'.

'Sé cómo vivir mi vida teniendo tacto'.

'Conozco la perspectiva de tacto, según el Creador'.

'Sé que es posible tener tacto'.

Trabajo de ThetaHealing

'Entiendo cómo se siente el trabajo theta en mí mismo'.

'Sé cuándo hacer trabajo theta en mí mismo'.

'Sé cómo hacer trabajo theta en mí mismo'.

'Sé cómo vivir mi vida diaria con la habilidad de trabajar en estado theta en mí mismo'.

'Sé que es posible hacer trabajo theta en mí mismo'.

Tranquilidad

'Entiendo la definición de tranquilidad, según el Creador'.

'Entiendo cómo se siente estar tranquilo'.

'Sé cómo estar tranquilo'.

'Sé cómo vivir mi vida diaria con tranquilidad'.

'Conozco la perspectiva de tranquilidad, según el Creador'.

'Sé que es posible estar tranquilo'.

Verdad

'Entiendo la definición de la verdad más elevada, según el Creador'.

'Sé cómo vivir mi vida diaria de acuerdo a la verdad más elevada'.

'Conozco la perspectiva de la verdad más elevada, según el Creador'.

'Sé que es posible conocer la verdad más elevada'.

'Conozco la verdad'.

'Sé cómo ver la verdad'.

'Sé cómo vivir mi vida diaria en la verdad'.

'Sé que es posible ver la verdad'.

'Entiendo cómo se siente escuchar la verdad'.

'Sé cómo escuchar la verdad'.

'Sé cómo escuchar la verdad en mi vida diaria'.

'Sé que es posible escuchar la verdad'.

'Entiendo cómo se siente la verdad'.

'Sé que es posible sentir la verdad'.

'Entiendo cómo se siente oler la verdad'.

'Sé cómo huele la verdad'.

'Sé cómo oler la verdad'.

'Sé que es posible oler la verdad'.

Verme con claridad

'Sé cómo verme con claridad, según la definición del Creador'.

'Sé que es posible verme con claridad, según la definición del Creador'.

Otros sentimientos y programas

En nuestra vida diaria, podemos llevar a cabo el trabajo con las emociones para explorar el conocimiento y las emociones que no tenemos. Usando las siguientes estructuras de frases, inserta las emociones que puedes necesitar instilar en ti o en los demás:

'Sé cómo se siente vivir sin…'.

'Sé cómo se siente y sé vivir mi vida diaria sin…'.

'Sé cómo se siente y sé cómo vivir mi vida diaria sin temor de…'.

'Sé cómo se siente y sé cómo vivir mi vida diaria sin tener que…'.

Instila estas emociones en ti o ayuda a otra persona a aceptarlas:

Cómo vivir sin…

'Sé cómo se siente y sé cómo vivir mi vida diaria sin dudas'.

'Sé cómo se siente y sé cómo vivir mi vida diaria sin ira'.

'Sé cómo se siente y sé cómo vivir mi vida diaria sin temor'.

'Sé cómo se siente y sé cómo vivir mi vida diaria sin dolor'.

'Sé cómo se siente y sé cómo vivir mi vida diaria sin enfermedades'.

'Sé cómo se siente y sé cómo vivir mi vida diaria sin rencor'.

'Sé cómo se siente y sé cómo vivir mi vida diaria sin albergar resentimientos'.

'Sé cómo se siente y sé cómo vivir mi vida diaria sin remordimientos'.

'Sé cómo se siente y sé cómo vivir mi vida diaria sin ocasionar disgustos'.

'Sé cómo se siente y sé cómo vivir mi vida diaria sin depresión'.

'Sé cómo se siente y sé cómo vivir mi vida diaria sin tristeza y desesperanza'.

'Sé cómo se siente y sé cómo vivir mi vida diaria sin desilusión'.

'Sé cómo se siente y sé cómo vivir mi vida diaria sin desánimo'.

'Sé cómo se siente y sé cómo vivir mi vida diaria sin drama'.

'Sé cómo se siente y sé cómo vivir mi vida diaria sin caos'.

'Sé cómo se siente y sé cómo vivir mi vida diaria sin ser patético'.

'Sé cómo se siente y sé cómo vivir mi vida diaria sin inspirar lástima'.

'Sé cómo se siente y sé cómo vivir mi vida diaria sin ser hiperactivo'.

'Sé cómo se siente y sé cómo vivir mi vida diaria sin abuso'.

'Sé cómo se siente y sé cómo vivir mi vida diaria sin sentirme usado'.

'Sé cómo se siente y sé cómo vivir mi vida diaria sin escasez'.

'Sé cómo se siente y sé cómo vivir mi vida diaria sin envidia'.

'Sé cómo se siente y sé cómo vivir mi vida diaria sin celos'.

'Sé cómo se siente y sé cómo vivir mi vida diaria sin codicia'.

'Sé cómo se siente y sé cómo vivir mi vida diaria sin impaciencia'.

'Sé cómo se siente y sé cómo vivir mi vida diaria sin sentirme miserable'.

'Sé cómo se siente y sé cómo vivir mi vida diaria sin preocupación'.

'Sé cómo se siente y sé cómo vivir mi vida diaria sin desespero'.

'Sé cómo se siente y sé cómo vivir mi vida diaria sin dudar de mi poder'.

'Sé cómo se siente y sé cómo vivir mi vida diaria sin miedo a ver la verdad'.

'Sé cómo se siente y sé cómo vivir mi vida diaria sin resentimiento'.

'Sé cómo se siente y sé cómo vivir mi vida diaria sin engaño'.

'Sé cómo se siente y sé cómo vivir mi vida diaria sin irritación'.

'Sé cómo se siente y sé cómo vivir mi vida diaria sin vergüenza'.

'Sé cómo se siente y sé cómo vivir mi vida diaria sin confusión'.

'Sé cómo se siente y sé cómo vivir mi vida diaria sin estrés'.

'Sé cómo se siente y sé cómo vivir mi vida diaria sin ansiedad'.

'Sé cómo se siente y sé cómo vivir mi vida diaria sin sentirme amenazado'.

'Sé cómo se siente y sé cómo vivir mi vida diaria sin amenazar a nadie'.

'Sé cómo se siente y sé cómo vivir mi vida diaria sin permitir que me hagan daño'.

'Sé cómo se siente y sé cómo vivir mi vida diaria sin permitir que abusen de mí'.

'Sé cómo se siente y sé cómo vivir mi vida diaria sin ser víctima'.

'Sé cómo se siente y sé cómo vivir mi vida diaria sin molestar a nadie'.

'Sé cómo se siente y sé cómo vivir mi vida diaria sin irritar a nadie'.

'Sé cómo se siente y sé cómo vivir mi vida diaria sin conducir con agresividad'.

'Sé cómo se siente y sé cómo vivir mi vida diaria sin inestabilidad'.

'Sé cómo se siente y sé cómo vivir mi vida diaria sin castigos'.

'Sé cómo se siente y sé cómo vivir mi vida diaria sin agobios'.

'Sé cómo se siente y sé cómo vivir mi vida diaria sin sentirme nervioso por el paso siguiente'.

'Sé cómo se siente y sé cómo vivir mi vida diaria sin sentirme nervioso por el futuro'.

'Sé cómo se siente y sé cómo vivir mi vida diaria sin sentir enojo hacia mi familia'.

'Sé cómo se siente y sé cómo vivir mi vida diaria sin sentir enojo hacia mí'.

'Sé cómo se siente y sé cómo vivir mi vida diaria sin sentir enojo hacia el Creador'.

'Sé cómo se siente y sé cómo vivir mi vida diaria sin que mi mundo se derrumbe'.

'Sé cómo se siente y sé cómo vivir mi vida diaria sin preocuparme por no tener tiempo suficiente'.

'Sé cómo se siente y sé cómo vivir mi vida diaria sin cargar con los asuntos ajenos'.

'Sé cómo se siente y sé cómo vivir mi vida diaria sin criticarme o criticar a los demás'.

'Sé cómo se siente y sé cómo vivir mi vida diaria sin excusarme por ser quien soy'.

'Sé cómo se siente y sé cómo vivir mi vida diaria sin dudar de mi habilidad de ver con claridad en el cuerpo'.

'Sé cómo se siente y sé como vivir mi vida diaria sin adoptar el miedo de la conciencia grupal'.

'Sé cómo se siente y sé cómo vivir mi vida diaria sin castigarme con comida, cigarrillos, drogas y alcohol'.

'Sé cómo se siente y sé cómo vivir mi vida diaria sin pensar que sentir duele'.

'Sé cómo se siente y sé cómo vivir mi vida diaria sin traición'.

'Sé cómo se siente y sé cómo vivir mi vida diaria sin sentirme ignorado'.

'Sé cómo se siente y sé cómo vivir mi vida diaria sin tener que sentirme miserable'.

'Sé cómo se siente y sé cómo vivir mi vida diaria sin tener que olvidar'.

'Sé cómo se siente y sé cómo vivir mi vida diaria sin tener que callar'.

'Sé cómo se siente y sé cómo vivir mi vida diaria sin tener que recluirme'.

'Sé cómo se siente y sé cómo vivir mi vida diaria sin tener que ser el malo'.

'Sé cómo se siente y sé cómo vivir mi vida diaria sin tener que permitir que los oprimidos se aprovechen de mí'.

'Sé cómo se siente y sé cómo vivir mi vida diaria sin tener que ser culpado por los errores ajenos'.

'Sé cómo se siente y sé cómo vivir mi vida diaria sin tener que separarme de Todo lo que Es'.

'Sé cómo se siente y sé cómo vivir mi vida diaria sin tener que cargar con el sufrimiento ajeno, y si lo hago, cambiarlo de forma instantánea por luz y amor'.

Cómo vivir sin sentir…

'Sé cómo se siente y sé cómo vivir mi vida diaria sin sentirme inferior'

'Sé cómo se siente y sé cómo vivir mi vida diaria sin sentirme solo'.

'Sé cómo se siente y sé cómo vivir mi vida diaria sin sentirme abandonado'.

'Sé cómo se siente y sé cómo vivir mi vida diaria sin sentirme pesimista'.

'Sé cómo se siente y sé cómo vivir mi vida diaria sin sentirme descuidado'.

'Sé cómo se siente y sé cómo vivir mi vida diaria sin sentirme excluido'.

'Sé cómo se siente y sé cómo vivir mi vida diaria sin sentirme olvidado'.

'Sé cómo se siente y sé cómo vivir mi vida diaria sin sentirme abatido'.

'Sé cómo se siente y sé cómo vivir mi vida diaria sin sentirme destrozado'.

'Sé cómo se siente y sé cómo vivir mi vida diaria sin sentirme insignificante'.

'Sé cómo se siente y sé cómo vivir mi vida diaria sin sentirme loco'.

'Sé cómo se siente y sé cómo vivir mi vida diaria sin sentirme estúpido'.

'Sé cómo se siente y sé cómo vivir mi vida diaria sin sentirme inferior'.

'Sé cómo se siente y sé cómo vivir mi vida diaria sin sentirme poca cosa'.

'Sé cómo se siente y sé cómo vivir mi vida diaria sin sentirme desdeñado'.

'Sé cómo se siente y sé cómo vivir mi vida diaria sin sentirme empequeñecido'.

'Sé cómo se siente y sé cómo vivir mi vida diaria sin sentirme como una carga'.

'Sé cómo se siente y sé cómo vivir mi vida diaria sin sentirme sobrecargado'.

'Sé cómo se siente y sé cómo vivir mi vida diaria sin sentirme como una molestia'.

'Sé cómo se siente y sé cómo vivir mi vida diaria sin sentir que me esquivan'.

'Sé cómo se siente y sé cómo vivir mi vida diaria sin sentirme que estoy en la familia equivocada'.

'Sé cómo se siente y sé cómo vivir mi vida diaria sin sentirme que estoy en el planeta equivocado'.

'Sé cómo se siente y sé cómo vivir mi vida diaria sin sentirme que estoy en el cuerpo equivocado'.

'Sé cómo se siente y sé cómo vivir mi vida diaria sin sentirme responsable por mis padres'.

'Sé cómo se siente y sé cómo vivir mi vida diaria sin sentirme fuera de control'.

'Sé cómo se siente y sé cómo vivir mi vida diaria sin sentirme padre de mis padres'.

'Sé cómo se siente y sé cómo vivir mi vida diaria sin sentirme amenazado'.

Cómo vivir sin miedo a…

'Sé cómo se siente y sé cómo vivir mi vida diaria sin miedo a estar desconectado del Creador'.

'Sé cómo se siente y sé cómo vivir mi vida diaria sin miedo a volverme a dormir y olvidar la verdad'.

'Sé cómo se siente y sé cómo vivir mi vida diaria sin miedo a fracasar en mi misión en esta vida'.

'Sé cómo se siente y sé cómo vivir mi vida diaria sin miedo a la intimidad'.

'Sé cómo se siente y sé cómo vivir mi vida diaria sin miedo a ser vulnerable con los demás'.

'Sé cómo se siente y sé cómo vivir mi vida diaria sin miedo a ser fantástico'.

'Sé cómo se siente y sé cómo vivir mi vida diaria sin temer a Dios'.

6

TRABAJO AVANZADO CON LAS CREENCIAS, EMOCIONES E INDAGACIÓN

Nuestro cerebro funciona como una súper computadora biológica, evaluando información y respondiendo a ella. *Cómo* respondemos depende de la información que recibimos y cómo la interpretamos para llegar o no a convertirse en un sistema de creencias. Cuando una creencia ha sido aceptada como real por el cuerpo, mente o alma, se convierte en un programa.

Los programas pueden ser para nuestro beneficio o perjuicio, dependiendo de lo que son y cómo reaccionamos a ellos. En su forma negativa, pueden tener efectos adversos en nuestro corazón, mente, cuerpo y alma.

TRABAJO CON LAS CREENCIAS

El trabajo con las creencias nos empodera con la habilidad de eliminar esos programas y sistemas de creencias negativos y reemplazarlos con equivalentes positivos del Creador de Todo lo que Es. Es un método para cambiar la conducta, ya sea de naturaleza física, mental o espiritual. También da paso a que la sanación se lleve a cabo. Aprendí que para que una sanación tenga lugar, la persona que la recibe debe desear que su salud sea restaurada y el sanador debe creer que es posible, de lo contrario, será imposible para ellos presenciarla. En ambos casos, es útil el trabajo con las creencias.

Una de las mejores formas de cambiar creencias es regresando a la pureza de la infancia. Cuando somos niños, nuestro patrón cerebral está abierto para recibir y aceptar nueva información. Razón por la cual el estado theta es tan importante, ya que regresa al subconsciente a esa frecuencia de crecimiento y transformación y abre la mente para el cambio positivo.

Cuando niños, somos receptivos al cambio de los sistemas de creencias, pero de adultos, no tenemos fácil acceso a la mente subconsciente sin pasar por horas de terapia o hipnosis. El trabajo con las creencias es exactamente eso: tener acceso a la mente subconsciente. No obstante, también nos lleva un paso más allá: nos brinda la habilidad de cambiar creencias ulteriores al subconsciente en las áreas espiritual y genética, las cuales son en su gran mayoría ignoradas en la terapia alternativa.

LOS CUATRO NIVELES DE CREENCIAS

En el libro 'ThetaHealing' enseño que creamos nuestra propia aventura de vida y podemos cambiar nuestras creencias. Lo único que tenemos que hacer es ir al lugar apropiado para cambiarlas.

También explico que hay cuatro 'niveles de creencias', pero vale la pena recapitular brevemente la información.

Los cuatro niveles de creencias en el interior del Todo lo que Es de una persona comprenden: el cuerpo, las emociones, la mente e inclusive la expansibilidad de la energía de su alma. Estos sistemas de creencias se extienden hacia el pasado, presente y futuro, y hacia la energía electromagnética que le dice al ADN qué hacer. Son la base del trabajo con las creencias.

Nivel de creencias básicas

Las creencias básicas son las que nos enseñan y aceptamos en esta vida desde la infancia. Son creencias que se han convertido en parte nuestra. Se mantienen como energía en el lóbulo frontal del cerebro.

Nivel genético

En este nivel, los programas son transferidos de nuestros ancestros o añadidos a nuestros genes en esta vida. Estas energías son almacenadas en el campo morfogenético, alrededor del ADN físico. Este 'campo' de conocimiento es lo que le dice qué hacer al mecanismo del ADN. Se puede acceder a este nivel de creencias, a través de la célula maestra en la glándula pineal del cerebro.

Nivel histórico

Este nivel concierne las memorias de vidas pasadas, memorias genéticas muy profundas o experiencias de la conciencia colectiva que son transferidas a nuestro presente. Estas memorias son almacenadas en nuestro campo áurico.

Nivel del alma

Este nivel es todo lo que somos. Los programas se desprenden de todo nuestro ser, comenzando en el chacra de la corona y moviéndose hacia fuera.

Un programa de creencias puede existir en uno o más niveles o simultáneamente en los cuatro. Si se extrae de un nivel y no de los demás, simplemente se reemplazará a sí mismo en ese nivel. Esta es la razón por la cual es necesario extraerlo de todos los niveles. Esto también puede ocasionar un cambio en todos los planos de existencia.

Cuando quiero extraer un programa, me elevo y le pido al Creador que lo elimine de los cuatro niveles. Luego soy testigo de su liberación y de la llegada de un nuevo programa desde la pureza de la divinidad.

En *ThetaHealing* enseño cómo liberar los programas de creencias de cada nivel individual y luego de los cuatro niveles simultáneamente. Una vez que el practicante avanzado se familiariza con el reconocimiento de un programa de creencias y de los niveles en donde reside, el proceso se acelera en gran manera. El cerebro humano trabaja mucho más rápidamente de lo que creemos. Cuando te familiarizas con el trabajo de las creencias, los programas son enviados al Creador y reemplazados a la velocidad del pensamiento.

PRINCIPIOS DEL TRABAJO CON LAS CREENCIAS

A continuación te presento una lista corta para recordarte los principios del trabajo con las creencias:

Permiso verbal

Recuerda siempre que la persona a quien le haces el trabajo con las creencias debe otorgarte permiso pleno y verbal, para *eliminar y reemplazar cada uno de los programas*. Tenemos la autonomía de conservar cualquier programa de creencias que elijamos. Ninguna persona puede cambiar programas sin nuestro permiso verbal. Así no funciona.

Preservar programas y creencias

Ten mucho cuidado con los programas que liberas. Algunos programas son para nuestro beneficio.

Por ejemplo, cuando era una niña muy pequeña, recuerdo haber recibido una revelación: 'Estas personas no pueden amarme. Voy a tener que amarlas. Voy a tener que enseñarles cómo amarme'.

Comprender este programa me ha enseñado por qué soy quien soy y también por qué he hecho lo que he hecho en mi vida. Al reflexionar, he comprendido que no era un programa tan malo. Pensé: 'Creo que guardaré parte de este programa, la parte de 'se como amar a los demas''.

Algunas de tus creencias te han llevado a donde estás hoy en día. Trátate con gentileza.

'Programas que no se instilan'

He escuchado que algunos practicantes han cambiado un programa una y otra vez y el nuevo programa no queda 'instilado'; la persona no lo retiene. Esto ocurre porque no saben cómo *se siente*.

Por ejemplo, si entro al espacio de alguien y el Creador me entrega el programa 'sé que soy amado', no permanece ni siquiera hasta el día siguiente si el individuo no sabe cómo *se siente ser amado*. Aquí es donde procede el trabajo con las emociones. Por lo tanto, asciendo y digo: 'Creador de Todo lo que Es, muéstrale a esta persona cómo se siente el amor', y luego todos los programas que entrego se instilan. Cuando hago esto, visualizo la emoción cayendo como una cascada en todos los niveles hasta penetrar todas las células del cuerpo. Así el cuerpo sabe cómo se siente ser amado.

Sin duda alguna, los programas pueden cambiarse de esta forma. Sin embargo, pueden recrearse por las cosas que decimos, pensamos y hacemos (o elegimos no hacer). Se requiere la *acción positiva* para cambiar nuestras vidas.

Esclarecer tu mente

Trabaja primero con las creencias que esclarecen tu mente. De esa forma puedes encontrar la creencia base, la que debes cambiar.

Si estás enfermo, pregúntale al Creador: '¿En cuáles creencias debo trabajar para sanar esta enfermedad?'. Puede ser que debas liberar un sistema de creencias en particular, pero que también debas esclarecer tu mente.

Comunicación con la mente subconsciente

Recuerda que la mente subconsciente no comprende las palabras 'no puedo', 'no es' y 'no'. Debes decirle al cliente que omita estas palabras de sus frases durante el proceso del trabajo con las creencias. Por ejemplo, no deben usar frases como 'no me amo' o 'no puedo amarme'.

Para examinar de forma apropiada si existe o no un programa, la frase debe ser 'me amo' y probar si la energía del cliente da resultado positivo o negativo.

Creencias duales

Si encuentras una persona que tiene un sistema dual de creencias, por ejemplo, una persona que cree que es rica, pero al mismo tiempo cree que es pobre, deja el programa positivo en su lugar y extrae el programa negativo reemplazándolo con el programa correcto positivo del Creador.

Extraer programas negativos

Nunca puedes pedir que todos los programas negativos dejen el cuerpo, porque la mente subconsciente no sabe cuáles programas son negativos o positivos.

Deseo de morir

Algunos programas importantes que se deben buscar en la sesión del trabajo con las creencias son los relacionados con el deseo de morir. El Creador me ha dicho que muchas personas tienen el deseo de morir, pero no todos los deseos de morir deben ser extraídos y reemplazados de forma fortuita. Por ejemplo, una antigua creencia de los vikingos es que debes tener una buena muerte. Si extraes este tipo de programa genético, la persona puede comenzar a sentir que ya no desea vivir, porque, para ella, la muerte es parte de la vida.

En un nivel genético, algunas nacionalidades, como los japoneses y los indios nativo americanos, creen en una muerte honorable. Este es un buen ejemplo de un sistema de creencias negativo útil.

Las palabras tienen poder

¡Escucha lo que dices! La palabra hablada es increíblemente poderosa en una sesión de trabajo con las creencias. Recuerda que si encuentras una mujer que odia a los hombres, no debes programarla con 'libero a todos los hombres', porque podría dejar a su esposo y nunca estar con ningún otro hombre. Ten mucho cuidado con lo que sugieres.

Trabajo en solitario o con un practicante

Algunos de los programas que llevamos conllevan una parte emocional. Por lo que cuando estés eliminando programas en ti mismo, puede ser mejor permitirle a alguien que te asista en el proceso. Es útil trabajar con un practicante experimentado de ThetaHealing, ya que puede guiarte con el reemplazo apropiado de programas y permanecer distanciado emocionalmente. No obstante, algunas personas se sienten mejor trabajando en solitario. Todo depende del individuo.

Pregúntale al Creador

Cuando enseño el trabajo con las creencias, con frecuencia me preguntan: '¿Con qué programa reemplazo cualquier programa negativo?'. Mi respuesta siempre es la misma: 'Pregúntale al Creador'. El reemplazo de las creencias debe ser siempre una inspiración divina.

Recuerda, el Creador te ayudará con *cualquier cosa* si mantienes a tu ego fuera de la ecuación.

PRUEBA DE ENERGÍA

Para el principiante de ThetaHealing, la prueba de energía, es decir, examinar el subconsciente de una persona para descubrir si tiene ciertos programas de creencias, es una herramienta crucial. La prueba de energía permite tanto al practicante como al cliente, observar, a través de la reacción, a un estímulo, la existencia de un programa de creencias, y una vez que se lleva a cabo el trabajo con las creencias, observar cómo cambia y es reemplazado por otro. (Para instrucciones detalladas sobre la prueba de energía, favor referirse al libro '*ThetaHealing*' o a cualquier libro de kinesiología aplicada).

Cuando adquieres experiencia en las sesiones individuales de trabajo con las creencias, dejarás de necesitar la prueba de energía para confirmar si una creencia ha sido eliminada. Aun así puedes realizar la prueba, para que el cliente pueda ver cuáles son sus creencias y en qué han sido cambiadas. La prueba de energía también se usa como un recordatorio de no ser ególatras y de no olvidarte buscar la respuesta.

SISTEMAS DE CREENCIAS CONECTADOS CON EMOCIONES

Las emociones naturales de la condición humana son diferentes de los programas. Recuerda que las emociones son naturales. La mayoría del tiempo, nos son útiles. Nuestras verdaderas emociones: *ira, amor, sufrimiento, felicidad y miedo*, pueden en verdad salvar nuestras vidas. Todas ellas son, en algún momento u otro, necesarias para nuestro bienestar. Por consiguiente, no debemos intentar extraer *todas las emociones* de una persona.

No obstante, cuando emociones, como la ira y la amargura, se desenfrenan y descontrolan, tienen un impacto negativo en nuestro cuerpo. También pueden circular indefinidamente por nuestra mente, suplicando ser liberadas. Es permitido extraer y reemplazar estas emociones, puesto que se han convertido en sistemas de creencias.

Las emociones también pueden transformarse o alterarse por las toxinas y reacciones químicas del cuerpo. Alterar el ADN del cuerpo puede cambiar esas reacciones químicas.

RECHAZO, RESENTIMIENTO Y REMORDIMIENTO

Creo que las emociones y las formas de pensamiento pueden crear 'moléculas emocionales' que se convierten en esencia física en el cuerpo. Estas moléculas pueden causar mucho daño de muchas formas. Una de estas formas es obstaculizando nuestras habilidades intuitivas. La razón por la que no todas nuestras habilidades psíquicas están disponibles para nosotros es debido a que estamos albergando demasiado resentimiento y rencor, ya sea creado por nosotros o transferido por generaciones. Se toma tiempo, espacio y energía mantener resentimientos, y ciertas zonas del cerebro están ocupadas por esta energía.

Creo que el resentimiento, el remordimiento y el rechazo tienen una influencia considerable sobre nosotros y una conexión directa con las creencias que impiden que el cuerpo se sane. Analizar si alguien tiene creencias asociadas con el resentimiento, el remordimiento y el rechazo puede cambiar el resultado de una sesión. Es importante llevar a cabo esto.

Nunca subestimes el poder de la mente humana. La mente inconsciente sabe que una persona puede usar el resentimiento para evitar que algo peor le ocurra. Por ejemplo, cuando alguien siente resentimiento hacia su padre, puede estar salvándose de abandono o abuso. Por lo que la mente elige el resentimiento como el menos grave de dos males. El problema yace en el hecho de que la mente puede recrear ese programa y crear más resentimiento en un esfuerzo constante para protegerse. Extraer y reemplazar el programa 'siento resentimiento hacia mi padre', aliviará el resentimiento de alguna manera. Pero una vez que los receptores del cerebro han aprendido a esperar resentimiento constante, la persona encontrará a alguien más hacia quien sentir resentimiento y esto mantendrá la creencia intacta.

Para ilustrar este caso con otro ejemplo, en el pasado yo necesitaba a alguien que me dijera que no podía hacer algo. Siempre le contestaba a estas personas: '*Puedo* hacerlo ¡solo mírame!'. Casi era como si yo necesitara a alguien que me dijera que algo *no era posible* para yo demostrarle lo contrario. Parecía que atraía a mi vida a personas que me decían que yo no podía hacer algo. Pero ellos me sirvieron para un propósito: usé su reacción para obtener la motivación y lograr el éxito. Tan pronto liberé las creencias asociadas con la necesidad de que me dijeran que no podía hacer algo, comprendí que la necesidad de tener a esas *personas* en mi vida había cambiado. Cambiar mis creencias cambió mi relación con las personas a mi alrededor.

Las personas llegan a nuestra vida para mostrarnos creencias, programas y emociones que debemos liberar o instilar. Entonces, si estás atrayendo a tu vida a alguna persona abusiva en alguna manera, busca la razón. Puedes estar usando una situación abusiva como una excusa para no avanzar. He tenido clientes que me han dicho una y otra vez que su pareja les impide avanzar. Esto es solo usar a alguien como excusa. Liberar el programa 'necesito a alguien que me rete', cambiará la relación. La persona dejará de proyectar sus programas en su cónyuge, por lo que estas cualidades ya no se manifestarán en la otra persona.

TRABAJO AVANZADO CON LAS CREENCIAS, EMOCIONES E INDAGACIÓN

Las relaciones se basan en emociones y programas que proyectamos en la otra persona. Algunas relaciones hacen brotar emociones buenas; otras, hacen brotar emociones duras y crueles. Pero cualquiera que sea la razón para la relación, le estará sirviendo al individuo de alguna manera.

Algunas personas pasan por sus vidas con el programa 'todo el mundo me hace daño'. Si tienes este programa, puedes estar alejando a las personas respondiendo de la misma manera que no deseas que te respondan.

Un programa que descubrí en mí fue que no sabía cómo recibir amor de un hombre. Una vez que descubrí que tenía este programa, comprendí que en todas mis relaciones, había sido amada pero no había sabido recibir el amor. Comprendí que sin importar cuántas personas intenten amarte, si no sabes cómo permitirte *recibir* el amor, no puedes *aceptarlo*.

RENCOR

Me acostumbré a que me dijeran que no podía hacer algo para motivarme a la acción, pero muchas personas usan el rencor. Algunos lo cargan de sus ancestros y ni siquiera saben que lo sienten, pero otros cargan rencor consciente hacia lugares, el gobierno, su pareja, ellos mismos y hacia lo que no han podido lograr.

Si sientes rencor hacia tu pareja, debes preguntarte cómo te sirve eso a ti.

Cuando extraes y liberas el rencor, se llena ese espacio con la luz de Dios, lo cual produce como resultado la mejora de tus habilidades psíquicas.

Comprueba las siguientes creencias y descarga las siguientes emociones si es necesario:

Rencor: creencias

'Me gusta el rencor'.

'Mi rencor me protege'.

'Sin rencor, las personas se aprovecharán de mí'.

Rencor: descargar emociones

'Sé cómo se siente vivir sin rencor'.

'Sé cómo vivir sin rencor'.

'Sé cómo vivir y estar seguro sin rencor'.

PREOCUPACIÓN

La preocupación le hace mucho daño a tu sistema. Desequilibra tus niveles de serotonina y causa problemas estomacales. Puedes desarrollar síndrome de intestino irritable si estás preocupado todo el tiempo.

La mayoría de las personas no saben cómo vivir sin preocuparse. De hecho, algunos individuos comienzan a sentir que si no están preocupados por algo, ¡no están viviendo! Pero si te dieras cuenta cuánto tiempo gastas en preocuparte, comprenderías toda la energía que estás desperdiciando. Enséñate a vivir sin preocupación: esta energía debe ser usada en iniciativas constructivas.

Si comienzas a sentirte nervioso cuando te sugiero que vivas sin preocupación, es muy probable que sea porque piensas que no vas a 'preocuparte' por cosas como pagar tus cuentas. Estas cuestiones tienen que ver con *responsabilidad*. No estoy diciendo que no deberías ser responsable. Puedes ser responsable y no preocuparte demasiado todo el tiempo.

Algunas personas necesitan el estrés y el drama para que su vida sea más emocionante. Es muy fácil volverse adictos al estrés y a la creación del drama. Pero cuando instilas la emoción de 'sé cómo vivir sin estrés y drama', te liberas de la adicción a estas energías.

TRABAJO DE INDAGACIÓN

Una de las formas en que puedes ser más efectivo en una sesión individual es usar la técnica de indagación. Como ya sabes, esto localiza la creencia esencial que mantiene en su lugar a muchas otras creencias.

Una de las preguntas más frecuentes que me formulan mis alumnos es: '¿Cómo sabes *cuándo* usar el trabajo de indagación?'. Mi respuesta es más sencilla de lo que podrías imaginarte. En realidad no tienes que saber cuándo o cómo llevar a cabo el trabajo de indagación. La mente subconsciente del cliente hará todo el trabajo por ti. Lo único que tienes que recordar es preguntar '¿quién?', '¿qué?', '¿dónde?', '¿por qué?' y '¿cómo?'. La mente del cliente hará la indagación por ti, teniendo acceso a la información como una computadora para brindarte una respuesta a cada pregunta. Si el cliente parece estar estancado, será solo temporal. Cambia la pregunta que estás formulando. Si todavía no hay respuesta, pregúntale: 'Si *supieras* la respuesta, ¿qué podría ser?'. Con un poco de práctica, aprenderás a usar tu intuición para encontrar la respuesta.

La clave es escuchar lo que la persona está diciendo. Asuntos que se repiten o que producen mucha emoción, con frecuencia tienen relación con la creencia esencial. Escucha con detenimiento a tu cliente y él te entregará las claves a las respuestas de sus dilemas.

Además, en cualquier momento durante el proceso del trabajo con las creencias, el Creador podría aparecer y entregarte la creencia esencial que estás buscando, por lo que debes estar abierto a la intervención divina.

A continuación vemos una breve recapitulación del proceso:

1. Pregunta: 'Si hubiera algo que pudieras cambiar en tu vida, ¿qué sería?'. Luego formula preguntas respecto al tema que surja hasta que llegues al asunto clave más profundo. Sabrás que estás cerca de la creencia esencial cuando el cliente comience a ponerse a la defensiva verbalmente, se ría nerviosamente o llore en un intento subconsciente de mantener el programa. Extrae, cancela, resuelve y reemplaza el asunto según sea necesario en cualquier nivel de creencias que lo descubras, usando las preguntas claves: '¿Quién'?, '¿Qué?', '¿Dónde?', '¿Por qué?' y '¿Cómo?'.

2. Evita mezclar tus propios programas o emociones en el proceso de investigación.

3. Asegúrate de estar firmemente conectado con la perspectiva del Creador del séptimo plano cuando estés en el espacio de la persona. En algunos casos, el cliente puede salirse por la tangente, esconder o dar vueltas en círculos con el proceso de preguntas y respuestas. Sé paciente y persistente. Puede ser necesario preguntarle al Creador cuál es el programa más profundo.

Puedes notar cuando estás cerca de la creencia esencial, cuando la energía del cliente produce un resultado positivo con sus ojos abiertos y cerrados.

Cuando comienzas a llegar a la creencia esencial, es fácil interpretar algunas de las creencias justo antes de la creencia esencial, como si se tratara de esta última y esto puede ser confuso. Es importante observar el lenguaje corporal del cliente y escuchar con detenimiento lo que está diciendo. Conforme te acercas a la creencia esencial, el cliente comienza a sentirse cada vez más incómodo, puesto que estás activando, liberando y resolviendo un *trauma*.

Además de buscar la creencia esencial, también estás buscando el *beneficio positivo* que la persona puede estar obteniendo de esa creencia esencial.

También debes descubrir qué ocurrió en su vida que hizo que surgiera esa creencia esencial.

Cuando descubres y liberas la creencia esencial, tu cliente debe sentirse renovado, refrescado y empoderado. Si termina la sesión con dolores o no se siente mejor, quiere decir que no has terminado el trabajo con las creencias. Comprende que una persona puede requerir de más de una sesión de trabajo con las creencias para encontrar los asuntos más profundos.

El proceso de indagación es una de las cosas más importantes de ThetaHealing. Por ejemplo, al inicio del trabajo con las creencias y con las emociones, algunos alumnos comienzan a descargar todas las creencias y emociones posibles, creyendo que eso va a ayudarlos. En cierto sentido, tienen razón, pero no al punto que ellos se imaginan. Lo que esto hace es *añadir* emociones y creencias a las ya existentes. Lo que no hace es descubrir las creencias esenciales, aquellas que deben ser eliminadas y reemplazadas, y las emociones particulares que en verdad necesitan.

Muchos practicantes y maestros de ThetaHealing hacen listas y listas de emociones que desean instilar en ellos y en los demás. Algunos de ellos se sientan y trabajan en miles de creencias, pero se olvidan de utilizar el trabajo de indagación. Por consiguiente, liberar creencias de forma fortuita, sin encontrar la creencia esencial, solo ocasionará confusión.

Lo mismo ocurre con las enfermedades. Algunas personas vienen a verme y me dicen que han extraído todas las creencias posibles asociadas con su enfermedad. Dicen que ha funcionado con todos menos con ellos. Lo más probable es que no han logrado eliminar las creencias esenciales asociadas con la enfermedad y no desean tomarse el tiempo para buscarlas. Lo que han hecho es trabajar con una lista de creencias recopiladas por otra persona que no tienen nada que ver con ellos. Cada uno es especial; nuestras enfermedades y creencias son especiales para nosotros. *A pesar de que puede haber similitudes en las creencias asociadas con una enfermedad en particular, cada persona es diferente, y nunca debemos asumir que las creencias esenciales de alguien son iguales para todos.* Razón por la cual debemos tener una visión amplia de los sistemas de creencias asociados con las enfermedades y creer que lo mejor es escuchar al cliente.

Sin embargo, las creencias asociadas con las enfermedades pueden ser un reto muy sencillo de superar. Una vez que la enfermedad desaparece, el reto real es ayudar a la persona a desarrollar la habilidad de comunicarse con el Creador.

En esencia, *ThetaHealing es en verdad cuestión de enseñar a otra persona a usar el trabajo de las creencias para que se puedan sanar ellos mismos.* También es cuestión de cambiar tus propias creencias para que tu conexión con el Creador sea lo más clara posible. Es aprender que todas las enfermedades y todos los problemas de la vida pueden cambiarse. Con decisiones sencillas y un poco de trabajo con las creencias, tu vida y las vidas de tus clientes pueden cambiar para siempre.

REACCIÓN A LAS CREENCIAS

Recuerda que una vez que se inicia el proceso de buscar una creencia clave, debes encontrarla antes del final de la sesión o, de lo contrario, el individuo puede experimentar una crisis de sanación. No termines la sesión antes de completar el trabajo con las creencias y observa atentamente señales de incomodidad. Si la persona se siente perturbada o alterada, si siente dolor o está sufriendo, entonces no se ha tomado el debido cuidado de sus asuntos y el trabajo con las creencias debe continuar.

Si un cliente experimenta dolor físico inexplicable en una sesión, es muy probable que estés llegando a programas subconscientes muy profundos. Eso significa que estás activando diferentes sistemas de creencias que su subconsciente está luchando por mantener. Continúa liberando las creencias hasta que el dolor desaparezca. Con el permiso del individuo, pregúntale si puedes descargar lo que *se sienta* seguro. Continúa la sesión hasta que se sienta cómodo y tenga una actitud pacífica.

PROGRAMAS GENÉTICOS Y CREENCIAS ESENCIALES

Otra forma de trabajar en las creencias es preguntarle al individuo sobre creencias esenciales que pueda haber aceptado de sus padres o que hayan sido transmitidas a través de los genes. Para hacer esto, realiza la prueba de energía en busca de programas que pueda haber heredado de sus padres. Por ejemplo, su padre puede haber sido dominante y controlador. Realiza la prueba de energía para el programa genético 'soy dominante y controlador como mi padre'.

Heredar creencias genéticas de tus padres no significa que las debes establecer automáticamente en tu vida. Pueden yacer latentes y no manifestarse hasta que son activadas por el conjunto correcto de circunstancias. Pero en cualquiera de los casos, estos programas pueden ser eliminados explorando las creencias de tus padres y ancestros, descubriendo que conforme desaparecen es mucho más fácil tener éxito en la vida.

Algunos de estos programas genéticos pueden ser 'cuanto más trabajo, más se mejoran las cosas' o 'soy pobre y me siento orgulloso de eso'. Si provienes de una familia pobre, realiza la prueba de energía en busca de:

'Soy pobre y estoy orgulloso de eso'.

'Trabajo mucho para lo que gano'.

'Es malo ser rico'.

Reflexiona las cosas que tus padres solían decir y validar en sus vidas y realiza la prueba de energía para los programas asociados, por ejemplo:

'Heredé la agresión de mi padre'.

'Heredé la conducta excesivamente controladora de mi padre'.

'Heredé la necesidad de control de mi padre'.

'Heredé la necesidad de hacer sentir a todos miserables, al igual que mi padre lo hacía'.

Tu meta es eliminar estas creencias antes de que se establezcan en tu vida.

PROMESAS Y JURAMENTOS

Una de las contribuciones que mis instructores de ThetaHealing han aportado a nuestra modalidad es la exploración de los parámetros del trabajo con las creencias. Algunos de mis alumnos han traspasado los límites y experimentado con aspectos del trabajo de las creencias, pidiendo que *todas* las promesas y los juramentos fuesen suprimidos de las vidas pasadas, presentes y futuras. En retrospectiva, esto no es necesariamente algo bueno, ya que algunos de los juramentos y promesas pueden ser para beneficio de alguien, o el individuo podría desear conservarlos. Suprimirlos todos es similar a eliminar grandes porciones de la personalidad y dejar un vacío en su lugar. Por consiguiente, es importante ser específico respecto a qué promesas o juramentos desean eliminarse. Al eliminar juramentos, siempre pido que se *completen* y *terminen*, en vez de eliminar arbitrariamente aquellos que yo elija cambiar.

En el pasado, un doctor en medicina con quien estábamos asociados, sugirió que usáramos una forma de juramento hipocrático para nuestros maestros, con el fin de instilar un poco de responsabilidad y conciencia de su parte, respecto a la modalidad y su práctica con los demás. Teniendo en cuenta que ThetaHealing empodera a las personas para suprimir promesas y juramentos que no les son útiles, pedirles a las personas que declaren un juramento de lealtad a la modalidad y a ellos mismos encontró oposición en algunos de los maestros, que sentían que dicho acto los limitaría de alguna manera. Sugirieron entonces que el juramento fuera eliminado del trabajo con ThetaHealing, debido a la confusión e inseguridad que esto implicaba.

El punto es que nunca he dicho que las promesas y juramentos son malos *por sí mismos, solo que algunos de ellos pueden no sernos útiles.* Algunos son buenos, por ejemplo los votos matrimoniales. Por lo que no debes suprimir todos los juramentos y promesas de esta vida, ni de las vidas pasadas, puesto que algunos de estos programas constituyen quién eres y lo que eres hoy en día. Siempre pregúntale al Creador qué programas deben ser extraídos.

PROGRAMAS DE CREENCIAS GENÉTICAS, VIDAS PASADAS Y CONCIENCIA GRUPAL

Las creencias genéticas también pueden manifestarse como prejuicios, por ejemplo: 'Siento prejuicio y me ofenden las religiones, los grupos étnicos, las personas diferentes, los intelectuales y los ignorantes'. El curso de

Relaciones con el Mundo de ThetaHealing te enseña a realizar la prueba de energía en ti mismo para estos programas.

El trabajo con las creencias también puede llevarse a cabo indagando en temas relacionados con diferentes épocas y lugares. Si en el proceso de indagación, descubres que la fuente de estos temas te lleva a diferentes épocas y lugares, pregúntate (o pregúntale a tu cliente) qué aprendiste de estas experiencias. Si uno de estos temas tiene que ver con el abuso, por ejemplo: 'Está bien dejar que alguien me critique, porque soy fuerte', realiza la prueba de energía para ver si esto proviene de una vida pasada.

Los programas también pueden provenir de una conciencia colectiva o grupal al igual que de vidas pasadas. Estas son creencias que han sido aceptadas como válidas por un gran segmento de la población y, por lo tanto, están impregnadas en la conciencia colectiva de la humanidad. Un ejemplo de una creencia de conciencia grupal sería 'la diabetes es incurable'.

CREENCIAS POSITIVAS QUE CREAN UN RESULTADO NEGATIVO

Lo más importante del trabajo de indagación es descubrir en qué forma le sirve el asunto a la persona. Es igual que con las enfermedades. Si no puedes encontrar la razón por la cual la enfermedad le es útil a la persona, es muy probable que la enfermedad no se cure.

Con frecuencia, la enfermedad se mantiene debido a una *creencia positiva*. Por ejemplo, muchas mujeres con cáncer de seno creen a un nivel inconsciente que la enfermedad será útil para que su familia se una de nuevo. Pueden creer en un nivel subconsciente que esto ayudará a la relación con su esposo e hijos, restableciendo el amor y la seguridad. Esta es la razón por la cual mantienen la enfermedad.

También hay casos en que lesiones, conducta disfuncional y programas negativos le sirven al cliente, aunque de una forma irracional.

Realiza la prueba de energía para descubrir si el cliente tiene programas ocultos útiles para su enfermedad o rétalo pidiéndole que diga: 'Mi [enfermedad o problema] me está siendo útil'.

Luego determina cómo ocurre esto buscando el programa más profundo, conectándote con el Creador para extraerlo y reemplazarlo.

EMOCIONES NEGATIVAS CREAN RESULTADOS NEGATIVOS

El peligro de descargar emociones negativas

Siempre me llega a la memoria el hecho de que el trabajo con las creencias es increíblemente poderoso. Un ejemplo surgió de algunos de mis alumnos más antiguos que estaban creando un libro de creencias recopilado de sesiones y clases a lo largo de los años. Teniendo en cuenta que eran instructores prácticos y cuidadosos, fueron lo suficiente intuitivos como para querer editar el contenido y me lo dieron para este propósito. Cuando observé las descargas y las creencias, noté algunas discrepancias. Estaban relacionadas con descargas en forma de emociones negativas para crear un resultado positivo. Por ejemplo, una persona sugería descargar cómo se sentía la depresión.

Comprendí que podríamos creer que el Creador nos entregaría la perspectiva de la depresión para beneficiarnos y enseñarnos cómo no sentirnos deprimidos, pero recibimos exactamente lo que pedimos, por lo que si pedimos saber cómo se siente la depresión, eso es exactamente lo que obtendremos: *la esencia pura y absoluta de la depresión*. Lo que ocurre es que si la mente subconsciente pide una emoción negativa, es exactamente eso lo que va a aceptar y a crear. Esta es la esencia de la cocreación entre una persona y el Todo lo que Es.

Esta es la razón por la que debemos evitar descargar emociones negativas en un esfuerzo por crear un resultado positivo y más bien usar solo emociones positivas. En este caso, por ejemplo, una descarga mucho mejor sería 'sé cómo vivir sin sentirme deprimido' o 'sé cómo se siente vivir sin depresión'.

Algunos instructores argumentan que pueden descargar una emoción o un pensamiento negativo y luego contrarrestarlo con un programa positivo. Pero puede tomar una semana, un mes o incluso un año diluir la emoción negativa. Y, ¿por qué desearías conocer la definición del Creador de la depresión, pobreza o enfermedad si esto es exactamente lo que obtendrás?

...y algunas descargas positivas

En la otra cara de la moneda, encontramos que algunas descargas positivas pueden también ocasionar estrés. Un ejemplo de esto podría ser 'sé cómo lidiar con el conflicto'. Es muy probable que esta descarga atraiga conflicto a tu vida, puesto que esto es exactamente lo que estás pidiendo.

Recuerda el poder de una emoción, pensamiento o palabra hablada para manifestar un cambio. Este cambio, por lo general, es de naturaleza clara y directa. Obtenemos lo que pedimos de la forma más pura.

Otra descarga que podría atraer estrés sería pedir ser completamente independiente y al mismo tiempo pedir compartir tu vida con tu alma gemela. Este es un ejemplo de dos programas en conflicto.

Piensa antes de usar el trabajo con las emociones y las creencias.

7

Sesiones de trabajo de indagación

En el libro de *'ThetaHealing'* hemos ofrecido algunos ejemplos del trabajo de indagación, pero ahora ofrecemos una sesiones que ilustran la intensidad de la profundidad con la que debes trabajar para eliminar un problema. Algunos practicantes no llegan nunca a descubrir la creencia básica y la emoción que debe ser instilada. Es mejor seguir indagando…

Sentado frente al cliente, lo primero que debes hacer es preguntarle en qué desea trabajar. La mayoría de las personas sabe exactamente de qué se trata desde antes de ir a verte. La mayoría de los temas que surgirán tendrán relación con la abundancia, la salud o el amor.

Una forma de lograr resultados fascinantes es comenzar con lo que el cliente desea como resultado. A continuación vemos algunos ejemplos de esto, todos extraídos de las clases de certificación de ThetaHealing con mis alumnos.

EJEMPLO DE TRABAJO DE INDAGACIÓN 1: CÁNCER

Vianna a la clase: —Lo primero que le dices a tu cliente es: '¿En qué te gustaría trabajar?

Cliente: —Quiero mejorarme, estoy cansado de estar enfermo. Quiero que el cáncer desaparezca.

Vianna: —¿Por qué estás enfermo?

Cliente: —No sé por qué. Solo quiero estar bien.

Vianna: —*Pero si supieras* por qué estás enfermo, ¿qué sería?

Cliente, comenzando a agitarse: —¡No sé!

En este punto, el practicante debe comprender que seguir así puede ser inútil y comenzar un nuevo curso de cuestionamiento.

Vianna: —¿*Qué* es lo mejor que te ha ocurrido desde que te enfermaste?

Cliente: —No hay nada bueno. No he hecho más que sufrir.

Vianna: —*Pero si hubiera algo bueno como resultado de haberte enfermado, ¿qué sería?.*

Cliente: —Bueno, mi familia se entiende mejor ahora. Mi madre me llama y ahora puedo hablar con mi padre. No había hablado con él en quince años. Supongo que se podría decir que nuestra relación ha mejorado. Esto es lo mejor que ha ocurrido desde que me enfermé.

Vianna: —¿Seguiría mejorando la relación con tus padres si recuperaras tu salud?

Cliente: —No, no, estoy seguro de que todo volvería a estar como antes.

Vianna: —Entonces, en verdad te beneficia estar enfermo.

Cliente: —No... Bueno, supongo, por lo menos en cuanto a la relación con mis padres.

Vianna: —¿Te gustaría saber que puedes tener una buena relación con tu familia sin estar enfermo?

Cliente: —Sí, ¡me encantaría!

Acto seguido descargo el programa de 'cómo se siente tener una relación con mi familia sin estar enfermo'. Sin embargo, esto no indica que la sesión del trabajo con las creencias haya terminado. Teniendo en cuenta que por lo general las enfermedades se deben a más de un programa de creencias, continuó cuestionando al cliente:

Vianna: —¿Qué es lo peor que podría ocurrirte si te mejoraras?

Cliente: —Tendría que volver a trabajar y no tengo empleo. Mis finanzas son un desastre y no puedo cuidarme. Ahora mismo estoy recibiendo ayuda social.

Vianna: —¿Te gustaría saber que existen otras formas de resolver este problema y que hay posibilidades que no estás considerando?

Cliente: —Sí, ¡me encantaría!

Teniendo en cuenta que el cliente no sabe cómo crear nuevas oportunidades, usamos de nuevo el trabajo con las emociones. Después que el cliente haya otorgado permiso verbal, descargo cómo se siente tener posibilidades, reconocerlas y saber que puede regresar al trabajo. Estas son algunas creencias básicas, pero puede ser necesaria mayor indagación.

En muchos casos, tal como lo mencioné, las enfermedades y otros retos se mantienen debido a una creencia positiva en vez de una negativa. A continuación vemos un ejemplo de una creencia positiva que presenta retos:

EJEMPLO DE TRABAJO DE INDAGACIÓN 2: BUSCANDO AMOR

Vianna: —¿En qué te gustaría trabajar hoy?

Clienta: —Me gustaría trabajar en el hecho de que no puedo encontrar a alguien con quien compartir mi vida. Siempre estoy sola. Nunca encuentro a nadie con quien estar.

Vianna: —¿Por qué estás siempre sola?

Clienta: —No sé. No lo entiendo. Soy buena persona, soy agradable y no tengo idea de por qué estoy sola.

Vianna: —*Pero si supieras* porqué estás sola, ¿cuál sería la respuesta?

En este punto, la clienta no puede responder y encoge los hombros. Es el momento de cambiar las cosas y alterar el curso de la sesión.

Vianna: —¿Qué es lo mejor que te ocurre cuando estás sola?

Clienta: —¡¿A qué te refieres con lo *mejor* que me ocurre cuando estoy sola?!

Vianna: —A lo que me refiero es, ¿cómo te beneficia estar sola?

Clienta: —Pues bien, sé lo que me gusta hacer con mi tiempo, y cuando estás en una relación, siempre tienes que hacer lo que tu pareja quiera. Ni siquiera puedes expresar tu opinión. La otra persona parece regir tu vida.

Vianna: —¿Ha sido esta tu experiencia en relaciones pasadas?

Clienta: —Sí, esa ha sido mi experiencia. Cuando estás en una relación, nunca puedes ser quién realmente eres. Debes cambiar para complacer a tu pareja. No puedes ser tú misma.

Vianna: —Entonces, en verdad, es más seguro para ti estar sola para poder ser tú misma. ¿Es eso cierto?

Realicé la prueba de energía en busca del programa 'es seguro para mí estar sola; por lo menos así puedo ser yo misma'. El resultado fue positivo y ella empezó a llorar.

Clienta: —Tengo miedo de estar con alguien. Temo que intente cambiarme.

Vianna: —¿Te gustaría saber que existe alguien que puede aceptarte tal como eres en verdad y que sabes estar con esa persona sin aparentar ser quién no eres?

Cliente: —Sí, ¡me encantaría!

Me conecto con el Creador y después de pedir permiso, soy testigo mientras estas emociones son descargadas en ella:

'Sé cómo ser yo misma'.

'Sé cómo ser considerada con las emociones ajenas'.

'Entiendo cómo compartir mis sentimientos'.

'Entiendo cómo compartir mi vida'.

'Entiendo cómo se siente compartir intimidad'.

'Sé cómo se siente tener intimidad y ser amable'.

'Sé cómo permitir que alguien entre a mi vida'.

A continuación, la clienta comienza a llorar. Reconociendo que se trata de un programa viejo de la niñez, puedo continuar de dos formas. La primera es preguntarle a la clienta:

Vianna: —¿Cuándo fue la primera vez que te sentiste así sobre las relaciones?

Clienta: —Cuando mi padre me abandonó.

Vianna: —¿Por qué te abandonó tu padre?

Clienta: —No sé. Todo aquel que me ama me abandona.

Esta también es una creencia básica. Ahora debo enseñarle a la clienta que es posible amar a alguien sin ser abandonada. Dependiendo de la situación, también puede ser que deba enseñarle cómo se siente ser capaz de perdonar y entender el panorama más amplio. Todas estas son descargas posibles que se pueden usar en esta situación.

Vianna: —¿Qué hubo de positivo en el hecho de que tu padre te abandonara?

Clienta: —Aprendí a nunca más confiar en un hombre y a hacer todo por mí misma.

Acto seguido, descargo 'sé cómo compartir mi vida con alguien' y 'es posible confiar en un hombre'. La clienta se siente muy animada y contenta y termina la sesión.

EJEMPLO DE TRABAJO DE INDAGACIÓN 3: AMOR, ABUNDANCIA Y ASUNTOS MATERNOS

Antes de comenzar el trabajo de indagación, debes saber qué clase de resultado necesita la persona de la sesión del trabajo con las creencias. La forma en que lo hago es pidiéndole al cliente que se siente en silencio, se eleve y se conecte con el Creador de Todo lo que Es, y que visualice con precisión lo que desea en su vida. Le pido que se imagine exactamente lo que sea en todos los aspectos de su vida, como si estuviera viviendo realmente todos sus sueños. Le pido que visualice que está viviendo esa abundancia en el presente y que todos los deseos más profundos de su corazón ya se han cumplido. En algunas de estas sesiones, el cliente desea cosas materiales como un automóvil, casas hermosas y mucho dinero. En este caso, vamos a tratar un trabajo con las creencias con un hombre de aproximadamente 35 años de edad.

Vianna: —Si pudieras tener todo lo que siempre has deseado, ¿qué sería?

Hombre: —Quiero tres casas, una en la playa, varios autos y muchísimo dinero.

Vianna: —¿Que sería lo peor que podría ocurrirte si tuvieras todas estas cosas?

Esta es una pregunta negativa para encontrar la dirección a la creencia básica. La reacción que verías en la gran mayoría de las personas sería miedo y pánico. Después del miedo y el pánico, la persona luciría alicaída. Este hombre no fue diferente.

Hombre: —Si todo eso fuera realmente mío, estaría solo. No tendría a nadie con quien compartirlo. Sería ridículo tener tantas cosas y no tener a nadie con quien compartirlo, pero así sería. Estaría solo.

Vianna: —¿Por qué estarías solo?

Hombre: —No sé cómo llevarme bien con las mujeres.

Vianna: —¿Por qué no sabes llevarte bien con las mujeres?

Hombre: —No me entienden y ciertamente no las entiendo. Es mejor renunciar antes de siquiera intentarlo.

Vianna: —¿Por qué dices eso?

Hombre: —Porque una vez que me conocen, me hacen pedazos y me menosprecian.

Vianna: —¿Cuándo comenzó esto?

Hombre: —Comenzó cuando era niño. Mi madre me lo hacía todo el tiempo.

En este punto, tengo que tener cuidado de evitar involucrarme demasiado en programas relacionados específicamente con su madre (por ejemplo 'mi madre me tortura'), puesto que es muy probable que esta no sea la creencia básica.

Vianna: —¿Qué te hizo tu madre?

Hombre: —Yo hacía algo que pensaba que era maravilloso y corría a mostrárselo y ella actuaba como si nada y se encogía de hombros. Desde ese punto supe que nunca lograría complacer a una mujer. Ni siquiera valía la pena intentarlo.

Vianna: —¿Qué aprendiste de esto?

Hombre: —Aprendí que es ridículo intentarlo.

Vianna: —¿Fue esto lo que tu madre te enseñó?

Hombre: —Mi madre me enseñó a no confiar en nadie.

Vianna: —Entonces, no confías en nadie, ¿de qué te sirve eso?

Hombre: —Pues evita que me hagan daño. Siempre y cuando no confíe en nadie, no me pueden herir. Y eso fue lo que aprendí de mi madre. Supongo que puedo agradecerle eso.

Ahora encontramos la creencia básica: 'Si no confías en alguien, no te pueden herir'. Lo primero que hago es enseñarle al cliente cómo se siente saber en quién confiar, cuándo confiar, que es posible confiar y cómo confiar sin ser lastimado. El reemplazo del programa emocional sería 'sé cómo permitir que alguien me ame y sé cómo amar a cambio sin ser traicionado ni traicionar'.

Es muy importante que el practicante se mantenga con la sesión del trabajo con las creencias hasta que logre el resultado final. Es muy fácil distraerse antes de encontrar la creencia básica.

Sin embargo, el trabajo con las creencias no tiene que durar horas. En este caso, descubrimos la creencia básica con mucha rapidez. En verdad, su creencia le era útil de alguna manera. Si no permitía que nadie entrara a su vida, no tenía que confiar en nadie. Si no tenía que confiar en alguien, no saldría lastimado. El cliente creía en un nivel profundamente inconsciente que si manifestaba todo lo que deseaba, terminaría solo. A fin de cuentas, esa era la razón por la que no se sentía cómodo si manifestaba todo lo que su mente consciente deseaba. Esto era lo que le impedía lograrlo. Una vez que este asunto fue eliminado y que aprendió a compartir su vida con una pareja, sus habilidades de manifestación se incrementaron exponencialmente.

He descubierto que en la mayoría de los casos, las personas no pueden manifestar lo que desean porque no *saben* qué es. En nueve casos de cada diez, los enfermos no mejoran porque nunca han hecho planes para cuando estén sanos. Lo que ocurre con la mayoría de las personas es que su cerebro tiene una sola meta en sus mentes y es ¡superar el día! Esto es particularmente cierto en casos de enfermedades graves.

Estimular a la persona para que piense más allá hasta un punto de su vida cuando esté sano, hará que salgan a la luz los asuntos que les impiden mejorar.

Una vez que sus asuntos han sido llevados a la luz, el practicante tiene algo con qué trabajar. Veamos un ejemplo de una persona que deseaba abundancia:

EJEMPLO DE TRABAJO DE INDAGACIÓN 4: ABUNDANCIA Y ASUNTOS CON LA MADRE

Vianna: —Si pudieras tener todo lo que desearas, ¿qué sería?

Cliente: —Mi sueño es poseer tres casas, una en California, otra en Nueva York y otra en París. Cada una estaría decorada lujosamente y en un lugar hermoso. Deseo viajar por todo el mundo a tierras exóticas, y quiero ser fuerte y sano.

Vianna: —¿Cómo te sientes ahora que tienes toda esta abundancia? ¿Cómo te sientes ahora que todo esto llegará a tu vida?

De repente el cliente luce muy nervioso.

Cliente: —No me gusta cómo se siente tener todo esto.

Vianna: —¿Por qué no te gusta la sensación de tener todo esto?

Cliente: —Porque todos estarían enojados conmigo.

Vianna: —¿Por qué estarían todos enojados contigo?

Cliente: —Porque tendría más que todos aquellos que forman parte de mi vida.

Vianna: —¿Qué sentirías debido a esto? ¿Qué te ocurriría?

Cliente: —Estaría solo en esas casas enormes y no habría nadie que me amara.

Vianna: —¿Te gustaría saber cómo se siente tener a alguien contigo ahí?

Cliente: —Es imposible. No inspiro amor. Nadie quiere compartir esto conmigo.

Estas son las cuestiones principales que están evitando que esta persona obtenga sus metas. Con su permiso, descargo las emociones y los programas de 'inspiro amor' y 'es posible compartir mis sueños con alguien'.

Ahora el cliente está más nervioso que antes.

Vianna: —¿Qué te ocurre?

Cliente: —Si tengo una relación con alguien, ¡descubrirá quién soy en verdad! ¡Nadie va a querer estar conmigo si descubre cómo soy en verdad!

Vianna: —Pues bien, ¿quién eres en verdad?

Cliente: —No sé. Pero nadie me va a querer si sabe quién soy.

Vianna: —¿Quién te dijo esto? ¿Cuándo fue la primera vez que lo escuchaste?

Cliente: —No estoy seguro, pero creo que fue de mi madre. Me dijo que nunca nadie me amaría y que nunca sería bueno para nada.

Estas últimas frases son las creencias básicas. Son los programas que deben ser extraídos, cancelados, resueltos, enviados al Creador de Todo lo que Es y reemplazados con los programas correctos.

También le pregunto al cliente si desea recibir la descarga de 'inspiro amor', 'puedo ser respetado' y 'hay alguien en el mundo para mí'. Si no recibe estas descargas, su cerebro increíblemente brillante (que está creando la vida que realmente desea) no cambiará a un nivel subconsciente. Si el nivel subconsciente cambia, el cliente puede manifestar lo que desea.

La mente es fascinante. En verdad creamos lo que cree nuestra mente subconsciente que es la realidad. Si decimos que *no tenemos dinero* y que *apenas sobrevivimos*, nuestro subconsciente toma esto como una orden o una exigencia y crea lo que piensa que deseas. Estas son algunas de las primeras cosas que debes buscar en una sesión de trabajo con las creencias, cuando indagas en busca de la creencia básica.

Es importante para el cliente saber que no solo es *posible* ser amado y tener buena salud, sino que también es fácil de *lograr*. Algunas de las descargas para asegurarnos de que alguien acepta esto, tendrán que ver con descargas de *metas* como 'puedo lograr mis metas', 'sé cómo establecer una meta' y 'sé cómo planificar'. Por sí mismas, estas descargas lograrán una gran diferencia en la vida de un individuo.

EJEMPLO DE TRABAJO DE INDAGACIÓN 5: LAS DIOSAS EGIPCIAS

El Creador me dijo que llamara a una persona en específico para una demostración en una de mis clases de certificación de maestros en Yellowstone, Montana. Se trataba de una mujer afroamericana hermosa y alta, en un traje blanco, que lucía y se movía como si fuera una diosa egipcia. Me dije en silencio: 'Creador, has cometido un error. Esta mujer es perfecta. Obviamente, debes enviarme a alguien que tenga algún problema con el que deba trabajar'. Pero el Creador insistió en que la llevara al centro de la sala para trabajar con ella, como un ejemplo para la clase.

Vianna: —¿En qué te gustaría trabajar?

Mujer: —Tengo miedo de ser sanadora. Creo que se trata de una vida pasada.

Debes saber que este tipo de frase puede ser resultado de abuso sexual o de cualquier tipo de abuso. La persona intentará aparentar que el tema tiene que ver con una vida pasada porque no desea lidiar con eso en esta vida. Es posible que se trate de una vida pasada, pero si se expresa de esta manera, es probable que se trate de esta vida.

Vianna: —¿Por qué temes ser sanadora?

Mujer: —Porque podría morir.

En ese momento escuché al Creador diciéndome: 'Pregúntale por qué tuvo que esconderse cuando niña'.

Vianna: —¿Por qué tuviste que esconderte cuando niña?

Mujer: —Tuve que esconderme para hurtar comida para mi hermano y hermanas.

Después de esta frase, comenzó a hablar sin cesar. Su madre había muerto, dejándola a ella y a otros tres niños pequeños, uno de los cuales era una niña de dos años. Su padre los había llevado donde unos tíos que no los alimentaban bien. Estaban malnutridos, particularmente la niña más pequeña. Cuando el padre se casó de nuevo, fue por ellos, pero lo mismo volvió a ocurrir con la madrastra: no alimentaba a los niños apropiadamente, en particular a la niña pequeña. La familia comía frente a ella y la forzaban a sentarse y mirarlos. La mujer me dijo que había sido golpeada severamente por escabullirse y tratar de hurtar comida de la alacena para alimentar a sus hermanos. Desde ese momento, siempre había creído que debía ocultarse.

Un día, la niña de dos años no se levantó: había muerto de hambre. Su madrastra intentó despertarla dándole patadas y arrastrándola por la habitación. Luego la puso en los brazos de mi cliente y la llevó al hospital. El personal del hospital descubrió de inmediato que la niña había muerto de hambre y que los otros niños estaban malnutridos. Se los quitaron a sus padres y los llevaron a hogares de custodia.

El Creador me pidió que le dijera a la mujer que su hermanita había entregado su vida para que ella y los otros niños pudieran sobrevivir. Le dije que limpiaríamos su sufrimiento del pasado.

Cuando la vi sentarse frente a mí por primera vez, nunca siquiera soñé que ella hubiera pasado por todo ese abuso; no podía verlo: parecía muy confiada y segura. Antes de juzgar a las personas, debes saber que algunos de los casos más graves de abuso han ocurrido a personas que parecen muy seguras de sí mismas. Las personas abusadas saben fingir mejor que nadie y por lo general son excelentes escondiendo su dolor. Son aquellos que siempre sonríen y ríen. Pero es una risa falsa. Parecen presentes, pero en verdad no están ahí. Puedes verlo en sus ojos y en lo que está detrás de su mirada. A pesar de eso, sonríen aparentando mucha seguridad porque no quieren que nadie vea su dolor interno. Con frecuencia desarrollan problemas intestinales.

Con los asuntos relacionados con el abuso, debes ser persistente y asegurarte de que la persona sabe que es amada.

Enseñarle a esta mujer cómo se sentía estar segura eliminó los asuntos relacionados con ser sanadora, pero fue necesario más trabajo con las creencias.

EJEMPLO DE TRABAJO DE INDAGACIÓN 6: ASUNTOS PATERNOS

Vianna: —¿Cuál te gustaría que fuera el resultado final de esta sesión? ¿Qué deseas hacer con tu vida? Si hubiera algo que quisieras cambiar, ¿qué sería?

Joven mujer: —Me gustaría superar el sentimiento de que nunca soy lo suficientemente capaz.

Vianna: —¿Quién te enseñó ese sentimiento?

Joven mujer: —Fue mi padre. Siento resentimiento hacia él porque me enseñó que yo sólo sería un siete.

Vianna: —¿Qué significa eso?

Joven mujer: —Lo que eso significa es que en una escala de uno a diez, soy un poco mejor que el promedio, pero nunca lo suficientemente buena. Solo soy un siete y nunca seré un diez.

Vianna: —¿Le creíste cuando te dijo esto?

Joven mujer: —Sí, le creí. No sé por qué le creí. Siento mucho resentimiento hacia él ahora.

Vianna: —¿Por qué sientes resentimiento hacia él?

Joven mujer: —Porque me hizo sentir muy mal respecto a mí misma.

Vianna: —¿Cómo hizo eso?

Joven mujer: —Diciendo cosas como esas.

Vianna: —¿Cómo te ayudó esto en tu vida? ¿De qué forma te fue útil?

Joven mujer: —Aprendí que nunca obtendría, haría ni sería lo suficiente, por lo que mejor valía la pena que me conformara con poco.

Vianna: —¿Te has conformado con poco toda tu vida?

Joven mujer: —Sí, así es. Toda mi vida me he conformado con poco.

Vianna: —Esto suena casi como una excusa para no tener que hacer un esfuerzo y obtener lo mejor que la vida tiene para ofrecerte.

Joven mujer: —Supongo que así es. Creo que podría agradecerle a mi padre eso. No trato de hacer nada siempre y cuando no crea que pueda hacerlo.

Vianna: —¿Qué ocurriría si trataras?

Joven mujer: —Fracasaría.

Vianna: —¿Qué ocurriría si fracasaras?

Joven mujer: —Tendría que conformarme con poco.

Vianna: —¿Qué ocurriría si tuvieras éxito?

Joven mujer: —No sé qué ocurriría si tuviera éxito. No tengo la menor idea. Supongo que es mejor fracasar y saber lo que ocurriría, que tener éxito y desconocer el resultado.

Vianna: —Entonces tienes miedo de tener éxito.

Joven mujer: —Supongo. Nunca lo había visto de esa manera. Supongo que siempre y cuando sienta resentimiento hacia mi padre, no tendré que tener éxito.

Vianna: —Entonces, es más fácil para ti sentir resentimiento hacia tu padre que descubrir lo desconocido.

Joven mujer: —Supongo.

Vianna: —¿Te gustaría saber cómo se siente vivir sin miedo a lo desconocido? ¿Cómo se siente saber cómo dar el siguiente paso, saber que es posible?

Joven mujer: —¡Sí! Sí, me encantaría.

Al instilar estas descargas de emociones, el programa 'soy solo un siete' queda eliminado. Ahora realizamos la prueba de energía. Le pedimos a la mujer que mantenga sus dedos firmemente apretados, y le pido que diga: 'Solo soy un siete'. Efectivamente, la creencia ha sido eliminada.

Luego realizo la prueba de energía para el programa 'siento resentimiento hacia mi padre'. Eso también ha quedado eliminado. Comprender que era más seguro sentir resentimiento hacia su padre que tener éxito, le permitió a su 'mente informática' avanzar. Las descargas de emociones la ayudaron a continuar su vida a través de una transición suave.

Esta es una muestra perfecta de un trabajo de indagación. Con este trabajo, no solamente encuentras las creencias más negativas y dolorosas, sino también la forma en que le están siendo útiles al individuo.

Si no llegas hasta la creencia básica, solamente eliminarás parcialmente los asuntos. Estoy segura de que hay muchas personas que han dejado un trabajo de creencias a medias donde solo han eliminado parcialmente sus asuntos. De todas maneras, es mejor eliminar algunos que ninguno. En algún nivel, estas personas han mejorado, pero nada se compara con la paz mental de encontrar la creencia básica.

EJEMPLO DE TRABAJO DE INDAGACIÓN 7: SANACIÓN

Vianna: —¿Qué resultado deseas de esta sesión?

Hiro Myiazaki: —Deseo manifestar una práctica de sanación maravillosa, que todas las personas que vengan a mí se sanen siempre, tener mucho dinero, mucho tiempo y una familia feliz.

Vianna: —Bien, imagina que todo esto es tuyo. Imagina que las personas acuden a ti de todas partes para que las sanes. ¿Cómo te hace sentir esto?

Hiro: —Bien. Me hace sentir muy bien.

Vianna: —¿Puedes lidiar con estos cientos de personas que vienen a ti para que las sanes?

Hiro: —Claro que sí. Sé cómo establecer mis límites.

Vianna: —Quiero que te imagines que estás viviendo esa situación. ¿Cómo se siente?

Hiro: —Pues... siento como que eventualmente fracasaré, terminaré arruinándolo todo con alguien.

Esta es una indicación temprana de que existe una creencia básica que impedirá que este hombre tenga éxito como sanador.

Vianna: —¿Qué ocurriría si lo arruinaras todo?

Hiro: —¡Oh!, sería exiliado. Me colocarían en un hoyo.

Vianna: —¿Un hoyo?

Hiro: —Sí, un hoyo negro y se olvidarían de mí.

Vianna: —¿Qué te ocurriría en ese hoyo?

Hiro: —Nada me ocurriría. Se olvidarían de mí.

Vianna: —¿Por cuánto tiempo se olvidarían de ti?

Hiro: —No sé. Quizá para siempre, porque lo arruiné todo. Le hice daño a alguien que se enfermó debido a mi sanación. Por esta razón, fui exiliado.

Vianna: —¿Te llegarán a perdonar?

Hiro: —No, nunca me perdonarán.

Vianna: —¿Qué ocurrirá entonces?

Hiro: —No podré soportar la soledad. Encontraré un objeto afilado y me suicidaré.

Vianna: —¿Quedas libre de esta experiencia entonces? ¿Vas a la luz? ¿Qué te ocurre?

Hiro: —Estoy en la oscuridad y tengo miedo de salir. Temo fracasar de nuevo.

Vianna: —¿Cuánto tiempo estás en la oscuridad?

Hiro: —No estoy seguro. Me llega a la mente cinco mil años.

Vianna: —¿Qué te ocurre luego?

Hiro: —Voy a la luz. Me dan otra oportunidad.

Vianna: —Entonces, en verdad, ¿cuál es tu miedo fundamental asociado con tu trabajo de sanación?

Hiro: —Que fracasaré. Que será mi culpa y que seré rechazado, exiliado y olvidado.

Vianna a la clase: —Estas son las creencias básicas. La razón por la que Hiro no puede realizar la verdadera ambición de su vida es debido al miedo de obtenerla. Por consiguiente, extraes y liberas los programas 'temo estar solo' y 'seré olvidado', y los reemplazas por 'sé cómo se siente ser recordado', 'sé cómo vivir y tener a alguien a mi lado', 'sé cómo perdonarme', 'sé que el Creador es el sanador' y 'estoy a salvo siendo sanador'.

Vianna a Hiro: —¿Me das permiso de liberar estos programas y reemplazarlos como te he sugerido?

Hiro: —Sí. ¡Muchísimas gracias!

Hiro termina la sesión del trabajo con las creencias sintiéndose resplandeciente, iluminado y lleno de alegría.

EJEMPLO DE TRABAJO DE INDAGACIÓN 8: INTUICIÓN Y HABILIDADES PSÍQUICAS

Vianna: —¿Me das permiso de entrar a tu espacio?

Mujer: —Sí.

Vianna: —¿Cuántos años tienes?

Mujer: —Cincuenta y tres.

Vianna: —¿Tienes alguna pregunta?

Mujer: —Me gustaría saber cómo abrirme más y ser más intuitiva.

Vianna a la clase: —Muy bien, empezaremos por ahí. No comiencen con lo que piensan que necesita alguien. Comiencen con lo que esa persona *cree que necesita.* La solicitud del cliente es la prioridad.

Vianna a la mujer: —Repite: 'Sé cómo abrirme y ser más intuitiva'.

Mujer: —Sé cómo abrirme y ser más intuitiva. Sé que soy intuitiva. Sé que puedo controlar mi intuición.

Vianna a la clase: —Muy bien, el resultado de la prueba de energía ha sido negativo para estos programas. Ella desea abrirse, pero no cree que pueda controlarlo.

Vianna a la mujer: —¿Por qué no te puedes abrir a tu intuición?

Mujer: —Porque tengo miedo.

Vianna: —¿Por qué tienes miedo?

Mujer: —Tengo miedo de lo que podría ocurrirme. Tengo miedo de cambiar tanto que no sabría quién soy. Tengo miedo de que esto ocurra gradualmente, con el paso del tiempo, y no me daré cuenta de lo que está ocurriendo.

Vianna: —Si cambias tanto que no sabes quién eres, ¿qué ocurriría luego?

Mujer: —Me perdería.

Vianna: —¿Y eso qué significa para ti? Repite: 'Temo perderme'.

Mujer: —Temo perderme.

El resultado es "Sí".

Vianna: —¿Por qué estás perdida?

Mujer: —Temo encontrarme.

Vianna: —¿Qué ocurrirá si te encuentras?

Mujer: —Temo que si me encuentro, encontraré la misión de mi vida, y temo fracasar en mi misión de esta vida. ¿Qué tal que tenga que hacer algo que no desee?

Vianna: —Repite: 'Tengo miedo de la misión de mi vida'.

Mujer: —Tengo miedo de la misión de mi vida.

El resultado es "Sí".

Vianna: —¿Qué es lo peor que podría ocurrirte si comienzas con el trabajo de tu vida?

Mujer: —Temo dañar mi reputación. Tengo miedo de fracasar en mi misión.

Vianna a la clase: —Ahora bien, ¿puse yo esas palabras en su boca? No, me elevé y le pregunté a Dios. El Creador dijo: 'Ella siente miedo de fracasar'. Es muy probable que este sea el asunto básico. Si comienzo a extraer otras creencias similares, la sesión tomará mucho tiempo y no llegaría al asunto básico. Por lo que vamos a tratar este tema. Adviertan que toco su mano mientras trabajo con ella. Esto lo hago con el fin de tranquilizarla y mantener su espacio.

Vianna a la mujer: —Si tuvieras un temor cada día, ¿qué sería?

Mujer: —Temería a las personas con las que trabajara e intentara sanar.

Vianna: —¿Temerías fallarles?

Mujer: —Sí, tengo miedo de fallarle a las personas con las que trabaje. Tengo miedo de fallarle a Dios. Tengo miedo de fallarme.

Vianna a la clase: —Si el resultado de la prueba de energía es positivo respecto a fallarle a sus clientes y negativo en cuanto a fallarle a Dios, ¿qué nos indica eso? Nos indica que teme fallarles a sus clientes. Puede haber algunos asuntos relacionados con Dios que debamos trabajar, pero su verdadero miedo es lastimar a las personas.

Mujer: —Temo matarlos. Temo lastimarlos. Temo fallarles.

Vianna a la clase: —Definitivamente, ¡ella está preocupada por ellos!

Vianna a la mujer: —¿Qué es lo peor que podría ocurrirte si les fallas?

Mujer: —Sería devastador.

Vianna: —¿Por qué?

Mujer: —Sería decepcionarlos.

Vianna: —Si los decepcionas, ¿qué ocurriría?

Mujer: —No sé. Me matarían.

Vianna a la clase: —Bien, entonces, ¿teme ella morir? O, ¿su peor miedo es lastimar a los demás? ¿Puede ser tan simple?

Vianna a la mujer: —Entonces, ¿deberíamos enseñarte cómo se siente sanar sin lastimar a los demás y saber lo que estás haciendo? Vamos a enseñarte *qué hacer y cómo ayudar a las personas. Cómo conectarte con Dios y saber qué hacer en las sanaciones. Cómo vivir sin el miedo de fallarle a las personas y saber que eso es posible. Saber cómo se siente saber que todas las personas con las que trabajas reciben sanación.* ¿Aceptas esas energías?

Mujer: —Sí.

Vianna a la mujer: —Puesto que Dios realiza la sanación, ¿Decepciona Dios a las personas? Di: 'Temo que Dios decepcione a esas personas'.

Mujer: —Temo que Dios las decepcione.

El resultado de la prueba de energía es "Sí".

Vianna: —¿Por qué?

Mujer: —No lo merezco.

Vianna: —Dices que no mereces pedirle a Dios esas cosas. ¿Qué te hace sentir así? ¿Qué pasaría si Dios no te escuchara un día?

Mujer: —Nada ocurriría.

Vianna a la mujer: —Confiar que Dios sanará a estas personas es un paso gigantesco para ti. ¿Te gustaría saber cómo dar ese paso? ¿Aceptarías las siguientes descargas?:

> *'Sé qué hacer cuando alguien está enfermo'.*
>
> *'Sé cómo ayudar a las personas'.*
>
> *'Sé cómo ser sanadora'.*

—¿Te gustaría saber cómo vivir sin temer que Dios te decepcione y sin que tú decepciones a las personas? ¿Aceptas estas energías?

Mujer: —Sí.

Vianna: —Muy bien. ¿Cómo te sientes ahora?

Mujer: —¡Mucho mejor!

Vianna a la clase: —Como verán, ella no sabía cómo dar el siguiente paso o cómo sanar a una persona. No sabía cómo confiar por completo en el Creador.

Vianna a la mujer: —¿Te gustaría saber cómo dar el siguiente paso? ¿Me das permiso de descargar en ti este conocimiento, y el conocimiento de que es posible, que lo mereces y lo vales? ¿Aceptas estas energías?

Mujer: —Sí.

Vianna: —¿Cómo te sientes ahora?

Mujer: —Siento un ligero cambio.

Vianna: —¿Quisieras sentir un cambio más grande? ¿Te gustaría saber cómo trabajar en alguien sin sentir ansiedad respecto a tu desempeño? ¿Te gustaría saber cómo ser paciente contigo misma? ¿Cómo permitir que tu mente, tu cuerpo y tu espíritu aprendan sin esfuerzo? Vamos a enseñarte cuándo saber que has terminado de trabajar en ti y cuándo está cansado tu cuerpo. Cuándo descansar y cuándo honrar lo que te dice tu cuerpo y también honrar tu misión en esta vida. ¿Aceptas estas energías?

Mujer: —Sí.

Vianna a la clase: —Entonces hemos terminado y el asunto clave era que ella temía en verdad lastimar a los demás. No tuvimos que profundizar más allá de eso. Ella sentía una preocupación real por las personas. Ahora tendrá más confianza.

Vianna a la mujer, en conclusión: —¿Me das permiso de enseñarte cómo escuchar a tu corazón y al Creador? ¿Cómo saber cuándo tomar una decisión y cómo tomarla? ¿Qué decirle a tus clientes sin herirlos?

Mujer: —Sí.

Escuchar es una de las cosas más importantes del trabajo con las creencias. Con mucha frecuencia, el practicante tratará de decirle a la persona lo que piensa que son sus creencias. *Escuchar al cliente y al Creador es un arte; un arte que requiere práctica.* La razón es que todos los mensajes que recibes del Creador deben ser interpretados por tu mente. Debes asegurarte de que el mensaje que escuchas del Creador y el que le entregas a la persona, es exactamente el mismo.

EJEMPLO DE TRABAJO DE INDAGACIÓN 9: LAS PERSONAS MÁS DÉBILES SE APROVECHAN

Vianna a la clase: —Una de las primeras preguntas que le formulo a un individuo antes de comenzar una sesión, está relacionada con cualquier medicamento o hierbas que esté tomando. La razón por la que hago esto antes de observar el interior de su cuerpo es para no confundirme por las esencias de los componentes con los que entro en contacto durante una sesión. Los medicamentos y las hierbas cambian la vibración de una persona, y la forma en que estos interactúan con el cuerpo pueden enmascarar la enfermedad o trastorno. Una vez que has experimentado cómo se siente un medicamento o una hierba en el cuerpo, es más fácil reconocerlo, por lo que es cuando estás en una sesión. Para ahorrar tiempo valioso, le pregunto a la persona lo que está tomando antes de entrar a su cuerpo.

Vianna a la mujer: —¿Estás tomando algún medicamento o hierba? ¿Tomaste magnesio esta mañana o alguna vitamina?

Mujer: —No.

Vianna: —Lo que hago a continuación es entrar al cuerpo y pedirle al Creador: 'Creador, ¡muéstrame!'. Observo entonces que la mujer rechina sus dientes debido a parásitos. Son parásitos en el colon. Veo que ella está enamorada. Si pasas a través de la energía del corazón de una persona, sabrás si está o no enamorada. Observo que su columna está fuera de alineación. ¿Deseas que el Creador enderece tu espalda?

Mujer: —Sí, ¡por favor!

Vianna: —Has pasado por retos muy grandes en tu vida y puedo ver que ya estás lista para sentir alegría. Tus rodillas están débiles, temes avanzar en tu vida y debes saber que está bien hacerlo. En el pasado, estabas inundada de metales pesados, pero ahora, poco a poco, el magnesio que estás utilizando los está eliminando de tu sistema. La audición en uno de tus oídos es mejor que en el otro. ¿Ha sido siempre así?

Mujer: —Fue un accidente que tuve lo que ocasionó una ligera pérdida del oído.

Vianna: —¿Qué viene a tu mente si escuchas la palabra 'parásito'?

Mujer: —Mi padre.

Vianna: —¿Está viva tu madre?

Mujer: —No. Soy adoptada.

Vianna: —Háblame de tu padre adoptivo.

Mujer: —Mis padres adoptivos son unos parásitos.

Vianna: —¿Por qué permites que ellos se conduzcan de esa manera?

Mujer: —No sé cómo cambiar las cosas.

Vianna: —¿Me permitirías enseñarte cómo decir 'no' en la vida y cómo decirles 'no' a ellos?

Mujer: —Sí, acepto estas descargas.

Vianna: —Ahora que eres capaz de decirles 'no', ¿qué te ocurrirá? ¿Qué es lo primero que te viene a la mente?

Mujer: —Creo que son débiles.

Vianna: —Lo sé. ¿Crees que debes ayudarles porque son más débiles que tú? Repite: 'Debo permitir que las personas más débiles se aprovechen de mí'.

Mujer: —Debo permitir que las personas más débiles se aprovechen de mí.

El resultado es 'Sí'.

Vianna: —Repite: 'Debo permitir que las personas más fuertes se aprovechen de mí'.

Mujer: —Debo permitir que las personas más fuertes se aprovechen de mí.

El resultado es 'No'.

Vianna: —Solamente las personas más débiles se aprovechan de ti. ¿Por qué?

Mujer: —Debo ayudarlas.

Vianna: —¿Debes ayudar aquellos que son más débiles que tú aunque ellos te lastimen de alguna manera? No eres capaz de decirles 'no' porque son más débiles que tú. Por lo que permites que se aprovechen de ti sin enseñarles cómo ser más fuertes. ¿Qué es lo peor que te ocurriría si no los ayudaras? ¿Te sentirías culpable?

Mujer: —Me sentiría mal y perdería mi autoestima.

Vianna: —Repite: 'Tengo baja autoestima'.

El resultado es 'Sí'.

Vianna: —¿Por qué te subestimas?

Mujer: —No creo que merezco esta vida. No merezco existir.

Vianna: —Repite: 'Existo'.

El resultado de la prueba es 'No'.

Vianna: —¿Te gustaría tener la definición de existir, según el Creador?

Mujer: —Sí.

Vianna: —¿Destruyeron tus padres adoptivos tu sensación de existir? ¿Quién te hizo sentir así?

Mujer: —No lo sé.

Vianna: —¿Te gustaría sentir que tienes tu propio lugar en el mundo, que eres valiosa y puedes brillar? ¿Me permitirías enseñarte cómo amar a tus padres sin sentirte agotada, y cómo recibir y aceptar amor?

Mujer: —Sí.

Vianna: —Ahora puedes amar a tus padres adoptivos sin sentirte agotada por ellos. ¿Cómo te sientes ahora? ¿Mejor? ¿Te duele algún lugar de tu cuerpo?

Mujer: —Me duele el estómago.

Vianna: —¿Qué otro tipo de dolor sientes?

Mujer: —Un dolor leve en el plexo solar.

Vianna: —¿También te sientes sola?

Mujer: —Sí, así es.

Vianna: —Los trastornos estomacales tienen relación con la vergüenza, la ansiedad y la sensación de culpabilidad. ¿Te gustaría poder decir 'no' en tu vida, cuando necesitas sentirte confiada y vivir sin que abusen de ti?

Mujer: —Sí.

Vianna: —¿Cómo te sientes ahora?

Mujer: —El dolor ha desaparecido del estómago, pero se ha movido.

Vianna: —¿A dónde se fue?

Mujer: —A mis piernas y a mis brazos...

Vianna a la clase: —Cuando eliges problemas y los eliminas, pueden moverse a otras partes de tu cuerpo. Cuando liberas algo, siempre debes preguntar si duele otra parte del cuerpo. Puedes preguntarle al Creador en dónde está el dolor, pero también pregúntale a la persona con la que estás trabajando.

Mujer: —Ahora me duelen mis huesos.

Vianna: —Esto es muy importante. Cuando te duelen diferentes partes del cuerpo significa que las emociones adheridas a esa zona han sido estimuladas. Quizá te sientes violada y te preguntas por qué nadie te protegió. ¿Alguna vez te has sentido protegida por alguien?

Mujer: —De nadie más que de mí misma.

Vianna: —¿Me permitirías enseñarte cómo sentirte protegida, cómo protegerte y cómo permitir que alguien te proteja?

Mujer: —Sí.

Vianna a la clase: —Estos no son programas que estoy liberando y reemplazando, es más bien enseñarle emociones y sabiduría del Creador de Todo lo que Es.

Vianna a la mujer: —¿Cómo te sientes ahora? ¿Sigue el dolor?

Mujer: —Sí.

Vianna: —¿Por qué te sigue doliendo?

Mujer: —Debido a que otras personas me han hecho daño.

Vianna: Repite: 'Permito que personas más débiles me hagan daño'. *[El resultado es 'Sí']*. ¿Puedo enseñarte que no debes permitir que las personas más débiles te hagan daño y la forma correcta de lidiar con estas situaciones?

Mujer: —Sí. El dolor está empeorándose ahora.

Vianna: —¿Dónde estaba Dios en tu vida cuando eras joven?

Mujer: —Dios me traicionó.

Vianna: —Repite: 'Dios me traicionó'. *[El resultado es 'Sí']*. Puedo seguir indagando, pero sé que el problema está en los huesos. Estás convencida de que Dios te traicionó, por lo tanto, Dios no existe. Hay una contradicción en tu cuerpo. ¿Me permites enseñarte cómo tener expectativas de Dios y cómo saber que las personas te entenderán?

Mujer: —Sí.

Vianna: —Tienes integrado el programa 'permito que las personas que amo me hagan daño'. ¿Puedo liberar esto? ¿Me permites enseñarte que el amor existe sin dolor, que eres capaz de amar y que conoces la definición correcta de Dios?

Mujer: —Sí. Ahora me duele la cadera derecha.

Vianna a la clase: —Hace unos momentos, el dolor estaba en la parte izquierda. Esto puede significar que fuiste abusada cuando joven o quizá que alguien te dijo que eras fea o mala o algo así.

Vianna a la mujer: —Tócate la cadera derecha. ¿Qué sientes?

Mujer: —Siento náuseas.

Vianna: —No vomites ahora. Ya casi terminamos. ¿Te gustaría saber que estás a salvo?

Mujer: —Sí.

Vianna: —Tócate el estómago. ¿Qué sientes?

Mujer: —Quiero desaparecer.

Vianna: —¿Me das permiso de enseñarte cómo vivir cada día sin sentirte abandonada, de saber que estás a salvo aquí y cómo vivir sin desear desaparecer? ¿Me das permiso de trabajar en la época en que eras un feto en el vientre de tu madre?

Mujer: —Sí, puedes hacerlo.

Vianna: —¿Cómo te sientes ahora?

Mujer: —Me duele la espalda.

Vianna: —¿Qué sabes de tus verdaderos padres?

Mujer: —Nada.

Vianna: —¿Me das permiso de entregarte la emoción de cómo se siente ser amada por tu verdadera madre y tu verdadero padre desde el vientre?

Mujer: —Sí.

Vianna: —¿Cómo te sientes ahora?

Mujer: —Mi espalda sigue doliendo. Me siento más calmada, pero todavía siento algo raro en mis rodillas y en mis piernas.

Vianna a la clase: —A un nivel emocional, ya está más tranquila, pero su cuerpo sigue doliéndole. Esto se llama disociación. Ha aprendido a apagar sus emociones cuando son muy intensas. Los sanadores con frecuencia son capaces de disociarse.

Vianna a la mujer: —¿Me das permiso de enseñarte que es seguro sentir emociones?

Mujer: —Sí.

Vianna a la mujer: —¿Qué sientes ahora?

Mujer: —Me duelen las piernas.

Vianna: —La energía se había trasladado a las piernas, las cuales son el apoyo del cuerpo. ¿Qué es lo peor que podría ocurrirte si eres amada sencillamente por lo que eres?

Mujer: —No lo sé. Es algo que nunca he conocido.

Vianna: —Repite: 'Sé qué significa ser amada por lo que soy'.

El resultado es 'No'.

Vianna a la clase: —Le enseñé cómo aceptar el amor de sus padres, pero su cuerpo no es capaz de integrar estas emociones. Es más fácil para ella aceptar el dolor que estar abierta al amor, porque ella entiende mejor el sufrimiento. Necesita magnesio y calcio. Si no eres capaz de aceptar amor, no podrás aceptar magnesio y calcio. ¿Me das permiso de enseñarte cómo sentirte amada sencillamente por lo que eres?

Mujer: —Sí.

Vianna: —¿Cómo está el dolor ahora?

Mujer: —Es más fuerte en la articulación entre la cadera y el fémur.

Vianna: —Repite: 'Sé cómo vivir sin dolor'. *[El resultado es 'No']*. ¿Me das permiso de enseñarte esta emoción?

Mujer: —Sí.

Vianna: —¿Cómo está el dolor ahora?

Mujer: —Está comenzando a desaparecer. Ya se ha ido.

Vianna: —Su cuerpo luce renovado y ella se siente más liviana.

EJEMPLO DE TRABAJO DE INDAGACIÓN 10: ABUNDANCIA

Vianna: —¿En qué te gustaría que trabajáramos?

Mujer: —En la abundancia. ThetaHealing me ha ayudado a salir de una situación difícil que terminó en divorcio. Pero debido a eso, tengo problemas económicos.

Vianna: —La abundancia puede conseguirse de muchas maneras.

Mujer: —Sí, pero no he recibido ayuda. Nadie me ha dado nada.

Vianna: —Está bien, pero yo tengo mis propias ideas respecto a la abundancia. ¿Qué significa para ti la abundancia?

Mujer: —Quiero ser libre e independiente de los demás.

Vianna: —¿Y qué tal que Dios piense que también sería apropiado para ti tener pareja?

Mujer: —Eso estaría bien, pero quiero ser independiente económicamente.

Vianna: —Que alguien te ayude no significa que no seas independiente. Creo que tienes programas respecto a Dios y al dinero. ¿Qué es lo peor que te ocurriría si tuvieras mucho dinero?

Mujer: —No sabría cómo administrarlo.

Vianna: —Vamos a enseñarte cómo administrar mucho dinero. Imagínate que eres rica. ¿Qué vas a hacer?

Mujer: —Puedo hacer y tener todo lo que quiera: libros, cultura, seminarios, viajes, se acaban los problemas...

Vianna: —¿Y qué harías sin problemas?

Mujer: —Me divertiría. Disfrutaría la vida.

Vianna: —¿Y luego?

Mujer: —Ayudaría a los demás.

Vianna: —¿A quiénes?

Mujer: —A aquellos que necesitan ayuda. Mi familia, mis parientes...

Vianna: —Muy bien, ¿y qué ocurriría después?

Mujer: —No sé.

Vianna: —¿Y si supieras qué ocurriría después?

Mujer: —No tendría problemas pagando mis cuentas.

Vianna: —¿Pero qué problemas tendrías si desaparecieran los que dijiste antes?

Mujer: —¡Ninguno! Excepto por mis hijos.

Vianna: —¿Qué ocurriría si pudieras ayudar demasiado a tus hijos?

Mujer: —Se aprovecharían de mí. Todos aparentarían amarme.

Vianna: —¿Cómo sabrías quién te ama realmente?

Mujer: —Quizá nadie me amaría realmente.

Vianna: —¿Siempre has sentido que tú eres quien se ocupa de todos?

Mujer: —Siempre he dado mucho y recibido poco. Por lo que si tuviera abundancia, las personas de mi vida querrían más. Arruinarían mi vida.

Vianna: —¿Dirías entonces que la abundancia arruinaría de alguna forma tu vida?

Mujer: —No estoy segura de haber tenido nunca abundancia en mi vida.

Vianna: —Repite: 'Temo a la abundancia'.

El resultado de la prueba es 'Sí'.

Vianna: —Repite: 'Si tengo demasiado dinero y abundancia, las personas me explotarán y me amarán solo por lo que puedo darles'. *[El resultado es 'Sí' de nuevo].* ¿Entonces te gustaría ser rica?

Mujer: —Sí, pero me da miedo serlo.

Vianna: —Está bien. ¿Me das permiso de enseñarte cómo vivir sin temer tener mucho dinero y sin permitir que otras personas, especialmente aquellos que te aman, se aprovechen de ti? ¿Deseas aprender a cómo sentirte amada y que te ayuden sin perder tu libertad?

Mujer: —Sí.

Vianna: —¿Qué es lo peor de tener mucho dinero?

Mujer: —Nada.

Vianna: —¿Te gusta impartir seminarios?

Mujer: —Sí, pero nunca lo he hecho. Me gustaría utilizar el estado theta no solo para seminarios, sino también para otras cosas como: mejorar mis facultades mentales, ayudar a los demás y ayudarme a mí misma.

Vianna: —¿Te gustaría tener las ventajas que te brinda la abundancia?

Mujer: —¡Sí!

Vianna: —Repite: 'Los sanadores deben ser pobres'. *[El resultado es 'Sí'].* ¿Por qué sientes que los sanadores deben ser pobres?

Mujer: —No lo sé. Quizá porque sabes lo que significa sufrir si has sido pobre.

Vianna: —Está convencida de que para ser sanadora debes sufrir, ¿no es cierto? *[El resultado es 'Sí'].* ¿Te gustaría saber que ya has sufrido lo suficiente y que puedes avanzar sin ser pobre? ¿Crees que te has ganado el derecho de experimentar abundancia? *[El resultado es 'No'].* ¿Qué tienes que hacer para tener abundancia?

Mujer: —Creo que me he liberado de mis malas acciones y mis deudas. Creo que tengo el derecho de tener abundancia.

Vianna: —Veamos si recuperas tus privilegios de abundancia antes de este viernes.

Mujer: —¡Fantástico! ¡Ahora tengo que comprar la lotería!

Vianna: —¿Qué tal si antes de este viernes, recuperas tus derechos de una vez por todas? ¿Qué pasaría entonces?

Mujer: —No lo sé.

Vianna: —Vamos a enseñarte que existe una solución para cada situación y cómo reconocerla:

'Reconoceré la solución cuando la vea'.

'Creo que Dios se ocupará de mí'.

'Libero a las personas a mi alrededor del programa de que pueden desilusionarme'.

'Puedo confiar en la idea de que Dios se ocupará de mí'.

'Recibo las soluciones para mejorar mi vida'.

—¿Me das permiso de entregarte estas descargas?

Mujer: —Sí.

Vianna a la clase: —Obsérvenla, está muy callada ahora. Lo único que la ponía nerviosa era la idea de confiar en Dios. Ese es nuestro punto de inicio para la indagación de la creencia básica. Podría ser respecto a los hombres y no respecto a Dios...

Vianna a la mujer: —¿Quién te desilusionó?

Mujer: —Todos.

Vianna: —¿Por qué?

Mujer: —Porque se han aprovechado de mí. Tomaron todo de mí porque yo era generosa. Sigo siendo generosa; siempre estoy dando y nunca recibo nada a cambio.

Vianna a la clase: —Por su reacción, puedo notar que esta es la dirección correcta.

Vianna a la mujer: —Tu corazón está muy triste. ¿Qué haces cuando las personas se conducen de esta manera contigo?

Mujer: —Siento ira. Pero si mis hijos se aprovechan de mí, no logro decirles 'no'.

Vianna: —¿Eres capaz de decirle 'no' a las personas que amas?

Mujer: —Tal vez no.

Vianna: —¿Sabes cómo recibir amor de tus hijos?

Mujer: —Estoy comenzando a dudarlo.

Vianna: —¿Qué te dan tus hijos a cambio?

Mujer: —Me aman, pero reconozco que son egoístas. De todas maneras, todo el mundo me ha desilusionado, no solo mis hijos.

Vianna: —¿Te aman tus padres?

Mujer: —Nunca me sentí amada por ellos y ahora mi padre ha muerto.

Vianna: —¿Por qué nunca te sentiste amada por ellos?

Mujer: —Porque no recuerdo haber sido feliz con ellos.

Vianna: —Cuéntame más sobre eso.

Mujer: —Mi madre siempre prefirió a mi hermano más que a mí. Siento que nunca soy lo suficiente buena en nada.

Vianna: —Repite: 'Nunca soy lo suficientemente buena en nada'. *[El resultado es 'Sí'].* ¿Te gustaría saber cómo vivir la vida diaria y saber cómo se siente ser amada sintiendo que eres lo suficientemente buena?

Mujer: —Sí.

Vianna a la clase: —Me elevé al Creador y le pregunté qué debería descargar. Sé que es más fácil para ella permitir que sus hijos la desilusionen que recibir amor a cambio. Le enseñé cómo sentir que era suficientemente buena. Sus hijos la amaban profundamente. Podía tener abundancia sin sentirse sola. También descargué una nueva definición del Creador y el concepto de que uno puede recibir amor y al mismo tiempo ser libre.

Vianna a la mujer: —¿Cómo te sientes ahora?

Mujer: —Bien...

Vianna: —¿Pero...?

Mujer: —Siento que he perdido algo.

Vianna: —¿Qué sientes que has perdido?

Mujer: —No lo sé. Quizá es la idea de que en realidad no he pagado por todo lo malo que he hecho durante mis vidas pasadas. Tengo la sensación de que todavía tengo deudas y cuentas por pagar de vidas pasadas que tendré que pagar muy pronto.

Vianna: —¿Te gustaría saber cómo se siente vivir sin deudas?

Mujer: —Sí. Siento que soy muy complicada.

Vianna: —¿En qué sentido?

Mujer: —Pues, en cómo soy.

Vianna: —¡Pero las mujeres *somos* complicadas! Es la característica que nos convierte en mujeres y que confunde a los hombres.

Mujer: —Siento ira en mi corazón.

Vianna: —¿Por qué? ¿Qué o quién te hace sentir así?

Mujer: —No sé, no es nada en particular. Es solo el hecho de que trabajo duro, llego a cierto punto y luego algo ocurre que arruina todo.

Vianna: —¿Me das permiso de enseñarte la emoción de tener un plan que se cumple con facilidad y con éxito, la sabiduría de saber qué es un buen plan, la intuición de comprender si funcionará y la emoción de tomar acción y llegar a la meta?

Mujer: —Sí.

Vianna: —Repite: 'Tengo que fracasar para hacer feliz a mi madre. Temo tener éxito'. *[El resultado es 'Sí' a ambas].* ¿Me das permiso de

103

entregarte la emoción de cómo vivir sin temer el éxito? Vamos a enseñarte cómo aceptar el éxito que mereces y cómo reconocerlo.

Mujer: —Sí.

Vianna a la clase: —Ya casi hemos terminado, pero ella todavía necesita algo más... Puede necesitar los programas:

'Debo aceptarme'.

'Soy lo suficientemente buena para mí misma'.

'Siento agradecimiento por mi vida'.

'Siento emoción por la vida'.

'La vida es una aventura y el romance es parte de ella'.

'Sé cómo abrir mi corazón al placer de vivir'.

Vianna a la mujer: —¿Me das permiso de enseñarte cómo permitir que el dinero entre a tu vida? ¿Sentir el placer de amar y ser amada por las personas que te rodean? ¿Permitir que se destruyan las barreras que has construido para mantenerlos alejados de ti? ¿Tener la libertad de expresar tus emociones y permitir que tu alma gemela llegue a tu vida?

Mujer: —Sí.

Vianna a la clase: —¿Está lista para recibir abundancia ahora? Ha aceptado que su vida puede seguir ese camino, por lo que esperaremos a ver si es así. He explorado para ver si ella sabe que esa abundancia llegará o teme que esté llegando con demasiada facilidad.

Si sentimos que las cosas son muy fáciles, podemos sentir que no las merecemos. Pero ahora le he entregado el conocimiento de que la abundancia puede llegar con facilidad, no debe sentirse sorprendida cuando así sea.

Hemos terminado con esta sesión y puedo notar que se siente bien, solo un poco nerviosa... Saber que tu vida está a punto de cambiar radicalmente siempre genera nuevas emociones.

En una sesión de trabajo con las creencias, debes estar muy atento a lo que el Creador te dice. No puedes solo escuchar lo que el cliente te dice. También debes elevarte al Creador y preguntarle lo que necesita la persona.

EJEMPLO DE TRABAJO DE INDAGACIÓN 11: DIABETES

Esta sesión fue con una mujer en la clase de Anatomía Intuitiva.

Vianna: —¿En qué te gustaría que trabajáramos?

Mujer: —Mi diabetes. Surgió cuando murió mi padre. Yo estaba muy triste y enojada porque no lo había visto en muchos años. Fui a Brasil a pasar dos meses con él para que pudiéramos ponerle un cierre al pasado. Sabía que él sentía miedo porque tendría que explicarme ciertas cosas sobre la razón por la cual me había tratado a mí y a mis hermanos de la manera que lo había hecho. Yo quería saber qué tenía que decirme, pero murió antes de poder hablar con él. Cuando murió, tenía 72 años y ningún problema de salud. De repente, tuvo un ataque al corazón y murió sin darme la oportunidad de hablar con él. Me sentí muy mal por eso.

Luego los médicos me dijeron que tenía diabetes. Debido a las neuropatías, padezco insensibilidad en las piernas. No puedo sentir mis pies y tengo problemas de equilibrio. Debo tomar insulina cuatro veces al día, antes de las comidas y antes de dormir, y no dejo de subir de peso.

Vianna: —¿Te sientes derrotada por tu padre? ¿Crees que él ganó porque se las arregló para evitar hablar contigo? Repite:

'Me siento desanimada'.

'La diabetes no tiene cura'.

'Soy una guerrera'.

'La diabetes me debilita'.

'La diabetes me está derrotando'.

El resultado es 'Sí' para todas las anteriores.

Vianna: —¿Cómo te sientes cuando dices esas cosas?

Mujer: —No sé. Algunas de esas cosas no pasan por mi cerebro como pensamientos, pero puedo sentirlas.

Vianna: —¿Hay algo que resolver entre tú y tu padre?

Mujer: —Sí. Él no sabe todo lo que deseo decirle.

Vianna: —¿Cómo te sientes al respecto?

Mujer: —Desilusionada. Era muy importante para mí decirle cómo me sentía.

Vianna: —¿Qué le dirías si pudieras?

Mujer: —Que él no fue un buen padre y que no era capaz de amar a las personas en general. Era egoísta y ególatra. Sentía ira hacia él porque me hizo daño a mí y a mis hermanos.

Vianna: —Vamos a trabajar en la ira que sientes hacia tu padre. Puesto que la ira reside en el hígado, trabajaremos ahí. Vamos a disolver la ira que sientes hacia tu padre. Esta ira fue creada para protegerte de él. Te sientes derrotada por la diabetes de forma tal que crees que ya no deseas seguir viviendo. ¿Me das permiso de enseñarte que no has sido derrotada y que tienes el poder de vencer la diabetes? Porque esto es lo que estabas a punto de hacer cuando tu padre murió: recuperar tu poder. ¿Me das permiso de hacer todo esto?

Mujer: —Sí.

Vianna: —¿Deseas perdonar a tu padre? Repite: 'Puedo perdonar a mi padre'. *[El resultado es 'No']*. ¿Qué hizo esta ira por ti?

Mujer: —Me otorgó la fuerza para ser diferente a él. Él pasó su vida enriqueciéndose; yo uso mi energía ayudando a las personas.

Vianna: —Entonces esta ira te ayudó a convertirte en lo opuesto a él. La utilizaste para amar a los demás. ¿Te gustaría continuar tu camino sin sentir tanta ira? ¿Estás lista para dejar ir este sentimiento? Vamos a liberar a tu padre de la obligación de hacerte sentir ira hacia él. ¿Te gustaría sentir 'cómo se siente vivir sin ira hacia mi padre'? ¿Me das permiso de instilar esta emoción?

Mujer: —Sí.

Vianna: —Si él queda libre de esta obligación, tú también quedarás libre. Algunas veces, las personas que creemos que juegan un papel negativo en nuestra vida resultan ser positivas para nosotros. Ahora bien, no instilé cómo perdonar a tu padre ni ningún otro programa nuevo, simplemente te he liberado de las obligaciones que te mantienen en este conflicto. Repite: 'Puedo perdonar a mi padre'.

Mujer: —Puedo perdonar a mi padre.

El resultado es 'Sí'.

Vianna: —¿Ves?, el programa se ha cambiado por sí mismo al insertar una emoción. Lo sepas o no, esta ira hacia tu padre hizo que te convirtieras en la hermosa persona que eres ahora. En vista de que él te trató tan mal, tú te aseguraste de tratar a todos con respeto. Cuando observo el páncreas y el hígado, veo que en este momento están actuando de forma diferente. Ahora, quizá puedes permitirle a tu cuerpo la sanación. Repite: 'Siento ira hacia mi padre' *[el resultado es 'No']*, 'Odio a mi padre' *[el resultado es 'No']*, 'Puedo amar a mi padre' *[el resultado es 'Sí']*. ¿Me das permiso de enseñarle a tu cuerpo cómo obtener nutrientes de los alimentos que consumes?

Mujer: —Sí.

Vianna: —Ahora eres libre y puedes sentir lo mucho que extrañas a tu papá, en vez de lo mucho que lo odias. No lo convierte en una persona mejor ante tus ojos, pero puedes vivir en armonía y aceptar la ayuda ajena. Es probable que tengas que trabajar en otras cosas más, pero ya tus niveles de azúcar se han reducido y tendrás que tener cuidado de no generar hipoglucemia. En los próximos días, debes supervisar atentamente tus niveles de azúcar.

Vianna a la clase: —Nunca le pidas a un cliente que suspenda su insulina. Su médico lo hará cuando advierta que sus niveles de azúcar se han estabilizado.

EJEMPLO DE TRABAJO DE INDAGACIÓN 12: RIÑONES

Vianna: —Háblame de ti.

Hombre: —Soy músico. Siempre he viajado y he sido excelente en lo que hago. En el 2000, una noche estaba en Bruselas y me sentí enfermo. Acababa de realizar una presentación musical cuando descubrí que no podía orinar. Fui directo al hospital y me dijeron que tenía una inflamación, un tipo de nefritis. Los médicos me dijeron: 'Tus riñones están como dos piedras duras'. Me dieron antibióticos y medicina homeopática para ayudar a mi recuperación. Después de eso, me sentí bastante bien y continué con mi viaje. Luego, el año pasado regresando de una de mis giras, en el viaje de avión de regreso a casa tuve otro fallo renal. Tuve que someterme a una diálisis. Los síntomas eran simples: tenía que ir al baño con frecuencia, pero sólo podía orinar muy poco. Sigo en diálisis.

Vianna: —Está bien, observemos tus órganos. No sé si la causa es bacteriana o viral, pero por su tono creo que es un virus. ¿Ha ocasionado este problema que te quedes más en casa con tu esposa?

Hombre: —Sí.

Vianna: —¿Sigues viajando mucho?

Hombre: —Sí. Es más difícil, pero sigo haciéndolo. Me enfermé en junio, pero fui a Italia en julio y a Cuba en agosto.

Vianna: —Siento que deseas dejar de viajar. ¿Es eso cierto?

Hombre: —Sí, es un deseo que he tenido por mucho tiempo porque ya le he dado la vuelta al mundo y estoy cansado de estar siempre viajando.

Vianna: —Esto me hace preguntarme si estás listo para una sanación. Siento que estás enamorado y que deseas dejar de viajar para pasar más tiempo con tu esposa y relajarte. Cuando no estás con ella, sientes que estás como pez fuera del agua, ¿no es así?

Hombre: —Debido a mi enfermedad me siento más seguro en casa que viajando por el mundo.

Vianna: —¿Que sería lo peor que podría ocurrirte si te sanaras?

Hombre: —No puedo imaginarme qué sería lo peor.

Vianna: —¿Cómo te sentirías si regresaras a tu música y a tu trabajo?

Hombre: —La música es mi vida y mi pasión, pero me gustaría sentirme libre para elegir mi propio calendario de trabajo.

Vianna: —¿Te sientes forzado a seguir cierto itinerario?

Hombre: —He sido forzado a viajar por muchos años debido a que tengo muchos contratos de trabajo.

Vianna: —¿Puedo enseñarte que puedes tener éxito y al mismo tiempo pasar todo el tiempo que deseas con tu esposa?

Hombre: —Sí.

Vianna: —¿Por qué estás enfermo?

Hombre: —Siempre he trabajado, sin importar lo cansado que esté, y siempre he estado viajando. Además, al viajar a diferentes países he tenido que aplicarme vacunas. Creo que hay toda una serie de razones.

Vianna: —Esta enfermedad te ha hecho comprender que tienes que descansar más. La pregunta es, ¿puedes mantener esta sensación de relajamiento si te sanas?

Hombre: —Eso es lo que me gustaría, pero no creo poder hacerlo.

Vianna a la clase: —¿Observan el conflicto?

Vianna al Hombre: —¿Me das permiso de enseñarte que puedes relajarte sin enfermarte y puedes vivir tu pasión y aun así ser capaz de relajarte? ¿Deseas aprender cómo vivir sin estrés? ¿Amar tu pasión, a tu esposa y a ti sin sentirte estresado?

Hombre: —Sí.

Vianna: —Repite: 'Estoy listo para dejar ir esta enfermedad'. *[El resultado es 'Sí'].* 'He aprendido todo lo que esta enfermedad tenía para enseñarme'. *[El resultado es 'Sí' de nuevo].*

Vianna a la clase: —Este trabajo con las creencias lo ha ayudado en muchas formas, pero debe tener un seguimiento con más sesiones.

Vianna al Hombre: —Ahora estás libre para aceptar una sanación.

EJEMPLO DE TRABAJO DE INDAGACIÓN 13: ABUSO

Vianna: —¿En qué te gustaría trabajar?

Mujer: —Mi padre abusó de mí a la edad de cuatro años. Siempre me producía temor y yo lo odiaba. Siempre atemorizaba a todos: a mi madre, mi hermana, mi hermano y a mí. Siempre me hizo daño y si le decía que dejara de hacerlo, se llenaba de ira y me encerraba en mi habitación. Abusaba de mí con palabras, y nos golpeaba a mí y a mi madre.

Vianna: —Entiendo, ¿cómo te sientes hacia él ahora?

Mujer: —Ya no lo odio, pero tengo que hacer mucho esfuerzo cuando pienso en él.

Vianna: —¿Cómo te sientes respecto a tu madre?

Mujer: —Ella intentó protegerme, pero no era una protección real porque ella temía ser lastimada. La veía llorar y yo le pedía ayuda a Dios porque la amaba y no quería que mi padre la matara.

Vianna: —¿Entonces sientes ira hacia Dios?

Mujer: —No sé si me siento así.

Vianna a la clase: —¿Han notado cómo su cerebro corrige las cosas? Ella ha trabajado mucho en sus sentimientos hacia su padre, pero sentía que no podía ayudar a su madre.

Mujer: —Le pedí a Dios que la ayudara, pero nada ocurrió. Yo no odiaba a mi padre, solo sentía mucho enojo hacia él.

Vianna: —Están apareciendo manchas rojas en tu cuello.

Mujer: —Claro, hasta el día de hoy, él sigue abusando de mi madre, ¡¿cómo te sentirías tú?!

Vianna: —¿No puedes detenerlo? Parece como si te sintieras impotente ante la situación.

Mujer: —Sí, y lo que realmente me duele es ver a mi hermano haciendo exactamente lo mismo con su hijo.

Vianna: —Repite:

'No puedo ayudar a mi madre'.

'Nadie puede ayudar a mi madre'.

'Ni siquiera Dios puede ayudar a mi madre'.

Los resultados de la prueba son 'Sí' a todas las anteriores.

Vianna: —¿Por qué te sientes así respecto a tu madre?

Mujer: —Porque permite que él siga abusando de ella.

Vianna: —¿Aceptas este comportamiento?

Mujer: —No.

Vianna: —¿Qué dice tu madre cuando hablas con ella de esto?

Mujer: —Me llama dos o tres veces al día a decirme lo loco que está mi padre. Por ejemplo, se llena de ira si la cena no está lista a la hora correcta o si las papas no están cocinadas como deberían.

Vianna: —Dices que tu vida ha sido así desde que tenías cuatro años. ¿Qué es lo primero que recuerdas?

Mujer: —Él regresaba del trabajo un día y se veía enojado. Me dio miedo y me escondí en el clóset. Lo único que puedo recordar eran los alaridos de mi madre y los gritos de mi padre.

Vianna: —¿Esa fue la primera vez que recuerdas sentir tanto miedo?

Mujer: —Sí.

Vianna: —¿Qué otra cosa sientes ahora, aparte de la impotencia de ayudar a tu madre?

Mujer: —Me siento atrapada. Las cosas están empeorando. Cuando él está con otras personas, se comporta perfectamente y a todos les agrada, pero su humor cambia cuando llega a casa. Siento mucha ira por lo que hizo en el pasado y sigue haciendo.

Vianna: —Pero tú no le permites que se comporte así contigo, ¿no?

Mujer: —No. Ahora me las arreglo para darle un abrazo cuando llego a casa a ver a mi madre en Navidad.

Vianna: —Manchas rojas aparecen en tu piel cuando hablas de tu madre.

Mujer: —Siento pena por ella. No ha sido capaz de dejarlo.

Vianna: —Háblame de su vida actual.

Mujer: —Él está enojado todo el tiempo y yo no puedo ayudarla.

Vianna: —La forma en que hablas de la situación es como si en verdad no lo sintieras. ¿Tu madre permitió que te hiciera daño?

Mujer: —Ella le tiene miedo. Solo dice que quiere sobrevivir y no se escapa de esa situación.

Vianna: —¿Es su conducta producto de su crianza?

Mujer: —No lo sé. No creo que sea lo suficientemente fuerte para dejarlo.

Vianna: —Repite:

'Tengo que ser fuerte para mi madre y para mí'.

'Tengo que permitir que mi padre me haga daño para que no le haga daño a mi madre'.

'Soy la madre de mi madre'.

Los resultados de la prueba son 'Sí' a todas las anteriores.

Vianna: —¿Sabes lo que significa ser el hijo de alguien?

Mujer: —No, no lo sé.

Vianna: —¿Alguna vez te has sentido como una niña pequeña?

Mujer: —No, nunca.

Vianna: —Repite: 'Tengo que esconderme de todo y de todos'. *[El resultado es 'Sí'].* ¿Alguna vez te has sentido a salvo?

Mujer: —Me siento a salvo ahora.

Vianna: —¿Sabes qué significa sentirte a salvo en tu hogar?

Mujer: —No, no lo sé.

Vianna: —Yo soy madre y cuando toco tu mano, me doy cuenta que nunca te sentiste amada cuando eras una hija, nunca sentiste el calor de un verdadero hogar y tuviste que proteger a tu propia madre durante toda tu vida. ¿Me das permiso de enseñarte cómo se siente ser una hija, vivir en un hogar cálido y sentirte segura? Eso también podría tener el mismo efecto en tu madre.

Mujer: —Sí.

Vianna: —Repite: 'Puedo salvar a mi madre' *[El resultado es 'Sí']*, 'Debo salvar a mi madre' *[El resultado es 'No']*. No puedes decirle a tu madre que se salga de esa situación porque ella no lo desea, pero puedes considerar salir tú de esa situación. ¿Crees que ella sabe cómo se supone que un hombre trate a una mujer en una relación normal?

Mujer: —No, no lo sabe.

Vianna: —¿Por qué no se lo dices?

Mujer: —Ella ya debería saberlo.

Vianna: —¿Hay alguna esperanza para tus padres?

Mujer: —No, no la hay.

Vianna: —Has perdido toda esperanza para tu madre.

Mujer: —Tuve que hacerlo.

Vianna: —¿Por qué?

Mujer: —Porque ella no me escucha cuando trato de ayudarla.

Vianna: —¿Alguna vez te ha escuchado?

Mujer: —No, nunca.

Vianna: —¿Por qué?

Mujer: —No quiere.

Vianna: —¿Escucha a alguien?

Mujer: —No, a nadie.

Vianna: —¿Te enojas cuando alguien no desea escucharte?

Mujer: —Sí, así es.

Vianna: —¿Es tu madre inteligente?

Mujer: —No, no lo es.

Vianna: —Repite: 'Odio a mi padre'. *[El resultado es 'Sí']*. ¿Por qué sigue aquí esta creencia? Pensé que la habías liberado. Repite: 'Odio lo que mi padre le hace a mi madre. Odio a mi madre porque ella no entiende. Odio a la gente estúpida'. *[El resultado es 'Sí' a todas]*. ¿Qué aprendiste de tu padre?

Mujer: —Mi padre me enseñó que no tengo que tolerar un tratamiento así. Soy fuerte.

Vianna: —Tu padre te enseñó que no tienes que tolerar un tratamiento así. Tu madre no entendió este mensaje y sientes ira hacia ella por esta razón. Ella se las arregla para resolver el asunto de tu padre con la idea de que él tiene problemas mentales, pero tú sigues frustrada por su reacción. ¿Qué le dirías si te escuchara?

Mujer: —Le diría que lo dejara porque él no la respeta. Le preguntaría si le gusta que la traten así.

Vianna: —¿Es ella una víctima? ¿Sientes ira hacia ella porque sencillamente acepta la situación?

Mujer: —Ella es una víctima. Le he dicho que lo deje, pero me dice que tiene que quedarse con él. Mi padre odia a las víctimas y yo también.

Vianna: —Repite:

> 'Odio que mi madre sea débil'.
>
> 'Odio a las víctimas'.
>
> 'Odio a las personas que no tienen fortaleza'.
>
> 'Creo que son ridículas'.
>
> 'Yo jamás seré débil'.
>
> 'Tengo que dejar que las personas más débiles se aprovechen de mí'.
>
> 'Mi madre es débil'.
>
> 'Mi madre es una víctima'.
>
> 'Mi padre es un abusador'.

El resultado de la prueba es 'Sí' a todas las anteriores.

Vianna: —¿Me das permiso de enseñarte que las personas débiles no pueden aprovecharse de ti y que puedes perdonarlas?

Mujer: —Sí.

Vianna: —Repite: 'Tengo que salvar a mi madre. Puedo hablar con mi madre'. *[El resultado es 'Sí' a ambas].* ¿Me das permiso de enseñarte cómo vivir sin tolerar el abuso y cómo vivir en libertad? Esto también ayudará a tu madre a un nivel genético.

Mujer: —Sí.

Vianna: —Por tu padre, eres una mujer fuerte. Repite: 'Soy una víctima'. *[El resultado es 'No'].* No odias a tu madre, pero sientes ira hacia ella, hacia las víctimas y hacia ti. Gracias a estas descargas, todos estos programas han sido disueltos.

Mujer: —Cuando tenía cuatro años, cerré la puerta frente a mi padre, sentía mucho miedo.

Vianna: —¿Sigues sintiendo ese miedo?

Mujer: —Sí, todavía lo siento.

Vianna: —¿Qué es lo peor que podría ocurrir si tu padre te atrapa en el clóset?

Mujer: —Me golpearía y me gritaría.

Vianna: —¿Nada peor?

Mujer: —Me forzaría a odiarlo.

Vianna: —¿Y qué ocurriría si lo odiaras?

Mujer: —Cuando era niña, quería que él muriera.

Vianna: —¿Qué hubiera ocurrido entonces una vez que muriera?

Mujer: —Hubiéramos conocido la paz.

Vianna: —Repite: 'Sé cómo se siente vivir en paz estando mi padre en mi vida'. *[El resultado es 'No'].* 'Conoceré la paz una vez que mi padre esté muerto'. *[El resultado es 'Sí'].* ¿Me das permiso de cambiar estos programas y descargar las emociones de paz?

Mujer: —Sí.

Vianna: —Cuando tenías cuatro años, tu padre se enojó contigo porque le cerraste la puerta en su cara. ¿Cómo te sientes ahora al respecto?

Mujer: —El miedo se ha ido. Me siento en paz ahora.

Vianna a la clase: —Ella se siente ligera y feliz ahora.

EJEMPLO DE TRABAJO DE INDAGACIÓN 14: MANTENER UNA PROMESA

Vianna: —¿En qué te gustaría que trabajáramos?

Hombre: —Una parte importante de mi vida ha quedado borrada porque me llevaron lejos de la tierra donde nací y no recuerdo nada de esa época. Es como si mis raíces hubieran sido cortadas. Nací en Australia y últimamente he sentido un deseo muy fuerte de regresar, pero desconozco la razón.

Vianna: —Entonces, ¿qué extrañas?

Hombre: —Un amigo mío que vive allá.

Vianna: —¿Cuál es su nombre?

Hombre: —No lo sé. No recuerdo.

Vianna: —¿Cómo lucía cuando lo viste por última vez?

Hombre: —Era un niño pequeño, un aborigen con quien crecí.

Vianna: —¿Quiénes eran sus parientes?

Hombre: —Recuerdo que tenía dos hermanas.

Vianna: —Bien, dijiste que no recordabas nada de esa época, ¡pero recuerdas muchas cosas! ¿Le prometiste que regresarías?

Hombre: —Sí, antes de partir.

Vianna: —Y, ¿en tu corazón te sigues comunicando con ese muchacho?

Hombre: —Sí, nos mantenemos en contacto.

Vianna: —¿Qué significa eso para ti?

Hombre: —No lo sé. Creo que me están esperando.

Vianna: —¿Él y su familia? ¿Qué edad tendría ahora?

Hombre: —Unos 45 años.

Vianna: —¿Cuándo espera que regreses?

Hombre: —No le dije cuántos años pasarían.

Vianna: —Pero si se lo hubieras dicho, ¿a qué edad crees que le hubieras dicho que regresarías?

Hombre: —50. Es lo primero que se me viene a la mente.

Vianna: —Repite: 'Estuve de acuerdo en regresar cuando tuviera 50 años'. *[El resultado es 'Sí']*. Un fragmento de tu alma de ese periodo se quedó atrapado en tu alma. ¿Se lo regresamos a esa época? ¿O prefieres mantener este fragmento? ¿Deseas regresar?

Hombre: —Sí.

Vianna: —Repite:

'Estoy forzado a cumplir mi promesa'.

'Deseo cumplirla'.

'Debo regresar a ese país para recuperar mi derecho de nacimiento'.

[El resultado es 'Sí' a todas].

'Deseo que mi fragmento de alma regrese sin ir a Australia'. [El resultado es 'No'].

—¿Sientes paz con este recuerdo?

Hombre: —Siento una sensación de ligereza.

Vianna: —¿Te hace bien pensar en esa época?

Hombre: —Sí, así es.

Vianna: —¿Puedo pedirle al Creador que te ayude a recuperar esos recuerdos con facilidad?

Hombre: —Sí, puedes.

Vianna: —¿Cómo se llama tu amigo?

Hombre: —Creo que Ryan, pero no estoy seguro.

Vianna: —¿Y su apellido?

Hombre: —Algo así como Bramma.

Vianna: —¿Crees que lo encontrarás si regresas?

Hombre: —Sí, lo creo.

Vianna: —¿Sabes dónde lo encontrarás?

Hombre: —Sí, lo sé.

Vianna: —Una vez que regreses a Australia, ¿qué ocurrirá? ¿Encontrarás a tu amigo o él te encontrará a ti?

Hombre: —Creo que nos encontraremos mutuamente.

Vianna: —Creo que ustedes ya se pusieron de acuerdo en dónde y cuándo se encontrarían. ¿Se siente tu corazón más liviano ahora?

Hombre: —Sí, así es, pero el dolor está ahora en un una zona más arriba.

Vianna: —¿Qué estás sintiendo? ¿Qué clase de dolor es?

Hombre: —Es un dolor profundo y creo que es por la promesa que hice de regresar.

Vianna: —¿Tu padre te forzó a salir de Australia?

Hombre: —Sí, así es. Mi hermana y yo intentamos todo lo que se nos ocurrió para quedarnos, pero al final, tuvimos que irnos porque mi padre tenía que ver a mi abuelo que estaba muriendo. Luego nos quedamos en Italia. No sé por qué no regresamos a Australia.

Vianna: —Repite: 'Odio a mi padre por traerme aquí'. *[El resultado es 'Sí']*. ¿Deseas liberar este sentimiento?

Hombre: —Sí, lo deseo.

Vianna: —Repite: 'Odio a mi padre por forzarme a salir de Australia'.

El resultado es 'No'.

Hombre: —Puedo mantener la promesa que le hice a mi amigo.

El resultado es 'Sí'.

Vianna: —¿Estás listo para trabajar alrededor del mundo y tener muchas casas en muchos países?

Hombre: —Sí, lo estoy.

Vianna: —Creo que viajas mucho. ¿Estás casado?

Hombre: —Estuve casado.

Vianna: —¿Ha desaparecido el dolor en la parte alta de tu pecho?

Hombre: —Es más leve en la parte izquierda, pero persiste al lado derecho.

Vianna: —Es por tu padre. Repite: 'Tengo que permitir que mi padre me haga daño'. *[El resultado es 'No']*. 'Mi padre impide mi progreso en la vida'. *[El resultado es 'Sí']*. ¿Qué significa eso para ti?

Hombre: —Es una forma de protegerme.

Vianna: —¿Te impide tu padre ir a Australia?

Hombre: —Si miro en retrospectiva, puedo advertir que hay una relación entre él y mi incapacidad de regresar a Australia.

Vianna: —Repite: 'Tengo miedo de regresar a Australia'. *[El resultado es 'Sí']*. ¿Por qué tienes miedo?

Hombre: —Tal vez tengo miedo de quedarme ahí atascado.

Vianna: —Entonces, ¿crees que una vez que regreses, tendrás que quedarte ahí? ¿Tienes miedo de que te desilusione lo que encuentres allá? ¿Culpas al Creador por esta situación?

Hombre: —Pues sí, con frecuencia me he sentido abandonado por el Creador y he culpado a Dios por las cosas que me han ocurrido.

Vianna: —¿Me das permiso de entregarte los programas: 'Sé cómo confiar en Dios' y 'Sé cómo confiar en mi padre', y el concepto de que llegarás a casa seguro?

Hombre: —Sí.

Vianna: —¿Dónde está el dolor ahora?

Hombre: —Se ha ido.

EJEMPLO DE TRABAJO DE INDAGACIÓN 15: AMOR

Vianna: —¿Estás enamorada de alguien?

Joven mujer: —Sí, lo estoy.

Vianna: —¿Es tu primera vez?

Mujer: —Es la primera vez que me enamoro de esta manera.

Vianna: —¿Cuántas veces te has enamorado?

Mujer: —Tres veces.

Vianna: —¿Qué es diferente esta vez?

Mujer: —*Yo soy* diferente.

Vianna: —Háblame sobre este amor que sientes.

Mujer: —Creo que es el hombre que siempre he soñado.

Vianna: —Entonces, ¿cuál es el problema?

Mujer: —Me ha dicho que me ama, pero tengo miedo. Tal vez no seré capaz de lidiar con la relación. Tengo miedo de que algo terrible ocurra.

Vianna: —¿Qué cosa tan terrible podría ocurrir?

Mujer: —Que me dejara.

Vianna: —¿Qué ocurriría entonces?

Mujer: —Sentiría ira y quedaría devastada.

Vianna: —Y, ¿luego?

Mujer: —Le pediría que regresara.

Vianna: —Y, ¿luego?

Mujer: —¡Cualquiera creería que he aprendido algo!

Vianna: —Entonces, ¿de qué tienes miedo?

Mujer: —Tengo miedo de dejarme llevar por completo.

Vianna: —Repite:

'Tengo miedo de dejarme llevar por completo'.

'Tengo miedo de amar'.

'Si amo demasiado, me dejarán'.

El resultado es 'Sí' a todas.

Vianna: —¿Ha sido siempre así?

Mujer: —Sí, siempre.

Vianna: —¿Te gustaría vivir a diario sin miedo a nada?

Mujer: —Sí, me gustaría.

Vianna: —Repite: 'Si me amaran demasiado, los dejaría'. *[El resultado es 'Sí'].* Cambiemos también este programa. ¿Me das permiso de hacerlo?

Mujer: —Sí.

Vianna: —Sientes miedo del amor y de la definición de ser amado del Creador. ¿Qué ocurriría si te quedaras con este hombre y pasaras treinta años con él?

Mujer: —Sería feliz.

Vianna: —¿Qué tiene de malo esta felicidad?

Mujer: —Tendría miedo de que se deshiciera de mí. Quizá no sería capaz de satisfacerlo.

Vianna: —¿Por qué?

Mujer: —No soy lo suficientemente buena para él.

Vianna: —¿Qué quieres decir con eso? ¿Alguna vez has tenido una larga relación con un hombre?

Mujer: —Sí, la he tenido.

Vianna: —¿Qué ocurrió?

Mujer: —Se terminó porque ya no nos amábamos.

Vianna: —¿Sabes cómo mantener una larga relación amorosa ahora?

Mujer: —Sí, eso creo.

Vianna: —¿Odias al hombre que dejaste?

Mujer: —No, pero me sentía irritada cuando me encontraba con él. Ahora estoy bien.

Vianna: —¿Sientes miedo de dejar al hombre que amas, digamos, en unos diez años?

Mujer: —¡Tengo miedo de dejarlo en una semana o en diez años!

Vianna: —¿Por qué?

Mujer: —Tengo miedo de no ser lo suficientemente buena para él y de no satisfacerlo.

Vianna: —¿Te gustaría aprender a vivir sintiendo que eres suficientemente buena? ¿Alguna vez has sentido que eres suficientemente buena?

Mujer: —No, realmente. Así he sido toda mi vida.

Vianna: —¿Te gustaría aprender cómo sentir que eres suficientemente buena y que puedes expresarte con libertad? Vamos a enseñarte que eres compatible con este hombre y que pueden amarse mutuamente.

Mujer: —¡Sí!

Vianna: —¿Cómo te sientes ahora?

Mujer: —¡Muy bien!

Vianna: —Repite:

'Esta relación puede contribuir a mi crecimiento personal'.

'Puedo amar con libertad a este hombre'.

'Puedo aceptar su amor con libertad'.

El resultado de la prueba es 'Sí' a las tres.

Vianna: —Algunas veces nuestros miedos alejan de nosotros el amor. ¿Cómo te sientes ahora?

Mujer: —Me siento liviana.

Vianna a la clase: —Todavía siente un poco de temor ante las nuevas emociones, pero se acostumbrará a ellas.

Vianna a la mujer: —¿Qué piensas de tu cuerpo?

Mujer: —Me cuesta trabajo mirarme. Estoy gorda y tengo várices, por lo que evito mirar mis piernas. Me encanta nadar y estar a la orilla del mar, pero no puedo soportar la imagen de mi cuerpo usando un traje de baño. A mi amorcito no le importa si soy fea, pero a mí sí.

Vianna: —¿Qué pasaría si te aceptaras plenamente?

Mujer: —Sería demasiado.

Vianna: —¿Para quién?

Mujer: —Para mis padres. Yo era un peligro para mi padre.

Vianna: —¿Qué quieres decir con eso?

Mujer: —Él era muy duro conmigo y tuve que escaparme de él más de una vez. Si soy demasiado hermosa, mi madre siente celos. Está mal ser demasiado mujer.

Vianna: —Repite:

'Tengo miedo de ser demasiado femenina'.

'Está mal ser demasiado mujer'.

[El resultado es 'Sí' a ambas].

'Estoy a salvo si soy una verdadera mujer'.

[El resultado es 'No'].

—¿Te gustaría vivir y estar segura como mujer? ¿Ser hermosa y al mismo tiempo estar a salvo de tu padre?

Mujer: —Sí.

Vianna: Escapaste de él. ¿Qué significa eso?

Mujer: —Nada. Lo amaba y me sentía culpable por lo que hice.

Vianna: —¿Qué hiciste?

Mujer: —Nada.

Vianna: —¿Te gustaría vivir sin sentirte culpable? ¿Amas a tu esposo como a un padre?

Mujer: —Sí.

Vianna: —Repite: 'Si fuera hermosa, dejaría a mi esposo'. *[El resultado es 'Sí'].* ¿Te gustaría tener la oportunidad de elegir? ¿Puedo enseñarte que puedes ser hermosa y al mismo tiempo quedarte con tu esposo, porque ustedes aman mutuamente sus almas?

Mujer: —Sí.

Vianna: —Repite: 'Tengo que ser como soy ahora para quedarme con mi esposo. Mi esposo teme que lo deje si soy demasiado hermosa'. *[El resultado es 'Sí' a ambas].* ¿Me das permiso de instilar en ti las emociones de 'mis piernas son hermosas' y 'mi cuerpo es hermoso'?

Mujer: —Sí.

Vianna: —¿Cómo te sientes ahora?

Mujer: —Mejor. Pero no estoy completamente bien.

Vianna: —¿Te gusta sentirte bella? Tu corazón siente miedo porque te enseñé nuevas emociones.

Mujer: —No sé si tengo derecho a ser hermosa. Siempre he juzgado a la gente bella.

Vianna: —¿Crees que la gente bella es estúpida?

Mujer: —Pues, no, o tal vez sí, ¡lo son! O quizá no son estúpidos, pero llaman la atención por su apariencia y a nadie le importa su cerebro. Uno no puede ser bello y al mismo tiempo ser un buen sanador.

Vianna: —¿Te atemoriza la belleza? ¿Sienten las mujeres miedo de las mujeres bellas?

Mujer: —He estado en competencia con las demás mujeres toda mi vida. Temo no ganar si expreso por completo mi intelecto.

Vianna: —Repite: 'Las personas me toman con seriedad si soy bella'. *[El resultado es 'No']*. 'Si soy hermosa, los hombres no acudirán a mí para una sanación, sino por otras razones'. *[El resultado es 'Sí']*. ¿Me das permiso de instilar los programas y emociones de: 'Puedo ser respetada por los hombres que sean mis clientes y al mismo tiempo ser bella' y 'Sé cómo vivir sin esconderme'?

Mujer: —Está bien.

Vianna: —Puedo ver que estás estresada ahora. ¿Por qué?

Mujer: —Quizá se trata del sexo. Mi madre deseaba que fuera monja.

Vianna: —Veamos... Repite: 'Soy una monja'. *[El resultado es 'Sí']*. 'Si soy hermosa, está mal tener relaciones sexuales'. *[El resultado es 'Sí']*.

Mujer: —El sexo me hace sentir incómoda, como extraña.

Vianna: —¿Por qué te molesta el sexo de esa forma?

Mujer: —Tengo miedo de sentirme rechazada o considerada estúpida. Tengo que confiar por completo en la otra persona para tener relaciones sexuales.

Vianna: —¿Puedo enseñarte cómo sentirte bien respecto al sexo?

Mujer: —Sí.

Vianna a la clase: —Ella siente que tiene que elegir entre ser esposa o sanadora.

Vianna a la mujer: —¿Me das permiso de entregarte la emoción de que puedes ser hermosa, tanto como esposa y como sanadora?

Mujer: —Sí.

Vianna: —¿Cómo te sientes ahora?

Mujer: —Me siento fantástica. ¡Mucho más liviana! Gracias.

Nota al lector. Teniendo en cuenta que estábamos en un ambiente didáctico, algunos asuntos no fueron tratados en esta sesión. ¿Puedes percibir de qué se trata?

8

LOS SIETE PLANOS DE EXISTENCIA

Los siete planos de existencia son las fuerzas visibles e invisibles del cosmos. Se componen no solo del universo físico y "conocido", sino también de las fuerzas invisibles que desafían las explicaciones científicas actuales. Son tan vastos que la mente humana debe estar en un estado abstracto para comprenderlos. El estado theta nos permite percibir estas fuerzas inexplicables en toda su majestuosidad, a través del Creador de Todo lo que Es. Y a la vez, los planos de existencia nos permiten comprender la gloria del Creador de Todo lo que Es.

Según fue descrito en 'ThetaHealing', el concepto de los siete planos de existencia me fue presentado por la ley de la verdad. Nos ofrece un vehículo para la comprensión de cómo y por qué funciona el mundo en los niveles físico y espiritual, y cómo se relaciona esto con nosotros. Los planos fueron diseñados para el desarrollo de la humanidad y trabajan de forma natural en conjunto, en una "sinfonía" de orden cósmico, aunque nuestro sistema de creencias puede interferir con esto. En algunos casos, también podemos dejarnos seducir por la parte atractiva y superficial de los planos.

Cada uno de ellos tiene una energía particular, mejor descrita como una vibración, y está sujeto a sus propias condiciones, reglas, leyes y compromisos. A continuación encontramos un breve resumen de las características de cada uno de los planos. Los revisaremos con mayor profundidad durante los siguientes capítulos.

Primer plano

El primer plano de existencia consiste de toda la materia inorgánica de la Tierra, de todos los elementos que la componen en su forma natural y de todos los átomos de la tabla periódica, antes de que comiencen a combinarse con las bases de carbono. Son los minerales, cristales, suelos y rocas. Consiste de cada pedazo de la Tierra, desde el cristal más pequeño hasta la montaña más grande, en su forma inorgánica.

Segundo plano

El segundo plano de existencia consiste de materia orgánica: vitaminas, plantas, árboles, hadas y elementales. La estructura molecular de este plano contiene las primeras estructuras de una molécula de carbono, por eso es materia orgánica.

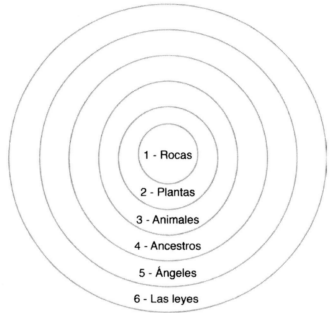

1 - Rocas

2 - Plantas

3 - Animales

4 - Ancestros

5 - Ángeles

6 - Las leyes

7 - El Creador de Todo lo que Es

Los minerales son inorgánicos y las vitaminas son orgánicas; ambos son esenciales para que surja la vida.

Tercer plano

Este es el plano en donde existen los animales y los seres humanos. En parte, lo hemos creado para nuestro propio uso. Es en este plano que pasamos por el desafío de estar dominados por emociones, deseos instintivos, pasiones y la realidad de estar en un cuerpo humano en el mundo físico. Este es el plano de formas de vida proteínicas.

Cuarto plano

El cuarto plano de existencia es el reino del espíritu, donde las personas viven después de la muerte y donde nuestros ancestros nos están esperando. Esto es lo que algunas personas considerarían llamar el "mundo espiritual".

Quinto plano

Este es el plano máximo de la dualidad. Está dividido en cientos de grados. Los grados más bajos es donde residen las entidades negativas y en los grados más elevados residen los dominios de los ángeles, los Concilios de los Doce que guían las familias del alma, las familias del alma, los maestros y nuestros padres celestiales.

Sexto plano

Este es el plano de las leyes, como la ley del tiempo, la ley del magnetismo, la ley de la gravedad, la ley de la luz y muchas otras leyes que crean la propia estructura del universo.

Séptimo plano

Este es el plano del Creador de Todo lo que Es. Este es el nivel que usamos para las sanaciones y sesiones instantáneas y para las manifestaciones más elevadas. Es un lugar de seguridad, amor y "solo es".

CONEXIÓN CON LOS PLANOS

Creo que las personas sensibles comienzan a conectarse con las energías de los planos de existencia a medida que desarrollan sus habilidades. Uno de los beneficios de la activación del ADN es que le permite a una persona conectarse con los planos de existencia y recorrerlos. Cada hélice de ADN en nuestro cuerpo controla más de 100,000 funciones diferentes. Por consiguiente, sería absurdo asumir que las hélices nuevas del ADN, que se despiertan con su activación , solamente estarían asociadas con ciertas cosas, como la dicha, el amor y otras emociones. Cada nuevo par de cromosomas añade un nuevo reino, una nueva comprensión de los planos, otorgándole un nuevo significado a la frase "conectado con Todo lo que Es".

Cada plano le entrega al buscador una visión de lo divino filtrada a través de cada uno de ellos. Creo que así fue que se formaron las religiones. Se lleva a cabo una conexión con la conciencia de un plano, y los sistemas de creencias de ese plano se proyectan en el buscador y se trasmiten en palabra escrita. Podemos llegar a enamorarnos de la belleza y la majestuosidad de cada plano, de sus sistemas de creencias, de sus poderes y de sus propiedades sanadoras.

Estamos influenciados por todos los planos de existencia. Somos parte mineral y parte del reino de las plantas, puesto que las consumimos; parte del reino animal porque tenemos un cuerpo y parte del reino espiritual porque tenemos un espíritu. Y teniendo en cuenta que vivimos bajo las leyes universales, estamos conectados con el sexto plano.

Entonces, ¿es posible que estés enfermo debido a la carencia de un mineral? Sí. Pero puedes tener carencia de un mineral debido a que eres incapaz de absorberlo, en razón a que posees un programa emocional. Si continúas tomando el mineral que careces, ¿lograrás liberar el programa emocional? Eventualmente, sí. Pero estamos conectados con tantas cosas, incluso con nuestros ancestros (son nuestra conexión con el ADN del pasado), por lo que justo cuando piensas que lo lograste, ¡podrías estar liberando programas que te han sido transmitidos genéticamente!

EL CONCEPTO DE DIOS

Se ha sugerido que muchos de nosotros llevamos una predisposición genética para la creencia en Dios, un "gen divino" por llamarlo así. Esto no es sorprendente, considerando que es muy probable que esta predisposición posea beneficios inherentes de supervivencia. Es muy probable que sea algo sutil, pero en tiempos difíciles, ¿qué es más útil que la creencia y la comunicación con el Creador? En esta comunicación, nos conectamos con la esencia divina que está en el interior de todos nosotros y la llevamos al mundo físico, enriqueciendo de esta forma nuestras vidas.

A lo largo de la historia, la humanidad ha estado en una búsqueda permanente de Dios. Nuestra percepción de Dios está cambiando constantemente y depende de muchas influencias, desde el hogar hasta la sociedad que nos rodea, la religión, y más recientemente, la ciencia moderna. Los conceptos de la ciencia no van necesariamente en *contra* de Dios y no fueron diseñados como tal. No han sido una "rebelión" contra la religión o Dios. La ciencia es simple: es la observación de nuestro universo a través de hechos explicables, el concepto de Dios puede ser percibido como una ciencia en sí misma; una observación del universo que es espiritual y no siempre dependiente de la causalidad física, sino más bien de la esencia invisible del pensamiento y las creencias.

Existen aquellos que dicen que creer en Dios es un intento de explicar la muerte y la esperanza de una vida ulterior. De hecho, parece existir una inquietud prevalente de que una vez que morimos, nos convertiremos en nada. Uno de los temores más frecuentes que veo en las personas es el "temor a la nada". Creo que esta creencia se deriva de una visión superficial y materialista del universo. Creo que es una visión carente de toda imaginación o amor propio. Mi visión es que no nos convertimos en nada. Podrías preguntar: "Entonces, ¿a dónde vamos cuando morimos?". Creo que una vez que dejamos el plano del mundo físico, muchos nos transferimos a un orden más elevado de evolución. En este orden más elevado, nuestras habilidades pueden ser percibidas como divinas por aquellos que siguen en el tercer plano.

Pienso que cuando llevamos a los alumnos al séptimo plano, los estamos conduciendo dentro de su propia mente a los transmisores del mensaje: las neuronas, las cuales se encuentran en el interior de toda la energía atómica presente en cada átomo. Al hacer esto, su mente es estimulada con una conciencia; la conciencia de que están conectados con cada molécula y cada átomo y con la energía asociada con las partículas subatómicas. Este es el primer paso en la ascensión.

Esta conciencia interna nos llevará a la comprensión plena de que ya no hace falta la increíble competencia de este mundo y se termina la batalla de la dualidad. El poder masivo del universo está en nuestro interior, esperando que lo descubramos a través del pensamiento enfocado. Una vez que este poder ha sido reconocido en nuestro interior, fluirá hacia el macrocosmos de nuestra vida diaria, expandiéndose a través de los planos de existencia, hasta el inmenso macrocosmos del séptimo plano de existencia y al Creador de Todo lo que Es para convertirse en cocreación.

En el pasado, yo creía que aprendíamos al experimentar un plano de existencia a la vez y al conocer su mensaje. Creo que el mensaje del quinto plano es el amor incondicional. Creo que el mensaje del sexto plano es la verdad absoluta y, quizá, la compasión. *Creo que ahora es el momento de convertirnos en cocreadores de nuestras vidas de forma consciente y despierta.*

PERCEPCIÓN DE LOS PLANOS

Nuestra percepción de los planos depende de nuestro desarrollo espiritual o nivel vibratorio. Por lo que la forma en que se perciben las energías de los primeros seis planos depende de cada persona. Por ejemplo, si hay dos personas conectadas a un ángel particular del quinto plano de existencia, estas dos personas verán el ángel de forma diferente en el ojo de su mente. La razón por la cual la esencia del mismo ángel es percibida de forma diferente por personas distintas, es que todos estamos vibrando en frecuencias distintas. La esencia del ángel es la misma, pero nosotros somos diferentes. No hay percepciones correctas o incorrectas en estas dos personas, solamente frecuencias distintas.

Comprende que todos los planos poseen sus propias frecuencias y energías sanadoras particulares. La clave es saber cómo usar el poder inherente en cada una de ellas sin dejarse consumir por las mismas. Con el fin de obtener el dominio sobre los planos de existencia, debemos despertar nuestra energía *kundalini* de forma lenta, pero hay que hacerlo.

Conforme más profundo llegamos a un estado theta de ondas mentales puro y controlado, más natural es para nosotros tener acceso a los planos, a través del Creador de Todo lo que Es del séptimo plano.

9

EL SÉPTIMO PLANO

El séptimo plano es la energía pura de la creación; lo abarca todo. Es el lugar de la sabiduría pura, la energía creativa, el *amor* puro, el lugar de la sanaciones instantáneas, de las manifestaciones y de la verdad más elevada. Conforma los otros planos; es la fuente subatómica de Todo lo que Es. Es el núcleo del átomo de la creación. Sostiene los electrones, protones y neutrones que crean la vida. Estas partículas son la fuente de donde emana toda la vida.

A través del Creador de Todo lo que Es del séptimo plano, se crean las sanaciones, la responsabilidad y los resultados instantáneos. Cuando una sanación se lleva a cabo desde el séptimo plano, no estamos bajo ninguna obligación de honrar los contratos y las condiciones que gobiernan los primeros seis planos de existencia.

Cada plano está dividido por un *velo* muy delgado que yace como un programa en el interior de la mente inconsciente de todo hombre, mujer y niño en este planeta. Cuando ascendemos al séptimo plano, aprendemos a despojarnos de estos velos para poder comprender que no estamos *separados*, sino conectados a todos los planos. Una vez que la mente (a un nivel subconsciente) ha dado este salto (no sólo hablando al respecto, sino viviéndolo), los planos pueden ser influenciados para crear manifestaciones y sanar el cuerpo físico. Esta es la primera vez en la historia de la humanidad que los planos de la existencia han sido abiertos simultáneamente.

ENTENDER EL SÉPTIMO PLANO

Para lograr una comprensión plena del séptimo plano, primero debes comprender que los primeros seis planos de existencia son meras ilusiones creadas por los residentes de cada uno de ellos. La verdad pura es el séptimo plano del Creador de Todo lo que Es: el espíritu que mueve, entrelaza y conecta todo en la existencia. Algunos de mis alumnos se refieren a esta energía como el "Espíritu Santo" y otros se refieren a él como la "fuente". Yo me refiero a ella como "Todo lo que Es", la energía pura del átomo mismo, las partículas de los protones. Sin importar cómo lo llames, tu intención pura, usada con la onda theta, es el factor decisivo para tener acceso a esta energía de amor puro.

Con la energía del séptimo plano, estás plenamente consciente de cada decisión. No desperdicias tiempo en banalidades, como drama, caos y destrucción. Los asuntos se transforman sin necesidad de juicios. Las creencias pueden cambiarse de forma instantánea. Una vez que logramos una comprensión de este plano, tenemos acceso al conocimiento de la Creación.

Cuando uses el séptimo plano, debes comprender que esto incrementará tus habilidades de manifestación de forma inmediata. Por lo tanto, es importante evitar los pensamientos negativos para no manifestarlos.

Los votos, compromisos y programas pueden bloquear nuestro acceso al séptimo plano y por consiguiente, impedir el dominio de los planos.

Los votos o compromisos pueden eliminarse con el fin de utilizar el séptimo plano.

A continuación vemos algunos de los votos que muchos de nosotros tenemos de forma inconsciente:

"Debo morir para conectarme con Dios".

"Debo sufrir para estar con Dios".

"Debo morir para probarle mi amor a Dios o para complacerlo".

"Debo sufrir para crecer espiritualmente".

"Debo morir y regresar para crecer espiritualmente".

Programas que bloquean nuestro acceso al séptimo plano

Estos son los siguientes:

"Temo adueñarme de mi poder".

Reemplaza con: "Comprendo cómo se siente tener mi propio poder" o "Me siento seguro con mi propio poder".

"Debo estar solo para acercarme a Dios".

Reemplazar con: "Puedo ser leal a Dios y tener pareja" o "Puedo amar a alguien y ser un sanador".

"Debo sacrificar uno de mis sentidos [como los ojos o los oídos] para acercarme a Dios".

Reemplaza con: "Estoy completamente sintonizado con mi cuerpo, mente y alma, y tengo todos mis sentidos".

SANACIÓN DESDE EL SÉPTIMO PLANO

Cuando un sanador se conecta con el séptimo plano y es testigo de la sanación energética del Creador, se realiza la sanación. Así es de simple .

Los sanadores que trabajan en este plano pueden lograr sanaciones instantáneas, aunque el libre albedrío del cliente debe respetarse y sus creencias pueden bloquear la sanación. No obstante, en este plano, la enfermedad puede transformarse simplemente en salud perfecta. Y al contrario de otros planos, donde el sanador puede quedar exhausto por la vibración , este plano, sencillamente, envuelve al sanador en amor mientras cambia la vibración humana a la perfección.

Los sanadores que utilizan esta energía reciben a la vez una salud perfecta. Pueden utilizar todos los planos sin quedar atados a ningún voto o compromiso de otros planos. Aprenden a controlar sus pensamientos y experimentan manifestaciones instantáneas que liberan las creencias limitantes que los aferran al temor.

Algunos sanadores temen usar este plano, creyendo que están yendo al Dios de Dios, pero el Creador dice que solamente estás asumiendo tu derecho de nacimiento como parte de Todo lo que Es, sin separación.

10

Eᴌ sᴇxᴛᴏ ᴘʟᴀɴᴏ

El sexto plano de existencia ha sido llamado el gran vacío. Es el plano de las leyes. Hay leyes que gobiernan nuestro universo, nuestra galaxia, nuestro sistema solar, la Tierra, incluso a nosotros. Hay leyes que gobiernan a todos los demás planos. Es debido a estas leyes, que hay una división imaginaria entre los planos, aunque en verdad es que existen todos en conjunto.

Las leyes tienen una esencia de tipo espiritual, una conciencia viva y en movimiento. A lo largo de la historia, ha habido personas que han sido capaces de canalizarlas para permitir el ascenso de la vibración de la humanidad. Platón, Aristóteles, Leonardo da Vinci, Galileo, Newton, Tesla, Edison y Einstein nacieron con esta habilidad. Por ejemplo, Tesla canalizó la ley del magnetismo y la ley de la electricidad.

INVOCANDO LAS LEYES

En la época después de que tuve mi primera experiencia con las leyes en forma de rostros enormes en mi sala, se despertó mi curiosidad y decidí experimentar con ellas. Cuando hablé por primera vez con una ley, me atemoricé porque no sabía de qué se trataba. Creí que me había vuelto loca. Para comprobarme a mí misma que había sido real, decidí decirle que regresara para poder presentársela a mis dos amigos. Cuando se presentó frente a mí y mis amigos, uno de ellos se desmayó y el otro vio esferas brillantes de luz moviéndose alrededor de la sala.

Mi curiosidad se incrementó aún más; y decidí intentar un experimento con 17 voluntarios que se habían presentado para ayudarme a construir una habitación adicional en mi oficina. Nos enfrascamos en una discusión respecto a los fenómenos psíquicos y el tema giró hacia las leyes. A pesar del hecho de que muchas de estas personas *no* tenían la mente lo suficientemente abierta para este tipo de cosas, decidí invocar las leyes para que ellos pudieran experimentarlas.

Cuando lo hice, las leyes se manifestaron como esferas de luz flotantes alrededor de la habitación. Cuando esto ocurrió, la mayoría de las personas de la habitación se quedaron dormidas. Sin embargo, aquellos que seguían despiertos vieron las luces y alguien quiso hablar con ellas. El hombre no estaba muy feliz con las esferas saltando por todos lados, pero en vista de que era un fanático de la causa y efecto, le pidió a la ley de causa y efecto que acudiera a este plano.

La ley entró a mi cuerpo con una fuerza brutal. Sentí un peso increíble, como si estuviera siendo lentamente aplastada. La ley comenzó a usar mi cuerpo para hablarle a aquellos del grupo que seguían despiertos. Me sentí desapegada del proceso y solo observaba lo que estaba ocurriendo a mi alrededor.

Para probar la ley, una persona le preguntó: "¿Qué es la emoción?". La ley comenzó entonces a estrangularme para demostrarles qué era una emoción. Me estaba poniendo azul cuando Mark, uno de mis buenos amigos, vino a mi rescate. Le pidió a la ley que dejara mi cuerpo. Así lo hizo y comencé a respirar de nuevo con grandes jadeos.

Casi me muero por tener esa ley en mi espacio. Así pues comprendí que era permitido enviar tu conciencia al sexto plano y hablar con las leyes para adquirir conocimientos, pero "invocar" las leyes, una o muchas en este plano, definitivamente, no era buena idea. Estas energías mueven el universo. Son increíblemente poderosas y es difícil para el cuerpo humano utilizar la fuerza total de una ley que se encuentra en su interior. No debes permitir nunca que estas energías entren a tu espacio. Debes hablar siempre con estos seres a través del séptimo plano de existencia.

SANACIÓN DESDE EL SEXTO PLANO

Cada vez que se utilizan en una sanación tonos, colores, números, magnetismo, geometría sagrada, la rejilla magnética de la Tierra, astrología y numerología, un sanador está teniendo acceso a las leyes del sexto plano de existencia. Ahí yace el conocimiento de los tonos que equilibran el cuerpo perfectamente y cambian la vibración de cualquier virus. La filosofía del sexto plano es "si está dañado, arréglalo".

Los sanadores que utilizan el sexto plano de existencia comprenden que están viviendo en una ilusión y que están dirigiendo su propia ilusión. Saben que ya no necesitan castigarse para progresar. En este plano, la batalla entre el bien y el mal es eliminada y reemplazada por la verdad pura.

Una de las leyes a las que tendrás acceso al realizar el trabajo en estado theta es la ley de la verdad, la cual te ayudará durante toda tu vida.

Para activar una ley, primero debes ir al séptimo plano. Si deseas anclar la energía de la ley con el fin de aplicar esa energía, primero debes preguntar el nombre de la ley. El nombre es un tono o vibración que activa la ley. Luego, esperas que la energía, vibración o información llegue a ti.

También es en el sexto plano que aprendemos a tener acceso al Salón de los Registros. Aquí es donde se almacena la información de las experiencias de vida de una persona, manteniendo un estado apropiado theta y delta para crear una visión de nosotros mismos teniendo acceso a ese salón.

VÓRTICES DEL SEXTO PLANO

Hace muchos años, cuando comencé a salir con Guy, conducía hasta Roberts, Idaho, para visitarlo. Esa zona tiene patrones climáticos muy particulares, especialmente en invierno. Cuando el sol calienta el aire, se eleva la humedad del río Snake causando una neblina, tan espesa a veces, que es difícil conducir con seguridad. Cuando la temperatura baja de repente, la neblina fluye hacia las zonas cercanas al río. Para un psíquico, esta neblina es un portal que facilita la observación de todo tipo de fenómenos psíquicos.

Toda la zona luce un poco espectral, y esto se acentuaba en particular en el área donde Guy vivía en esa época. El camino a su casa se llamaba Stibal Lane, en honor a su bisabuelo, quien había sido la primera persona en establecerse ahí. La leyenda decía que en la entrada de Stibal Lane desde la carretera más grande de Bassett, había un cementerio de indios nativos americanos. Los residentes del área habían visto espectros de indios nativos americanos vestidos en ropaje antiguo caminando a lo largo de Stibal Lane. También había otras visiones extrañas, en particular cuando se formaba neblina proveniente del sinuoso río Snake. Una noche, Guy y yo vimos una extraña escena.

Guy relata la historia:

En el invierno de 1997, Vianna y yo acabábamos de conocernos y estábamos saliendo. Vivíamos en casas separadas y nos visitábamos cada vez que podíamos. Yo trabajaba en el rancho y Vianna daba sesiones, por lo que ambos estábamos muy ocupados. Nos turnábamos para visitarnos y en una de esas noches brumosas de invierno muy peculiares del área de Roberts, era el turno de Vianna de venir a verme.

Tarde esa noche, ella tenía que regresar a casa, porque en ese tiempo su hija Bobbi estaba embarazada. Estábamos en medio de la pasión del nuevo amor, deseando pasar tanto tiempo como fuera posible juntos, entonces la acompañé hasta su auto. Había caído la noche y se había formado una capa espesa de neblina. Mientras caminábamos hacia el lugar donde estaba estacionado el auto, vimos dos columnas de energía de unos nueve metros de altura que giraban lentamente. Parecían demonios de polvo blanco perlado que se movían a paso lento. Uno de ellos estaba cerca al auto y Vianna riéndose caminó al centro de uno de ellos y comenzó a imitar sus movimientos giratorios con sus brazos. Luego se alejó de él y me explicó que se trataba de vórtices, aperturas de portales inter dimensionales. Sentí curiosidad al respecto, pero Vianna no tenía tiempo de explicarme más. Entró a su auto y condujo despacio entre la neblina hacia Idaho Falls.

Me llamó al llegar a casa y comenzó a decirme lo que sabía sobre los vórtices. Un vórtice es un campo energético de iones positivos y negativos que crea una apertura entre dimensiones, espacio y tiempo. Hay muchos tipos diferentes de vórtices. Algunos son naturales y otros son creados por formas de pensamiento o, a veces, incluso por rituales.

Un vórtice te brinda la oportunidad de crear cambios, pero su energía puede beneficiarte solamente si estás en un buen espacio. Por lo que antes de experimentar uno, asegúrate de estar centrado. Si no lo estás, el vórtice llevará tu energía a direcciones diferentes. Puedes utilizar un amuleto para equilibrar los chacras y protegerte, como la charoita o la labradorita, para mantenerte centrado en el plan y misión de tu vida.

Los vórtices están a nuestro alrededor mucho más de lo que podemos imaginar, y todos nosotros, a un grado mayor o menor, somos vórtices en y por nosotros mismos.

El sistema nervioso del cuerpo puede percibir e incluso crear energía tipo vórtice. Esto puede resaltar lo bueno o lo malo de los demás. Un sanador debe ser un vórtice controlado para atraer todo aquello que sea necesario liberar en una persona, pero esto puede ser algo muy difícil cuando su mera presencia saca a la luz los problemas de alguien. Cuando una persona posee sistemas de creencias abrumadoramente negativos, es importante entrar a su espacio a través del Creador de Todo lo que Es del séptimo plano de existencia. Si una persona intuitiva entra a su espacio usando su tercer ojo, activará sus programas. La voluntad intuitiva comenzará a reaccionar a estos programas, asumiendo que el cliente y el practicante tienen estos programas en común, y puede comenzar a actuar de acuerdo a la forma en que estos programas tratan a la persona. Por ejemplo, el cliente puede tener el programa de que no le importa a nadie y de que no es importante. A menos que el practicante esté sintonizado con el proceso, puede ocuparse con otra cosa y el cliente puede sentirse ignorado. Es importante no reaccionar a esta energía de vórtice que una persona crea a raíz de los programas negativos.

Para observar la energía del vórtice creada por programas, pide "ver" el espacio de una persona directamente desde tu tercer ojo y observar la energía cuando gira y pulsa alrededor de la persona. Esto se lleva a cabo de forma similar a ver el aura de una persona.

La energía incontrolada de un vórtice en una persona puede influenciar su propia conducta, así como la de las personas a su alrededor. En una persona intuitiva, los pulsos eléctricos del cuerpo (los cuales son energía de vórtice) ocasionan que se libere una luz ultravioleta iridiscente desde el sistema nervioso del cuerpo, afectando al cuerpo, a la mente y al alma de varias formas. Esto se manifiesta en diferentes formas. Las abejas se sentirán atraídas hacia ti, los electrodomésticos serán afectados y pueden aparecer espíritus ante ti. Para lidiar con estos desafíos, pide que tu energía se equilibre y que todos los espíritus errantes que vengan a ti sean enviados a la luz divina.

11

EL QUINTO PLANO

Cuando mi negocio comenzó a florecer en 1998, yo trabajaba durante largas horas. A veces me encontraba un poco melancólica por estar encerrada realizando sesiones todo el día en mi oficina. Un día, durante uno de los pocos descansos que tenía, miraba con nostalgia a través de la ventana pensando en todas las cosas que me gustaría hacer y los lugares lejanos que deseaba conocer. Tenía una hora del día para el almuerzo, entre sesiones, por lo que decidí ir a esos lugares de otra forma: escaparme durante un momento a través de la meditación.

Le pedí a mi amiga Chrissie que me hiciera un diseño de cristales. Un diseño de cristales es una técnica imaginativa guiada, designada para ayudar a una persona a tener una visión de otros lugares y épocas con el ojo de la mente. Me recosté sobre la mesa de masajes que usábamos para las jornadas y Chrissie dispuso los cristales en un patrón especial alrededor de mi cuerpo. Colocó sus manos sobre mi cabeza y su voz calmada y rítmica me guio hacia el cosmos, a espacios y épocas del pasado.

De repente, me encontré en medio de una visión muy específica. Con la misma claridad que si estuviera en carne y hueso, me encontré en lo que podría describir como una sala de justicia amueblada con madera lustrada y oscura. Alrededor de la sala, había hombres y mujeres fascinantes que parecían emanar luz. Uno de ellos se me acercó y me dijo: –Has llegado tarde. ¡Ven y colócate en tu lugar al frente!

–Oh –dije–, lo siento, estaba en el cuerpo en la Tierra. No tenía idea de que era hora de estar en la corte.

Me quedé sorprendida de mis propias palabras, aunque todo el escenario lucía extrañamente familiar. Sabía que había estado allí antes y que ya conocía a todos esos seres. Lo que hizo que todo fuera aún más extraño, fue que supe de inmediato por qué estaba ahora en este lugar.

Uno de los seres me escoltó al centro de la corte al lugar del abogado de la defensa. A mi derecha se encontraba un hombre alto con una túnica gris y largo cabello canoso. Sus ojos brillaron de regocijo al encontrarse con mi mirada. Supe que se trataba del dios Odín, mi antiguo adversario. Me sonrió y cuando me habló, su voz sonaba hermosa. Penetró en mi ser al igual que lo hace la música cuando uno escucha por primera vez una tonada conmovedora.

–Entonces –dijo–, una vez más veo que has venido a abogar por la humanidad. Por un momento pensé que no te presentarías. ¿Vas a seguir tratando de salvarlos?

No me dejé atrapar por la magia de su voz y me encogí de hombros ante el tono melodioso con el que se dirigió a mí.

–Tus trucos mágicos no funcionan conmigo, Odín. ¡Sabes que lucharé por ellos como siempre lo he hecho!

El tono de broma con el que nos tratábamos era de buena naturaleza, puesto que deben saber, que Odín y yo no éramos enemigos, por lo menos no en el sentido general. Digamos que teníamos una diferencia de opinión respecto a la raza humana... Debes entender que estos seres estaban encargados de la raza humana. En ese momento y lugar, debían decidir si se debería permitir continuar o destruir la civilización y sus almas ser reasignadas a otros lugares. Algunos en la sala de justicia estaban a favor de la destrucción y renovación, mientras que otros, como yo, abogábamos por la continuación, cuidado y enseñanza de los humanos.

El juez golpeó su martillo sobre la mesa diciendo: –¡Se inicia la sesión! Escucharemos los argumentos del muy estimado dios Odín [*Odín inclinó su cabeza ante el cumplido*], abogado de la destrucción de la raza humana tal como está, para que sea reconstruida desde el mismo comienzo; las últimas semillas restantes de la humanidad serán esparcidas a través de las estrellas para iniciar un nuevo comienzo libres de toda maldad, vicio y malicia. La abogada para la humanidad es, como siempre, la muy venerada representante de la Diosa, quien argüirá en contra de la destrucción de toda la humanidad. Incliné mi cabeza y dije:

–Su señoría, una vez más es un placer.

–Escucharemos primero el argumento para la destrucción de toda la humanidad de parte del dios Odín. Proceda.

Odín sonrió y comenzó a hablar, su seductora voz estaba llena de persuasión. Extendió sus manos indicando a la audiencia.

–Su señoría, ¡estimados maestros ascendidos y ángeles de la más elevada naturaleza! Nos hemos reunido aquí una vez más para juzgar los méritos de la raza humana. Considero que su destrucción es el único recurso que podemos seguir. Solo debo dirigir su atención a la historia hasta el tiempo presente.

Un vórtice se abrió en el centro de la sala de justicia y la historia de la humanidad comenzó a desarrollarse en un holograma tridimensional.

—¡Obsérvenlos! Desde los inicios de la agricultura, hemos visto los comienzos de la guerra. Su pasión por la riqueza, el poder y los recursos ha sido insaciable. Hemos visto cómo en un corto periodo de 10,000 años, han despojado hasta la médula y de forma repetitiva la misma tierra que hace lo máximo para alimentarlos. Observen cómo han creado la entidad de la guerra entre ellos, en aras de su ambición y su anhelo desmedido de gloria. ¡De una manera imprudente, han destruido ecosistemas enteros y miles de especies con ellos! Han esclavizado a otras especies para alimentarse y para ser usadas como bestias de carga. Pues, ¡incluso se han esclavizados entre ellos! Observen, mis semejantes celestiales, como han permitido que unos cuantos entre ellos se conviertan en reyes y reinas, porque son demasiado perezosos para gobernarse a sí mismos. Observen cómo los primeros habitantes abandonaron su inocencia intrínseca y crearon la edad de los metales para dominar el fuego. Ahí fue cuando las cosas realmente se salieron de todo orden. Al incrementar su poder y establecerse la tecnología, su garra comenzó a envenenar las mentes de hombres y mujeres, con el deseo intenso de dominar su medio ambiente y cada ser vivo de la Tierra a la voluntad de la humanidad.

—¡Escuchen con atención! Esto no es lo peor que se ha hecho, puesto que hay pecados mucho más sutiles. Cada uno de ustedes sabe que parte de nuestra misión como seres celestiales es llevar ocasionalmente el conocimiento sagrado a la humanidad, proporcionando inspiración divina a hombres y mujeres en la forma de filosofía y religión, con rituales y simbolismo que enriquecen y estimulan los corazones de estas lastimosas criaturas. Cada uno de ustedes sabe cómo han sido recompensados por sus molestias. Nombren una filosofía, una religión, una tradición mágica, que haya mantenido la pureza con la que fue entregada ¡solo una!

La mirada resplandeciente de Odín y su voz mágica hicieron eco en la audiencia con un verdadero impacto.

—Durante todo el tiempo que he sido un emisario de esta corte, no he visto un solo caso en todos los anales de la historia de la humanidad en donde el conocimiento sagrado no haya sido distorsionado, añadido, cambiado, alterado o empleado de forma errónea hasta el punto de que cualquier similitud con la divinidad original haya sido completamente destruido. ¡Los desafío a cada uno de ustedes para darme un solo caso en donde la pureza y la inocencia no se hayan perdido! ¡Oh! Y no olvidemos los últimos 4000 años de guerras interminables y el genocidio generalizado de personas inocentes en ambos bandos de las guerras… Debo admitir que la guerra sirvió su propósito en una ocasión: mermar el número de estas especies peligrosas y violentas. Pero, como hemos podido ver, ni siquiera la guerra ha evitado que miles de millones de seres residan ahora en el planeta. ¿Debo mencionar los crímenes de asesinatos, incesto, violaciones, abuso infantil, abuso de sustancias y corrupción? ¿Debo mencionar la hambruna y el genocidio? ¿Desea en verdad la corte que yo prosiga? Creo que he expresado la esencia de mi argumento y he declarado con claridad mi caso para la destrucción y la repoblación de la humanidad desde un inicio completamente nuevo e inmaculado, libre de toda la maldad que persiste en los corazones de los seres humanos.

Con eso, Odín se giró hacia mí, me lanzó una sonrisa cálida y resplandeciente diciendo:

—Tu turno.

El holograma desapareció en un parpadeo.

El juez dijo:

—Ahora escucharemos los argumentos de la representante de la madre Diosa.

Podía sentir en mi interior una fortaleza creciente. Elevé mis brazos por encima de mi cabeza como si estuviera sosteniendo algo. Una luz intermitente comenzó a emanar de mis manos. La luz comenzó a aumentar hasta que todos en la habitación quedaron ciegos ante el brillo de lo que sostenía en mis manos. En un instante, estaba sosteniendo un hermoso y minúsculo bebé. Emanaba de él una luminiscencia perlada y pude escucharme a mí misma hablando con una voz muy fuerte que reverberaba en toda la corte.

—¿Qué me dicen de *esto*? —dije mientras señalaba al bebé resplandeciente para que todos pudieran verlo, con un movimiento circular y viendo a los ojos de cada persona de la asamblea—. ¡Estoy sosteniendo en mis manos la esencia de la inocencia!

El pequeño bebé comenzó a reír con un sonido similar al tintineo de campanas de plata. Su risa impregnó la sala con una esencia de pureza que tocaba el corazón de cada ser en la corte.

—Miren —le dije a la asamblea—, ¡tan puro y perfecto! ¡Creo que cada uno de nosotros deberíamos defender a la humanidad con cada oración!

Durante un largo momento hubo un silencio sepulcral en la corte hasta que el juez golpeó su escritorio con el martillo.

—¡Caso cerrado! —dijo—. La humanidad seguirá como hasta ahora. Sigan su cronología. Procedan como fue planificado.

En ese momento, comprendí que durante un breve instante de tiempo, fui uno de los muchos abogados de la defensa de la humanidad y representé los millones de deseos positivos de salvar el mundo. Creo que es un anhelo interno de todos los sanadores asumir esta responsabilidad.

Luego fui extraída de la corte al pasado, al momento en que todo comenzó, al momento en que nuestro quinto plano de existencia estuvo de acuerdo con la responsabilidad de cuidar a nuestros hijos, a la raza humana...

HIJOS DE LOS MAESTROS

Para explicar quiénes somos, por qué estamos en este planeta y cómo nos relacionamos con los planos de existencia, comenzaremos con esta simple descripción.

Nuestros espíritus comenzaron como esencias de energía en el quinto plano, como hijos de los maestros. Un maestro del quinto plano es un ser iluminado que ha aprendido a manipular el tiempo, la materia y las partículas subatómicas. Cuando nacemos como hijos en el quinto plano, tenemos grandes habilidades creativas. Pero, al igual que todos los niños, debemos aprender el discernimiento apropiado para el uso de estas habilidades. Por lo tanto, como niños de energía pura, somos enviados a una inmensa jornada más allá del espacio y el tiempo, dejando el quinto plano para ir al cuarto plano de existencia: el mundo espiritual. Aquí nos enseñan, nos cuidan y nos aman, y nos asignan diferentes labores según nuestras habilidades.

Primero, nos envían al primer plano para comprenderlo por completo, para aprender la estructura molecular del reino mineral y las bases de la materia inorgánica. Una vez que hemos asimilado este conocimiento, regresamos al cuarto plano para informar sobre ello. Todo aquello que aprendemos queda registrado. Enseguida nos envían al segundo plano, al reino de las plantas, para estudiarlas. Luego regresamos al cuarto plano para informar estas experiencias. De hecho, puede tratarse de estos jóvenes espíritus lo que algunas personas perciben como hadas.

Una vez que hemos dominado estos dos planos, somos enviados al tercer plano, donde aprendemos a ser carne y hueso en el cuerpo físico. En el cuerpo mortal, aprendemos a tomar decisiones y a crear desde los desafíos de la forma física.

Desde el plano físico, aprendemos a superar el cuerpo físico y a controlar nuestros pensamientos, y nos otorgan la oportunidad de llegar a la comprensión de que formamos parte de Todo lo que Es. Aprendemos a crear con Todo lo que Es a través de nuestra mente, proyectando pensamientos desde lo físico y reclamando nuestro estatus como cocreadores. Un viejo proverbio dice: "Pienso, luego existo". Mi proverbio sería: "Pienso, luego soy parte de Todo lo que Es" o "Existo, luego pienso".

El tercer plano de existencia también es el lugar donde superamos los programas disfuncionales. Esta es una las razones por las cuales venimos aquí.

Una de las mejores razones para liberar estos programas es debido a que pueden manifestarse en existencia. Por ejemplo, si creo verdaderamente en algo, lo atraigo hacia mí. Esto se debe a que el subconsciente está regido por sus pensamientos más prevalentes. La señal de este pensamiento se proyecta y el mundo nos trata de acuerdo a eso. Por ejemplo, una persona trae a esta encarnación la creencia de "soy fuerte, puedo cargar con tu castigo", y luego asume el castigo de los demás toda su vida.

Lo que es triste es que podemos estar tan cómodos con la creencia, que podemos no darnos cuenta de que la tenemos o de que es disfuncional. Llevamos algunas de nuestras creencias más destructivas como un lobo disfrazado de cordero: escondidas a plena vista.

El ciclo del aprendizaje continúa hasta que dominamos el tercer plano y nos otorgan la oportunidad de regresar al quinto plano. Todo aquel que ha ascendido al quinto plano puede hacer cosas asombrosas porque ha aprendido que su esencia espiritual no está separada del Creador. Ha aprendido cómo rejuvenecer su cuerpo físico, mental, emocional y espiritual.

Cuando completamos este proceso de aprendizaje, podemos asumir nuestro lugar con nuestros padres espirituales como maestros del quinto plano, para crear con control y discernimiento apropiados. Los padres por sí mismos también siguen evolucionando, aprendiendo cómo usar y dominar el séptimo plano, hasta que alcanzan los niveles más elevados de progreso y se convierten en parte del sexto plano.

El tercer plano de existencia fue creado en realidad para que los padres pudieran ver el progreso de sus hijos. Hasta hace poco tiempo, lo único que se les permitía hacer era observarlos. Ahora se les permite participar. Lo que está ocurriendo ahora es que los maestros ascendidos están acudiendo al tercer plano para ayudar a sus hijos a salvar la humanidad.

En este caso, los maestros ascendidos vienen a la Tierra y nacen como niños. Un niño en el vientre, por su naturaleza innata, posee inocencia y pureza inconmensurables, puesto que están tan cercanos al Creador. Es solo a través de esta pureza que es posible para un maestro residir en la carne durante largos periodos de tiempo. Es un acto de auto entrega , el maestro condensa sus vastas energías y reduce su vibración para residir en el embrión. Cuando el niño se convierte en adulto, el maestro se eleva lentamente a la frecuencia más elevada de su verdadera naturaleza. Esta es una de las formas en que se crea la unión entre el tercer y el quinto plano.

Algunos seres del quinto plano poseen una energía de tal magnificencia que requieren más de un cuerpo humano para abarcarlos y habitan en más de una persona a la vez.

No obstante, puede haber desventajas en el hecho de residir en un cuerpo humano, pues una vez que el maestro se convierte en recién nacido, se suprime algunas veces el recuerdo de quién era en una encarnación previa. La mayoría de los maestros que vienen con una misión a este plano no recuerdan de inmediato quiénes son. Al crecer, perciben de alguna manera que son mucho más que ellos mismos, pero les cuesta mucho trabajo recordar qué es. Con el tiempo, recordarán quiénes son. Me refiero a ellos como los niños arco iris.

En algún punto del tiempo, recuerdan su misión:

1.   Deben aprender de nuevo a cómo usar el séptimo plano, liberar sus limitaciones y luego enseñar este proceso.

2.   Deben enseñar a sus alumnos a tener disciplina con sus pensamientos y a cómo tener acceso a Todo lo que Es.

Una vez que el recuerdo del maestro comienza a regresar, lo primero que comprende es que no pertenece a este lugar. Tiene sensaciones extrañas como "estoy en la familia equivocada y algún día mi familia correcta me encontrará" o "estoy en el planeta equivocado". Anhela encontrarse con su familia del alma y comienza a buscar encarnaciones de estos seres espirituales en formas humanas en las personas que conoce. En muchos casos, encontrará a una persona y la reconocerá como uno de los miembros de su familia que está aquí, en una misión similar. El reconocimiento de estos miembros de la familia del alma será muy intenso y las memorias regresarán para recordarle que una vez fue parte de una familia espiritual de una frecuencia elevada.

En algunos casos, estos sentimientos y recuerdos unirán a dos personas en matrimonio. Pero esto es como un matrimonio de un hermano y una hermana sin saberlo. Hay una diferencia entre un miembro de una familia del alma y un alma gemela. Las familias del alma se sienten atraídas para realizar la labor del Creador. Descienden a residir en familias físicas en este plano. Las almas gemelas, por otro lado, han vivido un amor apasionado que se ha extendido a través del tiempo y muchos planos de existencia.

ThetaHealing reúne a familias del alma para realizar el trabajo del Creador. Fue designado para reunirlos de nuevo.

El mismo escenario de los planos que se lleva a cabo en este mundo está ocurriendo a través de todas las galaxias en otras civilizaciones, como una forma de enseñarle a las ramas de nuestras familias del alma en aquellos lugares.

En el tercer plano, conforme nos hacemos más conscientes de lo que nos rodea, desaparece la ilusión de este plano. Esto no significa que estamos creando el mundo como un holograma para que juguemos en él y solo estamos nosotros en el holograma. A un nivel del alma, reconocemos la ilusión y que todos vivimos en ella juntos, aunque separados por nuestros sistemas de creencias. Una de las lecciones más importantes que venimos a aprender aquí es a respetarnos a nosotros mismos y al prójimo.

SANACIÓN DESDE EL QUINTO PLANO

Las personas que canalizan ángeles y profetas y atraen espíritus para realizar cirugías psíquicas están conectadas con este plano de existencia. Los sanadores que usan esta energía están sujetos a las "reglas" del quinto plano y su sanación con frecuencia implica un sacrificio de energía.

En los niveles más bajos de este plano, sigue habitando el *ego*. Programas negativos como "debo ser castigado", "es egoísta sanarme" y "debo luchar contra el mal todo el tiempo" deben liberarse para usar este plano. (En el libro *'ThetaHealing'* se describen más programas). Por ejemplo, si tienes el programa "debo luchar contra el mal", es posible que atraigas energías malévolas con el fin de luchar contra ellas. Este programa debe ser reemplazado con "soy impermeable a la maldad". Esto no quiere decir que no queda maldad en el mundo, solo que si tienes este programa, no lo atraerás hacia ti. Otros programas que puedes instilar son:

"Siempre estoy a salvo".

"Sé cómo se siente estar a salvo".

"Sé cómo vivir sin ira".

"Sé cómo vivir con fe".

"Conozco la definición del Creador de cómo se siente la fe".

"Sé cómo vivir sin temor".

Asegúrate de que no tengas otros compromisos como que debes estar solo para ser sanador, o que no hayas intercambiado uno de tus sentidos para obtener poder, o que no hayas hecho algún voto o compromiso de otro lugar o época (ver *'ThetaHealing'* para una lista completa). Algunas personas tienen la creencia de que no les es permitido defenderse o protegerse, o que debes permitir que las personas te controlen. Esto también debe ser extraído y reemplazado.

Como lo expliqué en *'ThetaHealing'*, cuando los sanadores tratan de tener acceso al quinto plano, primero tienen acceso a los límites del tercer plano, por ejemplo, con los programas "soy mortal" o "tengo límites". Es importante recordar que esos límites solo fueron desplegados con el fin de que los sobrepasemos y regresemos al quinto plano.

También recuerda que si estás trabajando con la conciencia del quinto plano, tu ego puede interferir con tu juicio. Rehusarás observar las posibilidades de no tener la razón o de trabajar primero en ti. Debes estar muy alerta.

Los espíritus del quinto plano pueden actuar como mediadores entre los humanos y el Creador de Todo lo que Es, pero también debes estar alerta ante el hecho de que estos seres pueden interponer, de forma inadvertida, sus propias opiniones en la información y esto pues ser confuso. Uno debe aprender de este plano, no dejarse arrastrar por el drama de la batalla del bien contra el mal, ni quedar atrapado en las opiniones de los seres este plano.

Cada plano tiene su propia versión de la verdad, pero el séptimo plano es la verdad más elevada. Por lo que cuando recibas información de un espíritu del quinto plano, elévate y verifica la información con el Creador de Todo lo que Es. En el séptimo plano, toda la información está disponible para aquellos que preguntan y el Creador siempre te va a ayudar.

ATAQUES PSÍQUICOS E INFLUENCIAS NEGATIVAS

¿Alguna vez has sentido que has sido golpeado por un ataque psíquico? ¿Y si fueras impermeable a estas influencias? Las formas de pensamiento negativas y los espíritus, las energías malas: ¿y si todas estas cosas desaparecieran de tu vida?

Las personas que llevan a cabo muchas sanaciones y trabajo psíquico pueden afectarse por estas influencias. Tanto el sanador como el cliente pueden quedar atados a un plano particular de existencia y usar solamente la energía de ese plano en la sanación. Uno de los planos que los sanadores usan extensivamente es el quinto plano: el plano de la batalla, del bien contra el mal, en un conflicto constante. Este conflicto está conectado y es representado en el tercer plano. ¿Pero qué tal si no necesitaras este conflicto y pudieras tener acceso a un plano que solo es? ¿Qué tal que pudieras tener acceso al amor incondicional total y estar protegido, fuerte, sano y en el centro de todas las cosas? ¿Qué tal si la ira ajena no te afectara porque pudieras ver de forma intuitiva de dónde viene y pudieras disipar su ira con esta comprensión? ¿Es ahí donde deseas estar? Estas energías pertenecen al séptimo plano de existencia.

PROTECCIÓN Y GUÍA DE LOS ÁNGELES

Como un ejercicio para usar la energía del quinto plano de existencia, puedes enviar un ángel a proteger y guiar a otra persona. Si lo diriges desde el séptimo plano, el ángel simplemente protegerá a la persona y no se involucrará en el drama del bien y el mal.

PROCESO PARA DIRIGIR A UN ÁNGEL GUARDIÁN

1. Céntrate en tu corazón y visualízate descendiendo a la Madre Tierra, la cual es parte de Todo lo que Es.

2. Visualízate llevando esta energía a través de tus pies, abriendo todos tus chacras en el proceso. Sal por el chacra de tu corona, en una hermosa esfera de luz, hacia el universo.

3. Atraviesa el universo, pasa las luces blancas, la luz oscura, la luz blanca, la sustancia gelatinosa que son las leyes, hasta una luz blanca perlada iridiscente, en el séptimo plano de existencia.

4. Reúne amor incondicional y pide al Creador de Todo lo que Es: *"Creador, te pido que un ángel guardián proteja a esta persona. ¡Gracias! Ya es un hecho. Ya es un hecho. Ya es un hecho"*.

5. Sé testigo del ángel guardián acudiendo al espacio de la persona para protegerla.

6. Imagínate limpiándote. Imagínate la energía regresando a tu espacio y descendiendo a la Tierra. Lleva la energía de la Tierra a través de todos tus chacras hasta el chacra de tu corona.

7. Realiza un corte energético.

12

EL CUARTO PLANO

Cuando comencé a ofrecer sesiones profesionales por primera vez, comencé a tener sueños visionarios, tanto despierta como dormida, con una intensidad cada vez mayor. En retrospectiva, creo que estos eran sueños de iniciación en los planos de existencia. Cada visión me llevaba a explorar los planos; cada uno era una guía para percibir las sutilezas asociadas con un plano particular. Algunos sueños ocurrieron cuando estaba cerca del agua. Creo que la razón es que el agua es un buen conductor de la energía eléctrica. Un portal visionario a menudo parece crearse cuando estoy sentada en una bañera de agua caliente, relajándome después de un largo día de sesiones.

Una de mis experiencias tempranas de visiones más intensa y aterrorizante, me enseñó una de mis lecciones más importantes. La primera parte ocurrió en un sueño mientras dormía.

Me encontraba en lo que parecía ser las montañas desérticas de Arizona. Era de noche y estaba sentada al lado de una fogata que brillaba intensamente en la oscuridad de un campamento. La visión era tan real que podía sentir el calor del fuego en mi piel cuando el viento abanicaba las llamas.

Al frente mío estaba sentado un indio nativo americano. El poder que emanaba me hacía rechinar los dientes. Lucía muy extraño. Su cabello estaba enredado y enmarañado con plumas que salían en todas las direcciones y parecían estar atadas a un tipo de cola de caballo enrollada. Su rostro estaba pintado de negro en un lado y de blanco en el otro. Estaba sentado mirándome fijamente y sin realizar ningún movimiento durante algún tiempo, cuando de repente se levantó y comenzó a cantar y a bailar alrededor del fuego. Mientras danzaba, comenzó a emitir sonidos extraños como de animales. Yo estaba sentada, paralizada, congelada en el lugar, incapaz de moverme mientras observaba la danza primigenia.

Luego comenzó a hablar en algún tipo de lengua antigua de los nativos americanos. No sé cómo, pero de alguna manera yo podía entender.

Me dijo: —Hoy, si deseas el poder de cambiar de forma, te lo puedo otorgar. Pero primero debes acatar ciertas reglas.

Sin esperar mi respuesta, recogió de su lado un hacha de obsidiana de un aspecto maligno y vino hacia mí con ella. Tan rápido como el pensamiento, giró el hacha en un arco reluciente sobre su cabeza. No fui lo suficientemente rápida como para evitar el movimiento relámpago y el hacha me golpeó mientras me levantaba. Sentí cómo se clavaba en mi interior. Me partió en dos pedazos desde mi cabeza hasta el pecho, abriendo mi esternón. De esta herida en el cuerpo, me transformé en una hermosa águila dorada, como si estuviera rompiendo un huevo para salir.

Ahora en forma de águila, extendí mis alas en un esfuerzo para escaparme. Pero antes de poder elevarme, el indio nativo americano me gritó: —¡Mira!

Atravesó con el hacha el pecho del águila. De esta herida abierta, salió un puma.

En forma de puma, saqué mis garras y le rugía al hombre. Me gritó de nuevo: —¡Mira!

Con una velocidad desconocida, me atravesó de nuevo. Incapaz de escapar, solo podía observar impotente mientras acuchillaba el pecho del puma en el que me había convertido. De esta herida, surgió un halcón que chillaba mientras extendía sus alas y comenzaba su vuelo.

Aun así, no hubo escape. Una vez más, el hombre me gritó: —¡Mira! Y partió en dos la forma en la que me había convertido. De esa herida abierta, surgió una loba gris enorme con tonos negro y marrón.

Finalmente, esto se sintió bien. La loba era yo; yo era la loba. Sentí una sensación extraña de familiaridad, como si me hubiera convertido muchas veces antes en esa loba. Sentí la libertad y la pasión solo propias de un animal salvaje. En un ímpetu, recordé todas las veces que había corrido con los lobos en mis sueños y todas las vidas que había experimentado antes. De repente, recordé mis experiencias más dolorosas cuando había tenido cáncer en esta vida. Cuando pienso en esa época, es el dolor intenso que regresa a mí, como recuerdo genético antiguo de los colmillos de un carnívoro atravesando mi carne. Con frecuencia, el dolor era tan intenso que tenía viajes astrales para salir de mi cuerpo y correr con una manada de lobos en las montañas de Montana. Al comienzo, corría con ellos en forma humana, pero después de un tiempo, salté entre los lobos y me convertí en parte de la manada. Mientras corría con ellos, buscaba a mi hombre de Montana.

Todo esto me llegó como un relámpago mientras estaba ahí, en mis cuatro patas frente al indio nativo americano, en la forma de una poderosa loba gris, mirándolo fijamente a través de unos ojos verdes que seguían siendo humanos.

Me dijo: —Estas son las reglas de la metamorfosis: no debes cortar tu cabello durante seis años. Dentro de tres años regresaré a ofrecerte guía. En seis años, aprenderás a dominar el poder de cambiar de forma. Deberás seguir las instrucciones o te perderás.

Cuando desperté del sueño, mi esternón estaba muy sensible al tacto. Dos o tres días después, Guy y yo tuvimos un terrible accidente automovilístico. Fui lanzada hacia el frente del auto con tal violencia que el cinturón de seguridad rompió mi esternón.

Cuando me repuse, este sueño comenzó a acosarme. Parecía haber una relación entre el sueño y el accidente, pero yo la desconocía. Sabía que estaba pasando a través de una "pequeña muerte", un proceso de iniciación para convertirme en un ser que puede cambiar de forma (metamorfosis) que podría terminar en que me matara con el fin de ejercer el poder. Entonces, lo primero que hice fue cortarme el cabello, porque era lo que el hombre me había dicho que no debía hacer.

Creo que me corté el cabello en un acto de desafío total.

Había comenzado a advertir que muchas personas intuitivas solamente se enfocaban en un plano de existencia en particular a la vez, y en las reglas conectadas con ese plano, y había comenzado a comprender, a través de las experiencias visionarias, que tenía que haber una sola energía de Todo lo que Es que lo abarcara todo, a la cual pudieras tener acceso para hacer que las cosas ocurrieran sin tener que seguir reglas específicas de dimensiones y encarnaciones diferentes. Las leyes del sexto plano me habían explicado el concepto de la iluminación de Todo lo que Es del séptimo plano de existencia, por lo que comencé a cuestionar las reglas asociadas con las diferentes energías de los planos y cómo podía trascenderlas.

El día exacto en que habían transcurrido seis años desde el primer sueño, estaba muy relajada en la bañera después de un largo día de trabajo. Cerré mis ojos durante un momento y de repente tuve de nuevo una visión en el mismo lugar, en las montañas de Arizona. Las llamas del mismo fuego se elevaron al cielo y rozaron la oscuridad. Y ahí estaba el magnífico indio nativo americano, al otro lado de la fogata, mirándome a través de las llamas con su rostro pintado y su extraño cabello.

Me habló en el mismo antiguo dialecto que yo podía entender de alguna manera:

–Te has ganado el derecho a convertirte en un ser que cambia de forma. Te enseñaré los secretos de la metamorfosis y los recordarás de antes.

Fue en ese momento que recuerdo haberlo mirado detenidamente diciéndole:

–*No, gracias*, elijo no seguirte ni aprender de ti. Solamente elijo seguir al Creador de Todo lo que Es.

Pareció molesto y dijo:

–¡Pero, mira! Puedo darte este poder para que lo uses como elijas. ¡Es un poder grandioso y maravilloso! ¡Tómalo, es tuyo!

–En verdad, lo que ofreces es grandioso –le dije–. Pero el poder verdadero y maravilloso proviene del Creador de Todo lo que Es. No tengo que recibir este regalo que me ofreces. Es el *Creador*, el maestro de este don. A través del Creador, puedo crearlo yo misma. Gracias, pero, por favor, vete.

El hombre inclinó su cabeza en una señal que parecía de resignación. Un silencio pareció caer sobre la visión; hasta el crepitar del fuego pareció aquietarse. Una vasta quietud pareció apoderarse de mí. De esta quietud, escuché una voz hablar de todas las direcciones al mismo tiempo. Dijo:

–*Has pasado la prueba. Tu iniciación está completa. Lo has hecho muy bien, hija mía.*

El indio nativo americano me miró con su mirada intensa y entrañablemente expresiva y me dijo:

–Esa era la respuesta correcta. Felicitaciones.

Regresé a mi ser en la bañera con la compresión de que algo importante acababa de ocurrirme. Pero lo que ocurrió a continuación fue verdaderamente profundo.

Mientras descansaba en el agua cálida, llegó una presencia divina y fue dirigida a enviar mi conciencia hacia arriba, al lugar donde siempre había ido. Seguí la guía y envié mi conciencia a "Elevarme y a buscar a Dios". (No lo sabía en ese momento, pero me dirigía a mi padre celestial en el quinto plano de existencia). Mientras me bañaba en esta presencia divina, la esencia increíble de mi padre celestial me habló y me dijo:

–Llegó la hora, ven conmigo al séptimo plano.

Estaba confundida. Yo pensaba que aquello era el séptimo plano y que aquello era el Creador. Después de todo, era tan divino, sereno y hermoso en ese lugar. Había realizado muchas sanaciones desde ese lugar. ¿Cómo es posible que hubiera algo más allá de eso?

Al sentir mi confusión, mi padre celestial me explicó:

—Hasta este momento, solamente te habías conectado con el séptimo plano de existencia para llevar a cabo tus sanaciones. Ven y te llevaré a este plano para que puedas estar presente ahí y verdaderamente experimentarlo sin separarte de él.

Quedé confusa por todo eso. Había acudido a las leyes en busca de respuestas y estaba aterrorizada ante la idea de ir más allá de ellas. Tenía miedo de convertirme en energía pura y liberarme de mi cuerpo. Sentía miedo de que Guy entrara y no encontrara nada más que mi ropa y una bañera llena de agua.

Le expliqué mi miedo a mi padre celestial. Él comenzó a consolarme, diciéndome que todo estaría bien. Me dijo que sí, que, efectivamente, yo cambiaría, pero no me convertiría en luz pura porque yo ya era parte de Dios, una parte de la Creación.

Confiando en mi padre celestial, decidí dar el siguiente paso . Me imaginé cruzando las leyes, pasé a través de una sustancia o membrana gelatinosa y me imaginé ascendiendo hasta que estuviera en el lugar mismo de la Creación, la energía Creadora de Todo lo que Es.

En ese momento, comprendí que nunca había estado separada de Dios. Comprendí que lo que mi mente y cuerpo humanos habían percibido como una ilusión era parte de la energía de Todo lo que Es. Comprendí que todos éramos parte de Todo lo que Es. Que *no hay separación*.

A partir de ese momento, las sanaciones fueron más efectivas. No obstante, al mismo tiempo algo extraño comenzó ocurrir en mi interior: ya no sentía que tenía que *arreglar* a nadie. Podía observar las vidas de las personas y observar su proceso de aprendizaje sin apego. Antes de eso, siempre trataba de corregir los problemas ajenos usando cualquier plano del que estuvieran aprendiendo. Trataba de hacer que se enfocaran en ir al lugar que yo pensaba era el correcto. Ahora comprendo que la energía Creadora de Todo lo que Es está siempre a nuestro alrededor y que yo encontré la forma de despojarme del velo de la separación. Encontré una forma de observar a los seres humanos con una perspectiva diferente, a través de la simple observación.

No poseo ningún libro que me hable de la energía de Todo lo que Es. La filosofía es agradable, pero puede convertirse en algo demasiado ideal y perderse en ella misma. El mensaje que yo había recibido transformó una idea en realidad; una realidad que puedes usar a tu *antojo* en el mundo físico. Esto fue el comienzo del curso del ADN 3. El ADN 3 es la habilidad de lo *crear según desees*.

Cuando pasé la iniciación del cuarto plano con el indio nativo americano, fue la última barrera que me quedaba. Esta iniciación me abrió a un nuevo nivel de conciencia.

Los planos de existencia están numerados del 1 al 7. Pero las iniciaciones de estos planos pueden ocurrir en cualquier lugar, en cualquier plano, dependiendo de tu desarrollo y vibración espiritual. La única razón por la cual los planos están numerados es para ofrecerle a la mente suficiente atractivo como para comprenderlas. Yo misma pasé por las iniciaciones de los planos de existencia de una forma bastante tortuosa. Primero fui iniciada en el primer plano de existencia. Luego fui iniciada en el quinto plano, luego en el sexto, luego en el segundo y por último en el cuarto para llevarme adonde estoy ahora.

Una iniciación a los planos no tiene que ser una iniciación a una puerta mortal ni involucrar la estipulación de que debes morir para progresar. La clave es atravesar el séptimo plano *primero* para descubrir cuáles son las iniciaciones y experimentarlas a través del Creador de Todo lo que Es. Mi lección del cuarto plano de existencia fue no quedarme atrapada en el atractivo de los planos y mantenerme enfocada en la esencia del séptimo plano del Creador de Todo lo que Es.

A partir de ese día comencé a enseñar los planos de existencia con más intensidad que antes. Ese día aprendí la forma de enfocar la mente para llegar al lugar apropiado, hacer las preguntas y crear sanaciones; ir al lugar donde no hay opiniones, solo verdad. Fue a través de esta iniciación que logré encontrar el mapa del camino al Creador de Todo lo que Es.

Fue después de esto que mis percepciones de la naturaleza fundamental de Dios comenzaron a cambiar radicalmente. Por ejemplo, hablemos de la palabra "Dios". Piensa en los sistemas de creencias que rodean esa palabra. Para muchos parece generar temas que conciernen el mérito de la humanidad para conectarse con Dios. Descubrí que algunas personas tenían dificultad para elevarse al séptimo plano de existencia del Creador de Todo lo que Es usando el término singular "Dios", principalmente debido a su percepción de la palabra. Para responder a este reto, el proceso del pedido fue cambiado permanentemente a: *"Padre, Madre, Dios, Creador de Todo lo que Es, te pido…"*

Conforme progresaban las enseñanzas y ThetaHealing llegaba a más y más personas, observé que algunas se conectaban consistentemente con el Creador de Todo lo que Es y que otros se perdían en el camino. Supe que tenía que encontrar una forma para que todos se conectaran con el plano más elevado sin interferencia de su ego y de las creencias que los ataban. En respuesta a esta necesidad, comencé a explicar los planos de existencia con mayor profundidad. Comenzó a formarse un sendero conceptual del Creador de Todo lo que Es para todo el mundo.

EL DOMINIO DEL ESPÍRITU

El cuarto plano es donde aprendemos a dominar el espíritu, o lo que percibimos como el aspecto espiritual de la creación. Es el lugar entre la vida y la muerte y el portal a los reinos más allá de la muerte. Cuando morimos, nuestro cuerpo basado en carbono se entierra, pero nuestro ATP continúa al cuarto plano de existencia. Desde ahí, algunos espíritus eligen permanecer como espíritus, otros eligen encarnarse de nuevo, y otros más, eligen moverse a otros planos.

Como espíritus, seguimos teniendo esencia, y todavía podemos sentir, escuchar, oler y tocar. Obviamente estas sensaciones no son experimentadas de la misma forma en el cuarto que en el tercer plano, pero es similar. Podemos sentir el aire correr a través nuestro y podemos sentir la esencia del pan recién horneado. Nuestros sentidos son incluso mejores que en el tercer plano. Nuevos colores se vuelven aparentes y podemos escuchar nuevas cosas.

En el cuarto plano podemos todavía comer y nutrirnos. Este plano simplemente tiene una vibración más elevada, donde las moléculas se mueven más rápido que en el tercer plano. Ningún plano es realmente "sólido", todos son diferentes combinaciones de energía, vibración y luz.

Muchos guías altamente evolucionados provienen del cuarto plano. Este es el lugar en donde los hijos del quinto plano aprenden primero sobre la creación.

SANACIÓN DESDE EL CUARTO PLANO

Este plano ofrece acceso a los *ancestros espirituales*. Los chamanes y los curanderos con frecuencia usan a sus ancestros y otros espíritus para ayudarlos en la sanaciones, usando tanto la sabiduría de los ancestros mismos como la sanación o las hierbas sugeridas por ellos. De esta forma realizan una "ecuación" entre el segundo, tercer y cuarto planos de existencia (una ecuación es cuando usas más de un plano de existencia a la vez).

No obstante, los sanadores que comprenden la energía específica de sanación de este plano, están restringidos por las obligaciones de la conciencia que ahí yace. Para recapitular brevemente:

* Las personas que utilizan este plano para la sanación creen que el sanador no se puede sanar a sí mismo. Este es el plano donde se intercambia una cosa por otra, se asume la enfermedad de alguien y luego se libera.

* Los sanadores conectados con las energías del cuarto plano tienen un programa de que está mal aceptar dinero para las sesiones de sanación; solo se aceptan regalos.

- En este plano, como en otros planos, se aprende por medio de iniciaciones. Hay creencias en este plano que dicen que una persona tiene que acercarse a la muerte o incluso morir para aprender más, para dominar el plano, debe danzar con la muerte o pasar por la "pequeña muerte" de la iniciación.

- La iniciación de este plano es el sacrificio personal. La idea es que debemos sufrir para aprender, superar las creencias de nuestros ancestros y superar el mundo material y las creencias que lo rodean.

- Los espíritus del cuarto (y el quinto) plano de existencia pueden confundirte y a menudo son propensos a hacer que el sanador crea que es más especial que los demás. Uno puede obtener un falso sentido de poder de este plano.

- Los sanadores que siguen teniendo compromisos con el cuarto plano creen que no pueden trabajar en ellos mismos. Eso también es un criterio del quinto plano.

Realiza la prueba de energía en busca de:

"Tengo que sufrir para aprender".

"Tengo que aprender a las malas".

"Se supone que sufra".

"Cuanto más sufro, más cerca de Dios estoy".

"Tengo que pasar por la puerta de la muerte o morir para crecer espiritualmente".

Reemplaza con:

"Aprendo sin sufrir"

"Aprendo del Creador".

"Aprendo con facilidad y libertad".

"Conozco la definición de dedicación, según el Creador de Todo lo que Es".

"Estoy siempre conectado con el Creador de Todo lo que Es".

"Crezco espiritualmente a través del Creador de Todo lo que Es".

ESPÍRITUS Y ANCESTROS

ESPÍRITUS ERRANTES

Es en este plano que aprendemos a enviar energías descontroladas o espíritus "errantes" a la luz divina. Los espíritus errantes, como recordarás, son aquellos que están atrapados temporalmente entre el tercer y cuarto plano, temerosos de ir a la luz. Puede tratarse de espíritus que simplemente no creen en la luz, que han cometido suicidio o han pasado por otro tipo de muerte traumática, o que temen ir a la luz porque temen convertirse en ella. Pueden ser enviados a la luz divina usando un sencillo ejercicio.

Para recapitular:

PROCESO PARA LOS ESPÍRITUS ERRANTES

1. Céntrate en tu corazón y visualízate descendiendo a la Madre Tierra, que es parte de Todo lo que Es.

2. Visualízate llevando esa energía través de tus pies, abriendo cada chacra hasta el chacra de la corona. En una hermosa esfera de luz, ve hacia el universo.

3. Ve más allá del universo, pasa las luces blancas, la luz oscura, la luz blanca, la sustancia gelatinosa que son las leyes, hasta una luz blanca perlada iridiscente, en el séptimo plano de existencia.

4. Pide: *"Creador de Todo lo que Es, te pido que todos los espíritus errantes alrededor de [nombre de la persona] sean enviados a la luz divina para su transformación. ¡Gracias! Ya es un hecho. Ya es un hecho. Ya es un hecho".*

5. Muévete por encima del chacra de la corona de la persona. Sé testigo de los espíritus errantes siendo enviados a la luz del Creador usando tu conexión o la conexión del cliente con la Fuente. Asegúrate de seguirlos todo el camino hasta la luz del Creador, pues intentarán escaparse.

6. Tan pronto termine el proceso, límpiate y colócate de nuevo en tu espacio. Desciende a la Tierra, lleva su energía a través de tus chacras hasta el chacra de tu corona y haz un corte energético.

CONEXIÓN CON TUS ANCESTROS

Algo muy útil cuando usamos el cuarto plano es la conexión con tus ancestros o con los ancestros de tus clientes. Cuando estés haciendo esto para un cliente, es muy probable que tengan programas sin resolver conectados con el difunto. Este proceso los asistirá para resolverlos.

En este proceso, pedirás que un conocido de tu cliente venga y se presente. Pregúntale al cliente el nombre del difunto con el que desearía hablar e invócalo. Serás el interlocutor del espíritu sin permitir que entre en tu cuerpo.

Ten en cuenta que los espíritus que están en este plano no son necesariamente seres iluminados y se presentan de forma muy similar a como eran cuando estaban *vivos*. Incluso pueden retener algunos de sus atributos físicos, como la atracción sexual y muchas otras pasiones. Por esta razón, se recomienda que el cliente solo invoque a un ser querido.

También puedes hablar con animales que ya no estén en este plano. Confía en los primeros pensamientos y voces que lleguen a tu mente.

Otras razones para este ejercicio es demostrarte que puedes hablar con espíritus ancestros o amigos y te permite percibir las diferentes dimensiones. Te muestra la diferencia entre estos niveles y la Creación, así como la sensación de la forma de pensamiento divino en contraposición con uno propio o ajeno.

PROCESO PARA CONECTARTE CON TUS ANCESTROS

Antes de comenzar este ejercicio, pide permiso para ver y hablar con el espíritu ancestral de la persona. Pregunta el nombre del espíritu.

1.   Enraízate y céntrate.

2.   Comienza por enviar tu conciencia hacia el centro de la Madre Tierra, que es parte de Todo lo que Es. Lleva su energía a través de tus pies, por todo tu cuerpo a través de todos los chacras. Ve hasta tu chacra de la corona y elévate y proyecta tu conciencia hacia una hermosa esfera de luz más allá de las estrellas del universo.

3.   Ve más allá del universo, pasa las luces blancas, la luz oscura, la luz blanca, la sustancia gelatinosa que son las leyes, hasta una luz blanca perlada iridiscente, el séptimo plano de existencia.

4.   Congrega amor incondicional y pide: *"Creador, te pido ver y hablar con [nombre del espíritu] en este momento. ¡Gracias! Ya es un hecho. Ya es un hecho. Ya es un hecho"*.

5.   Ve directamente al espacio de la persona y observa por encima de sus hombros. Invoca el espíritu del ancestro o el espíritu del animal y espera que se manifieste.

6.   Puedes ver esferas de luz. Formúlale al espíritu las preguntas del cliente y comparte con él las respuestas recibidas. Confía en los primeros pensamientos que llegan a tu mente.

7.   Una vez que hayas terminado, límpiate, colócate de nuevo en tu espacio y haz un corte energético.

13

EL TERCER PLANO

Este es el plano de nuestra realidad diaria. En parte, lo hemos creado para nuestro uso. Es en este plano que tenemos el reto de ser gobernados por nuestras emociones, pasiones y deseos instintivos y la realidad de estar en el cuerpo humano. Nuestra conciencia permanece por lo general en este plano, aunque estamos profundamente conectados con todos los planos.

En la creación de nuestra propia realidad, hemos creado programas, formas de pensamiento y conciencia colectiva a través del tercer plano que nos mantienen en él. Eso significa que algunas de nuestras capacidades físicas, mentales y espirituales están bloqueadas. Con el fin de liberar las cadenas que nos atan, debemos concentrarnos en la alegría de la vida en vez del miedo, la ira y el odio. Teniendo en cuenta que nuestro ego reside en el tercer plano, debemos controlar el ego negativo en nosotros mismos. La forma como equilibramos nuestras emociones dictará qué tan capaces somos de liberarnos del tercer plano para tener acceso y movernos libremente a través de los demás planos, y así crear salud y manifestar otros cambios en esta realidad.

Con frecuencia olvidamos que estamos aquí para experimentar *alegría*, para respirar, para vivir en esta forma maravillosa. Nuestros pulmones celebran cada vez que inhalamos un soplo de aire. ¿Nos detenemos para sentir esta celebración? Debemos recordarnos que este es un plano de existencia maravilloso. Las células de nuestro cuerpo están trabajando arduamente para proporcionarnos esta experiencia vital. El hígado y otros órganos están trabajando horas extras por nosotros, para que estemos aquí. Puesto que el ejercicio físico mantiene nuestro cuerpo enraizado y gozando el tercer plano, es importante seguir una rutina de ejercicio constante con el fin de celebrar el cuerpo humano.

Estamos aquí para aprender como seres espirituales, y algunos de nosotros seguimos aprendiendo del dolor y el sufrimiento. Este es uno de los desafíos espirituales de este plano: aprender sin sufrir y a través de la alegría.

Es nuestra responsabilidad aceptar que el cuerpo humano es un lugar fascinante en donde vivir.

¡Los humanos somos milagros ambulantes! Aprendemos a manipular nuestro cuerpo, a usar nuestro cerebro, controlar nuestras extremidades, a comunicar nuestras ideas y a manifestar nuestros pensamientos, ideas y sueños. Este es el plano de la imaginación, de la resolución de problemas, de luchar o volar.

VIVIR EN TODOS LOS PLANOS

Podemos creer que físicamente estamos en el tercer plano de existencia, pero en realidad existimos en los siete planos. En verdad, como ya lo he explicado, los humanos del tercer plano somos hijos del quinto plano. Algunos de nosotros tenemos algunos recuerdos conscientes de esto. De hecho, muchas religiones están basadas en esta idea. Esto explica por qué muchas personas creen que son "hijos de Dios", porque todos tenemos un padre y una madre celestiales en el quinto plano, pero aun así estamos conectados con Todo lo que Es.

Nuestros padres espirituales nos brindan ánimo, compasión y consejo. Cada uno de nosotros tiene estos seres increíbles que nos guían en el camino a la iluminación. Son maestros elevados del quinto plano. Para encontrar a tus padres espirituales, es mejor hacerlo a través del Creador de Todo lo que Es del séptimo plano. Esto se debe a que una vez que has pasado por la purificación en la esencia del Creador, logras comunicarte con mayor claridad con ellos.

Recuerda que muchas de las personas en la Tierra son ahora maestros del quinto plano, que han venido aquí a ayudar a sus alumnos e hijos del tercer plano, a regresar a su hogar en el quinto plano. Si con frecuencia sientes que no perteneces a la Tierra, que este planeta es demasiado inhóspito, que las personas son crueles y sientes una terrible nostalgia y extrañas a tu familia espiritual, es posible que seas un maestro del quinto plano. Si sabes que tienes habilidades increíbles y una conexión muy fuerte con el Creador, puedes ser un maestro despertando para ayudar a la Tierra. Los maestros del quinto plano que han venido aquí, pueden recordar con facilidad cómo dirigir su mente. Todos los maestros elevados del quinto plano utilizan el séptimo plano para crear.

SANACIÓN DESDE EL TERCER PLANO

Recuerda que los sanadores que trabajan en el tercer plano con frecuencia se quedan atrapados en el drama de este plano y creen que algunas cosas son incurables debido a la conciencia grupal. Están gobernados por el tiempo y además, a menudo se involucran en la dualidad entre el bien y el mal, una energía del quinto plano, en vez de la energía del amor y Todo lo que Es del séptimo plano.

En el tercer plano se trata de eliminar y reemplazar los sistemas de creencias, así como añadir *emociones*, lo que nos proporciona la apertura a las vibraciones de otros planos de existencia. Es entonces que nos libramos de las influencias kármicas. Conforme cambiamos nuestras creencias, más rápidamente lograremos tener acceso a otros planos.

Los sanadores del tercer plano con frecuencia usan otros planos instintivamente. Por ejemplo, si un cirujano lleva a cabo una operación y usa un bisturí, está conectándose al primer y tercer plano de existencia. Él representa el tercer plano y el bisturí, el primero. Se tiene acceso a otros planos en el proceso quirúrgico como a las leyes del universo del sexto plano.

Un ejemplo de esto sería el proceso mismo de pensamiento de una cirugía: "Si corto este tumor de este órgano en la forma correcta, lo que ocurrirá a continuación es que los tejidos se separarán de tal forma, que lograré extraer el tumor sin causar daño adicional y esto será de beneficio para la persona". En este proceso, el cirujano está teniendo acceso instintivamente a la ley de causa y efecto. Conforme esto ocurre, el cerebro envía neuronas a través del sistema para mover las manos del cirujano y al mismo tiempo regular los diferentes sistemas del cuerpo. Esta es una proeza fascinante de ingeniería divina. Y aunque el cirujano está salvando la vida de la persona, los otros miembros del elenco teatral están teniendo acceso inconsciente al segundo plano, administrando la penicilina y el suero intravenoso al paciente.

Es en el tercer plano que puedes comunicarte con los animales y sanarlos. Como se ha descrito en '*ThetaHealing*': lo más importante que debemos recordar sobre la realidad del tercer plano es que este plano es una *ilusión* y no es real. Lo único real *al respecto* es lo que creas en él.

14

EL SEGUNDO PLANO

Mi primera experiencia con el segundo plano de existencia fue al norte de Idaho en los primeros años de ThetaHealing.

En aquellos años, la mayoría de mis seminarios eran manejados por clientes que habían tenido sesiones conmigo. Una de ellas, Gretchen, había coordinado una clase al sur de Sandpoint, Idaho. El norte de Idaho me parecía un lugar absolutamente hermoso, con bosques muy densos, montañas altísimas, ríos caudalosos y lagos cristalinos. Localizado en el borde de Idaho con Montana por un lado y Washington por el otro, es salvaje, primario y está impregnado de la energía del mundo natural. Sandpoint está justo en el medio de esta área y fue el escenario de mi primera clase de ADN 1. Se trataba de un curso de dos días, por lo que Guy y yo fuimos a quedarnos ahí dos noches.

Gretchen se había ocupado de que nos quedáramos donde una de las alumnas llamada Peggy. Ella vivía en las afueras del pueblo en las montañas, en una hermosa cabaña construida de madera toscamente labrada. No hace falta decir, que su hermosura rústica le llamaba mucho la atención a Guy. Para mí, era más como una casa de jengibre de un cuento de hadas.

Resultó que Peggy era una ferviente creyente de las hadas. Nos dijo, con mucha desenvoltura, que una de sus ambiciones en la vida era ver un hada en carne y hueso, lo que hasta ahora había sido imposible. Era una mujer valiente con mucha personalidad y nos dijo que podía percibir los espíritus de la naturaleza alrededor de su hogar, pero que se sentía un poco molesta de que no se le aparecieran a ella.

En ese momento de mi vida, yo no creía mucho en las hadas. Había visto fantasmas y apariciones, pero nunca había visto hadas, y me sentí un poco escéptica ante el comentario de Peggy. Pensé que ella era un poco ilusa y más bien hostil en su conducta respecto a estas hadas que no se le aparecían.

Tengo que admitir que el lugar tenía un esencia mágica, una sensación de atemporalidad que solo encuentras en ciertas áreas. Era el comienzo del verano y había flores por doquier en el jardín. Cuando la tarde cayó sobre las montañas, la noche comenzó a entonar su canto y Guy y yo nos fuimos a dormir para estar listos para el primer día del seminario.

A la mañana siguiente, Peggy nos despertó y sin muchas ganas, me levanté para tomar una ducha. No lo sabía, pero estaba a punto de tener una experiencia que estremecería mi sistema de creencias como un árbol en una tormenta.

Estaba en la ducha, afeitándome las piernas, como de costumbre, ocupándome de mis cosas, cuando de repente tres pequeñas criaturas volaron a través de la pequeña ventana abierta. Primero, pensé que se trataba de colibríes. Pero más bien parecían personitas minúsculas con alas. Giraron por todo mi cuerpo en un remolino de una energía muy curiosa. Me quedé paralizada con la navaja de afeitar en una mano, tan sorprendida que no podía moverme.

Estos seres no usaban ropa y parecían femeninos. Parecían niñitas de nueve años con alas. El color de su piel era de un tono bronceado y tenían cabello largo en diferentes tonalidades de café. Sus ojos brillaban mientras volaban. Sus alas se movían demasiado rápido para verlas. Una de ellas revoloteó ante mis ojos y pude escuchar una voz en mi cabeza, que de alguna manera sabía que provenía de todas las criaturas al mismo tiempo.

–¿Qué estás haciendo?

La respuesta fue automática:

–Estoy afeitando el vello de mis piernas.

Una breve pausa y luego el tono de voz musical replicó en mi mente de nuevo:

– *¿Por qué* estás afeitando el vello de tus piernas?

Les dije:

–Soy una mujer humana. Debo afeitar el vello de mis piernas.

Su explosión de risa resonó en mi mente como el tintineo de campanas y girándose en medio del aire, me señalaron. Con un *¡puf!*, una de ellas hizo que apareciera vello en sus piernas. Las otras se rieron de ella, dando vueltas en círculos con mucho regocijo.

De repente, todas volaron por la ventana hacia el bosque y desaparecieron en un parpadeo.

Me sentí trastornada y pensé que había perdido la razón. Corrí a mi habitación con las lágrimas corriendo por mis mejillas y desesperada le conté mi experiencia a Guy. Le pregunté si me estaba volviendo loca.

Guy me miró con calma y me dijo:

—Vianna, acabas de ver hadas.

Lo miré perpleja.

—Ya sabes, *espíritus de la naturaleza*. Muchas personas las han visto, pero es poco común. Están cerca de los lugares donde crecen las flores y donde hay espesura de los árboles, y a veces, en los antiguos lugares sagrados. Se les ha visto en todos los continentes de alguna forma u otra. Los indios nativos americanos tienen muchas leyendas sobre ellas que son similares a las leyendas de Irlanda. Puesto que eres un ser intuitivo, es más fácil para ti verlas que para la mayoría de las personas. Eres como un puente entre los seres humanos y el mundo de las hadas. Así que ¡cálmate! No te estás volviendo loca, es sólo que tú eres capaz de verlas.

Conforme lo escuchaba, comencé a reponerme. Poco a poco, me repuse y me vestí para el día, sin dejar de mirar con el rabillo del ojo, temiendo alguna aparición indeseada.

Nos fuimos a la cocina para el desayuno y le dije a Peggy lo que había visto, pensando que se pondría feliz de escucharlo. Me equivoqué. Estaba muy molesta, llevaba más de veinte años intentando ver hadas y llevaba mucho tiempo colocándoles tazones de leche y miel como una ofrenda, y ahora yo venía a su casa y en unas cuantas horas, ¡se aparecían ante mí! Estaba malhumorada por el asunto y así siguió durante los dos días que nos quedamos con ella.

Su mañana se había complicado por otro incidente. Unos osos la habían visitado durante la noche y uno de ellos había escalado lo que parecía imposible hasta llegar a la terraza posterior y atacar el comedero de las aves. Lo había destruido y había semillas por todas partes. Peggy estaba muy frustrada y las bandadas de pájaros tampoco estaban muy contentas. El hambriento oso también había dejado un trazo apestoso en la terraza como último recuerdo.

Dos días más tarde, terminamos el seminario. Mientras nos alejábamos del hogar de Peggy, me despedí de la casita de hadas y de las personitas que en un breve instante me estremecieron, me despojaron de mi inocencia y me la devolvieron.

Este incidente con las hadas cambió para siempre mi concepto de la realidad. Me abrió a las posibilidades del segundo plano de existencia.

Mi experiencia con los seres del segundo plano no había terminado. No fue mucho después de mi encuentro con las hadas en la ducha, que me visitaron de nuevo. Iba de regreso de un seminario en St George, Utah. Para aquellos de ustedes que no conocen esta área, es un lugar muy hermoso. El desierto de Utah es un área salvaje con extensos paisajes rojos como la sangre. Hay bosques interminables de juníperos, montañas de un carmesí majestuoso que cambian con la luz, y el lecho del río Virgin con sauces y álamos que invitan al descanso en el calor del desierto.

Ese día, me sentí llamada a lavar los cristales que acababa de adquirir. Cada vez que me hago de nuevos cristales, es como un ritual para mí lavar cualquier huella fantasmal en una corriente de agua. Descubrí el lugar perfecto en el río y me detuve a limpiarlos cerca de la entrada del Parque Nacional Zion.

Caminé a lo largo de la orilla y me agaché a lavar mis cristales, cuando de repente dos hadas se materializaron desde un arbusto y volaron alrededor de mi cabeza. Usaban un ropaje hecho de hojas de otoño, y sus alitas se batían con tal velocidad que era difícil verlas, muy similar a las de un colibrí. Se trataba de un niño y una niña. Mi primer pensamiento fue: "¡Oh! También vienen en forma de niño".

El hada niño voló cerca de mi rostro y dijo:

—¡Dámelo! —señalando el cristal en mi mano.

Me sentí inmediatamente irritada. Le dije:

—¡No! No puedes tenerlo.

El niño fue insistente y se puso agresivo, volando alrededor de mi cabeza y jalando mi cabello. Me gritó:

—¡Dámelo!

— ¡No! —le grité de vuelta mientras me agachaba evitando su ataque.

Para su pequeño tamaño, era increíblemente fuerte. Comenzó a volar hacia mí, empujándome en un intento de hacerme caer al río a mis espaldas. Era diminuto, ¡pero poderoso! Comencé a revolotear mientras le lanzaba manotazos. Sentí temor de caer en el agua, puesto que en esa época del año, la corriente era profunda y el agua muy fría.

Luego, con el rabillo del ojo, vi un movimiento tras de mí. De repente, una mujer muy alta se elevó del agua, una visión de belleza líquida y transparente. Señaló al hada niño y sus ojos resplandecieron de un azul eléctrico, proyectándole un reproche. Le dijo:

—¡Déjala en paz!

Ambas hadas quedaron aterrorizadas. Se alejaron volando produciendo pequeños chillidos. Muy pronto, habían desaparecido.

Agradecida con el hermoso ser elemental acuático que me había salvado, recogí mis cristales y muy apresurada me dirigí a mi auto donde, después de sentarme, comencé a llorar. Mi esposo me brindó consuelo. Cuando me sentí mejor, condujimos a casa.

Este incidente no significa que todas las hadas son malas. Pueden ser traviesas, pero pueden convertirse en buenas amigas si las respetamos. Sin embargo, las energías de este plano son poderosas, incluso a veces intensas. Esta la razón por la cual nuestra conexión con el Creador de Todo lo que Es del séptimo plano de existencia debe ser clara. A pesar de que no lo sabía en ese momento. Lo único que yo tenía que haber hecho cuando me atacó el hada niño, era conectarme con el Creador, y a través del Creador pedirle que se alejara.

A partir de ese momento, tuve muchos otros encuentros con los seres benditos, y en más de un continente. Pero esas son otras historias.

ESPÍRITUS DE LA NATURALEZA – ELEMENTALES

En virtud de la evolución espiritual de la humanidad, los velos entre los planos se están volviendo ahora más finos. Es mucho más fácil que nunca ver a través de ellos. El velo entre el segundo y tercer plano se está haciendo particularmente más delgado. Debido a esta apertura en el continuo de espacio y tiempo, un gran número de personas está siendo capaz de ver hadas.

Me gusta llamarlos elementales, y no se confundan, no son humanos en *ninguna forma*. Pueden controlar la tasa de su vibración molecular para asumir las diferentes formas de los elementos: tierra, aire, agua y fuego. Se pueden convertir en una brizna de viento, en el murmuro de una corriente impetuosa de agua, en la tierra bajo nuestros pies o incluso en el fuego de un relámpago. Pueden fundirse con las plantas, convertirse en un ser líquido, un ser de aire o asumir forma sólida. Es cuando eligen la forma sólida en que podemos verlos, en su miríada de diferentes formas y tamaños como hadas.

Cualquiera que sienta amor especial por los árboles o las plantas, tendrá una conexión intrínseca con los elementales, y algunos de ellos han aprendido a comunicarse con los humanos. Para algunos humanos esto es bueno; para otros, puede no serlo. Las hadas no siempre actúan con benevolencia hacia los seres humanos. No les gusta que les den órdenes, pero pueden ser útiles si se las trata de forma correcta.

En una de mis clases en Australia, alguien ofreció una perspectiva interesante: se descubrió que en cualquier momento que uno se conecta con los elementales y les pide ayuda, los elementales esperan un regalo a cambio. Por lo que si descubres que se han perdido tus llaves de tu bolso, o algún otro artículo ha desaparecido, pueden ser las hadas cobrando lo debido.

EL SEGUNDO PLANO

Si llegas a decidir abrirles tu hogar a las hadas, es esencial hacerlo desde el séptimo plano. De esta forma, los humanos y los elementales mejorarán su vida mutua y no estarán en desacuerdo. A través del séptimo plano, las energías del segundo y tercer plano trabajarán juntas.

Lista de normas a seguir:

- Acude siempre al séptimo plano antes de hablar con los elementales.

- No vayas a ningún lugar con un elemental, a menos que te hayas elevado primero al séptimo plano.

- Nunca le pidas un favor a un elemental, pues ellos esperan un intercambio de energía y tomarán objetos brillantes sin permiso, sintiéndose completamente justificados.

- Los elementales no son dioses.

- Los elementales te respetan más si te respetas a ti mismo.

- Los elementales solo se manifiestan ante aquellos que son puros de corazón.

- No tienes que creer en los elementales para verlos.

- Los elementales solo se dejan ver si saben que no están en peligro.

- A los elementales les fascina el canto y la risa de los seres humanos. (Las canciones deben sonar bien).

- A los elementales les encanta el arte. Les fascina ver a artistas pintando cuadros.

Los elementales tienen una tendencia al gusto por las cosas brillantes, debido al índice de luz refractivo que crean, de la misma forma que nosotros apreciamos el brillo de un diamante. Hay elementales que se sienten atraídos por hermosas formaciones de cristales como la cuarcita y la amatista. Se crea una energía cuando la luz choca con la formación del cristal. Esta fusión de luz y cristal, esta *luminiscencia*, es alimento para el cuerpo de los elementales. Esta es la razón por la cual se sienten atraídos por los cristales.

Puesto que los velos están comenzando a desaparecer entre los planos de existencia, creo que algunos elementales han llegado a ocupar forma humana. Todos hemos visto a personas que actúan como si fueran gnomos o hadas. Casi pareciera que están evolucionando o retrocediendo para ser de nuevo hadas. Creo que muchos elementales hacen esto solo para experimentar el tercer plano. Muchos de estos están aquí en el tercer plano para proteger a los elementales y a su medio ambiente. Con frecuencia son ambientalistas y naturalistas.

VIVIR EN ARMONÍA CON EL SEGUNDO PLANO DE EXISTENCIA

Como especies, hemos desarrollado una relación simbiótica con las plantas. Las plantas nos usan para propagarse y para perpetuarse, y a la vez, son indispensables para nuestra supervivencia. Las plantas realizan el milagro de la fotosíntesis, la creación sagrada de luz solar bendita en energía pura para nuestro consumo. Prosperamos bajo esta energía y plantamos en la tierra las semillas para comenzar de nuevo este ciclo.

Las plantas son altamente evolucionadas; viven de luz y minerales y, en general, no usan ninguna otra materia orgánica viviente. Las plantas tienen su propia conciencia. Con la tierra y los espíritus del aire, llevan a cabo la danza sagrada de la interconexión entre el primero y el tercer plano de existencia, transmigrando la fuerza vital para el uso de los animales.

Las plantas y los árboles son algunas de las criaturas más evolucionadas y sagradas de Dios. En el ciclo de nacimiento y muerte, acumulan nutrientes a través de sus raíces en la Madre Tierra y siguen retornando los mismos nutrientes mucho después de morir. Siguen el ciclo sagrado de la naturaleza y solamente compiten para vivir, no para destruir. Aunque solo consumen luz solar, aire y tierra para su sustento, proveen alimento y abrigo a muchos otros seres vivos.

Amor, alegría, felicidad y respeto son las claves para entender verdaderamente a las plantas y a los árboles. Cuando los usamos para sanar, ya sean cultivados o silvestres, debemos recordar cosecharlos solo cuando sea necesario y con respeto. Recuerda elevarte por encima de tu espacio, conectarte con el Creador, y luego pedirle permiso a la planta para cosecharla. La planta debe responderte y dirigirte a la planta más adecuada para el propósito. Al cortarla, conéctate con el Creador, regresa al momento en que era una semilla y envía amor y bendiciones a la semilla mientras la ves crecer hasta su forma presente.

El reino elemental está entrelazado con las plantas y también con la esencia pura de la luz. Por lo tanto, el segundo plano de existencia transmuta la luz del sol y dirige esta energía a través de todos los planos para crear vida.

La luz solar es la esencia de la vida. Todas las criaturas de la Tierra la necesitan para vivir. Todo en este plano está compuesto del fuego de la luz y nosotros lo asimilamos al consumir las plantas. La fuerza vital real, la luz en el interior de la planta, es lo más importante para el cuerpo humano. La utilización de luz es una manera de mantenernos conectados con todos los planos de existencia.

Los sanadores que utilizan el segundo plano de existencia saben cómo usar las hierbas y las vitaminas para lograr la buena salud. La sanación desde este plano requiere tiempo y persistencia. Los sanadores que trabajan con este plano requieren un conocimiento extenso de las plantas y las reacciones a las medicinas. Sin este conocimiento, existe un riesgo para el cliente. Pero existe una combinación orgánica de plantas para cada enfermedad.

Como ya he mencionado, si utilizas hierbas u otras plantas para sanar, el procedimiento apropiado es bendecir la planta desde la semilla hasta el presente. De igual forma, cuando compres hierbas, vitaminas o alimentos, recuerda preguntarle al Creador de Todo lo que Es si son para tu mayor beneficio. Puedes determinarlo conectándote con el Creador mientras sostienes en tus manos el producto.

Puesto que todo tiene conciencia y nosotros absorbemos esa esencia cuando la consumimos, debemos bendecir todos los alimentos que consumimos. Si no han sido tratados con el debido respeto, se reducen sus beneficios. Recuerda que los alimentos alterados genéticamente tienen una conciencia que quizá no es la más apropiada para nosotros. Si tienes dudas respecto a la esencia de cualquier alimento, regresa y bendícelo desde su origen.

ENTRA AL SEGUNDO PLANO DE EXISTENCIA A TRAVÉS DEL SÉPTIMO PLANO

La mejor forma de experimentar el segundo plano de existencia es ir primero al séptimo plano de existencia y luego, desde ahí, ir al segundo.

Las plantas son muy sensibles y si envías tus pensamientos con demasiada fuerza hacia ellas, literalmente, pueden morir. Este ejercicio está diseñado para demostrarte la sensibilidad de las plantas, para enseñarte cómo entrar y salir con suavidad sin ser detectado del espacio viviente de otro ser, y para brindarte la oportunidad de practicar tus habilidades de escaneo. Esto agudizará tus habilidades, así como tu discernimiento.

ENCUENTRO CON UNA PLANTA

1. Enraízate y céntrate.

2. Comienza por enviar tu conciencia hacia el centro de la Madre Tierra, que es parte de Todo lo que Es. Lleva la energía a través de tus pies, hacia tu cuerpo y a través de todos tus chacras. Elévate a través del chacra de tu corona en una hermosa esfera de luz, más allá de las estrellas del universo.

3. Ve más allá del universo, pasa las luces blancas, la luz oscura, la luz blanca, la sustancia gelatinosa que son las leyes, hasta una luz blanca perlada iridiscente, al séptimo plano de existencia.

4. Congrega amor incondicional y pídele al Creador de Todo lo que Es: *"Creador de Todo lo que Es, te pido un escaneo de esta planta.*

Muéstrame lo que debo ver. ¡Gracias! Ya es un hecho. Ya es un hecho. Ya es un hecho".

5.   Acércate a la planta con la suavidad de una pluma llevada por una brisa veraniega. Ahora, imagínate entrando con gentileza en la planta, observando rápidamente y luego saliendo de su espacio. Recuerda, si entras con demasiada fuerza, puedes perjudicarla.

6.   Enjuágate, enraízate, regresa tu espacio y haz un corte energético.

15

EL PRIMER PLANO

Cuando tenía 29 años, escuché hablar de un mercader ambulante de piedras y cristales que había llegado a mi pueblo. Vendía sus productos en una caseta del centro comercial de la localidad. Siempre me había fascinado la esencia y la vibración de rocas, minerales y cristales. En el sureste de Idaho, la comunidad metafísica siempre estaba en la búsqueda de buenas oportunidades para comprar cristales con energía elevada. Por eso, cuando escuché hablar sobre este comerciante, sentí curiosidad y fui a verlo al centro comercial como en una aventura para encontrar el cristal perfecto.

El comerciante de piedras era un hombre al que llegué a conocer como Chuck. En esa época, tenía unos 55 años. Era en parte indio nativo americano y llevaba el cabello largo. Mientras veía lo que tenía en su carrito, noté un pequeño cristal en forma de pirámide que colgaba de una cadena de plata y me enamoré de él de inmediato.

En esa época de mi vida, me estaba costando mucho trabajo cubrir mis gastos. Estaba estudiando y vivía con muy poco dinero. A pesar de eso, saqué de mi bolsillo los $15 dólares necesarios para comprar el collar.

Chuck se quedó mirándome y me dijo:

—Tú no quieres ese collar.

Perpleja y un poco molesta, le respondí:

—Sí, lo quiero.

Respondió:

—No, no lo quieres. Quieres este, o quizá este.

Los collares que él me indicaba eran mucho más elaborados y mejor diseñados que el cristal que yo había elegido, pero le dije:

—No, ninguno de esos es el que quiero. El que quiero es este —dije indicando el pequeño cristal en forma de pirámide.

Le entregué mi dinero y cuando hice eso, Chuck dijo:

—Está bien, si compras este collar, también tienes que comprar este otro.

De una esquina de su carro, extrajo una piedra negra con pequeñas facetas brillantes. Era absolutamente fascinante.

Lo miré y le pregunté:

—¿Cuánto cuesta?

Dijo: —¿Cuánto tienes?

—Tengo ocho dólares.

Me miró sonriendo y dijo:

—Entonces, por hoy, es ocho dólares —y me entregó la piedra.

A partir de ese día, mi vida comenzó a cambiar. Desde el momento en que la llevé a casa, comencé a estar mucho más sintonizada psíquicamente con las cosas a mi alrededor.

Debo admitir que estaba profundamente fascinada con la piedra. Era casi como si me hablara. Cada vez que la sostenía en mis manos, descubría que podía enfocar mis habilidades intuitivas con mayor facilidad.

Esto despertó mi curiosidad y me dediqué a descubrir qué clase de piedra era. Le pregunté a muchas personas, pero nadie podía decirme nada. Finalmente, un año y medio después, asistí a una feria de piedras y minerales. Me llevé conmigo mi cristal y se lo mostré a uno de los vendedores de ese lugar. De inmediato ofreció pagarme $80 dólares, pero no me dijo de qué se trataba. Decliné su oferta y lo llevé a otro vendedor. Me dijo que era un cristal de melanita, de la familia de minerales del granate andradita. Desconocía el término y le dije:

—¿Perdón?

El hombre dijo:

—Querida, esto es lo que algunos de los comerciantes llamamos un rubí negro. Nunca había visto uno de ese tamaño en mi vida. Con frecuencia, solo vienen en facetas cuadradas individuales mucho más pequeñas y muy raramente en agrupaciones como ese. No sé cuánto cuesta este espécimen en particular, pero si fuera tú, lo conservaría.

A partir de ese día, mi pequeño "rubí negro" ha sido uno de mis cristales especiales. Después de experimentar con él, descubrí que era una de las pocas piedras que puede sostener energía bajo una pirámide. La mayoría de las piedras se tornan tan frías como el hielo bajo una pirámide. He descubierto que las únicas piedras que sostienen su energía son los cuarzos rutilados y mi rubí negro.

He descubierto que mi rubí negro posee muchos secretos místicos y mágicos. El aspecto más importante de él es que despierta mis sentidos intuitivos. Hasta el día de hoy, es uno de mis amigos más dulces y preciosos de entre todos mis cristales.

Así fue como empecé a familiarizarme íntimamente por primera vez con el primer plano de existencia y el poder de los cristales.

LA VIDA EN EL PRIMER PLANO DE EXISTENCIA

Desde el primer plano, aprendemos que la materia inorgánica tiene vida y conciencia propia. La Madre Tierra en sí misma es un campo energético gigante o un espíritu enorme. Cada parte de la Tierra, desde el cristal más pequeño hasta la montaña más grande, tiene su espíritu peculiar. A pesar de que nosotros, los seres humanos, no vemos moverse a esos espíritus, aun así poseen su fuerza vital propia.

Para poseer vida, tal como lo entiende la ciencia, se requiere de un átomo de carbono para constituir una estructura molecular de carbono. En el primer plano, existe vida más allá de todo lo que entendemos como basado en el carbono. Este plano está compuesto de materia inorgánica.

Esta vida inorgánica nos rodea. La Madre Tierra acuna las rocas, y en las rocas están los minerales. Los minerales están compuestos de calcio, magnesio y selenio, de los cuales necesitamos pequeñas cantidades para sobrevivir. De hecho, estamos compuestos de estos mismos minerales, así como de agua. Esta es la base de la estructura molecular.

MINERALES

Los minerales tienen dos funciones generales: construir y regular. La función de construir afecta nuestros huesos, dientes y todos los tejidos blandos. La función de regular incluye una amplia variedad de sistemas, tal como el latido de nuestro corazón, la coagulación de nuestra sangre, mantener las respuestas de los nervios y transportar oxígeno desde nuestros pulmones hasta los tejidos. Junto con proteínas, carbohidratos, grasas, agua y vitaminas, requerimos de minerales para construir un cuerpo fuerte y llevar a cabo todos sus delicados procesos vitales. Si no estuviéramos en un concierto constante con los minerales del primer plano, nos convertiríamos en agua, pues son los minerales que, en un sentido muy amplio, constituyen nuestros huesos y tejidos.

Como personas conscientes de nuestra salud sabemos que es necesario proporcionarle a nuestro cuerpo las vitaminas y los minerales apropiados, pero muy pocos entendemos la razón. Aunque las vitaminas y los minerales son muy diferentes, los cuerpos requieren de ambos. Una diferencia obvia es que las vitaminas contienen carbono y son consideradas sustancias orgánicas. Los minerales carecen de carbono y por lo tanto son clasificados como sustancias inorgánicas.

Ambos tienen papeles muy importantes. El cuerpo puede continuar funcionando sin la cantidad diaria recomendada de algunas vitaminas, pero una deficiencia de minerales puede tener efectos desastrosos. Por ejemplo, con el fin de fabricar la hemoglobina que se encuentra en los glóbulos rojos, el cuerpo requiere de hierro. Para tener huesos y dientes fuertes, se requiere calcio. El calcio también es importante para el funcionamiento apropiado de riñones, músculos y nervios. Sin los suficientes niveles de yodo, la glándula tiroides no puede producir energía. El manganeso, selenio y zinc son antioxidantes y algunas de sus labores incluyen ayudar a sanar las heridas, ayudar al sistema esquelético a desarrollarse apropiadamente y a proteger las membranas de las células.

El cuerpo necesita dos clases de minerales: los minerales principales y los oligoelementos. La diferencia entre ellos tiene que ver con la cantidad requerida. El cuerpo requiere de un mínimo de 100 mg diarios de los minerales principales para que lleve a cabo apropiadamente sus funciones. En el caso de los oligoelementos, se requieren menos de 100 mg diarios.

Los siete minerales principales

calcio

cloruro

fósforo

magnesio

potasio

sodio

sulfuro

Oligoelementos

cobre

cromo

fluoruro

hierro

manganeso

molibdeno

selenio

yodo

zinc

Si hay carencia de minerales, hay carencia de apoyo.

Fuentes de minerales

Obtenemos nuestros minerales de los alimentos que consumimos. ¿Cómo ocurre esto? Los minerales pasan a nuestro cuerpo a través de los alimentos que se cultivan en la tierra y de los animales que viven de la tierra. Las frutas, los vegetales, las carnes magras, las aves, los productos lácteos, los granos y las legumbres son algunas de las fuentes principales de los minerales que nuestro cuerpo necesita para su buena salud. Los alimentos procesados son bajos en minerales y las personas que no siguen una dieta apropiada, a menudo sufren enfermedades directamente atribuibles a deficiencias de vitaminas y minerales.

De todas las deficiencias que he encontrado en mis clientes, muy pocas son tan prevalentes como las deficiencias de calcio y magnesio. De hecho, he visto muy pocas personas que tengan suficiente calcio en su cuerpo.

Creo que la deficiencia de minerales es una causa subyacente de muchas enfermedades modernas. Debido al agotamiento de nuestros suelos, los minerales ya no están tan disponibles para nosotros como antes.

Debido a que las cantidades excesivas de algunos minerales en nuestro cuerpo pueden tener un efecto tóxico, existe una controversia alrededor de los suplementos de minerales. Debemos hacer lo máximo para consumir nuestros requerimientos minerales diarios de los alimentos, pero sugiero que para la absorción apropiada de los minerales complementarios, se tomen minerales *quelados*. Es mucho más fácil que esta forma penetre en la corriente sanguínea y sean absorbidos por las membranas celulares. Es mucho más difícil absorber los minerales que no son quelados.

El practicante de theta aprende a ver las deficiencias de minerales en el cuerpo de forma psíquica y puede producir de forma psíquica también los diferentes minerales en el cuerpo si se ha logrado el dominio de este plano.

Este es el plano del dominio del *alquimista* y del conocimiento de la transmutación de minerales de una forma a otra. Puesto que la telequinesis es mover materia inorgánica, el poder de la telequinesis también se aprende aquí, con una ecuación de los planos sexto y séptimo. La habilidad de mover objetos o doblar cucharas con el poder electromagnético de la mente proviene de este plano.

Cuando un sanador usa minerales, está usando este plano de existencia. Existe un mineral para cada enfermedad. Las sanaciones que usan cristales también provienen de este plano de existencia. Esto requiere tiempo y energía.

CRISTALES Y PIEDRAS PARA LA SANACIÓN

El primer plano de existencia nos enseña cómo conectarnos con las rocas, las piedras preciosas, los minerales, el aire que respiramos y la tierra bajo nuestros pies. A fin de cuentas, el propósito es fomentar una relación de respeto y honor con la Madre Tierra, la cual es parte de Todo lo que Es.

El primer plano tiene su propia conciencia peculiar. Aunque no podemos verla a simple vista, los minerales se descomponen en elementos complejos y aunque nada más los vemos como sólidos, aun así se están moviendo, solo que de una forma extremadamente lenta. Les estoy diciendo que hay una conciencia en todo. Así como ustedes y yo tenemos una, así la tienen todas las formas de vida inorgánicas.

Nuestros ancestros alrededor del mundo se conectaban con las energías de los cristales y los minerales y les daban nombres de poder como "gente de las piedras". Ellos estaban conscientes de los diferentes atributos de los cristales y los minerales, y cómo podían usarse para mejorar las habilidades de una persona, así como para abrir portales a los poderes de otros planos de existencia. Se puede tener acceso a muchos portales de otros planos utilizando las energías de los cristales y los minerales. Por ejemplo, se pueden usar los cristales para conectarse con la memoria ancestral del ADN en una ecuación con el tercer plano de existencia.

Una persona intuitiva puede aprender el lenguaje oculto de los minerales y los cristales y descubrir el conocimiento almacenado en sus registros. Esta es la razón por la cual a veces nos sentimos atraídos hacia una piedra o cristal en particular. La piedra nos llama porque es apropiado para nosotros en ese momento de nuestras vidas, por una razón mística o física, o porque nos necesita de alguna forma.

¿Sabías que la ciencia moderna ha descubierto que las hormonas del cuerpo tienen una estructura cristalina? La forma en que se liberan y se envían a lo largo del cuerpo es casi idéntica a la formación de los cristales.

También es interesante notar que se cree que la mayoría de las piedras preciosas fueron creadas hace más de 200 millones de años por los ciclos profundos hidrotermales y magmáticos de la Tierra, por lo que muchas de las piedras que conocemos y atesoramos han pasado por una jornada larga y grandiosa, antes de convertirse en nuestras amigas en la sanación, en joyería y en piezas de adorno. Su increíble edad, acompañada por su belleza, nos brinda una conexión con la serenidad y el misterio del mundo en el que vivimos.

La mayoría de las piedras, semipreciosas o no, vienen con sus propias tradiciones. Algunas personas las usan para *feng shui* y para transmutar la energía negativa. Un verdadero maestro de piedras preciosas solamente las usa para mejorar cosas y nunca les otorga el poder de tomar decisiones. Recuerda, en realidad, no necesitas ningún tipo de ayuda ni herramienta para pedir una sanación; simplemente, debes acudir al Creador de Todo lo que Es. Estás aprendiendo sobre los cristales para que puedas comunicarte con las personas que todavía piensan que necesitan estas herramientas. También es divertido saber muchas cosas y cómo trabajar con cada plano de existencia, pero no te dejes atrapar por el atractivo de estas cosas. Lo único que necesitas es al Creador.

La lección de la sanación de cristales es discernimiento. Los cristales solo mejoran la energía del que los posee y los usa, así como el equipo eléctrico es mejorado por la electricidad. Debes comprender que las piedras funcionan con la electricidad de tu propia mente y cuerpo. Cuando cambia la vibración de tu energía, te sientes atraído a diferentes piedras con diferentes atributos.

Si llevas puestos o cargas piedras o cristales, descubrirás que tienen cualidades especiales otorgadas por el Creador. Aprende sobre las cualidades de las piedras a tu alrededor; te ayudarán a comprender que no estás separado de Todo lo que Es.

CUIDADO DE LOS CRISTALES

Para cuidar los cristales, purifícalos dejándolos reposar bajo la luz del sol, la luz de la luna, en sal marina o lávalos en agua de mar, en una corriente de agua o tonifícalos con un diapasón o con campanas.

Recuerda que algunos cristales son delicados y no deben lavarse.

La forma más apropiada de purificarlos es elevándonos al Creador de Todo lo que Es y pidiéndoles que se limpien.

SANACIÓN CON CRISTALES

Las piedras tienen muchos propósitos. A continuación vemos una lista de piedras y algunos de sus propósitos. Recuerda que no todos los libros relacionados con cristales y sus atributos metafísicos estarán de acuerdo entre sí.

Ágata azul: tiene un efecto calmante, tranquilizante y sanador.

Ágata de fuego: piedra protectora.

Ágata musgosa: refresca el alma y nos despierta a la belleza a nuestro alrededor. Reduce el dolor y mejora el funcionamiento del sistema linfático y el inmunológico.

Ágata: piedra conectada con la tierra que brinda equilibrio emocional, físico y mental y ayuda a superar el negativismo, la amargura y la ira interior.

Aguamarina: estimula la liberación del cambio, nos brinda valentía y ayuda a la intuición y a la clarividencia.

Amatista: incrementa la clarividencia y la conexión divina, y otorga sentido común.

Ámbar: no es un cristal, sino resina petrificada de un árbol, por lo que se trata de un fósil. Tiene el poder de alejar las enfermedades. También reduce el estrés y es una piedra excelente para la sanación de todos los órganos internos. Activa los recuerdos de las vidas pasadas, ya sean nuestras o genéticas.

Azurita o malaquita azul: incrementa la intuición sorprendentemente y limpia los chacras. Era extremadamente apreciada por los antiguos, incluso más que el lapislázuli.

Charoita: nos conecta con nuestro verdadero propósito divino. Nos ayuda a lidiar con el cambio y a movernos a un nivel espiritual más elevado. Transmuta la energía negativa en sanación, convierte la enfermedad en salud y atrae sueños poderosos.

Cianita: piedra increíblemente sanadora que nunca debe lavarse. Desvanece el dolor. No almacena ninguna energía negativa, sino que la trasmuta de inmediato. Instila compasión y baja la presión arterial.

Citrina: brinda prosperidad y abundancia.

Cornalina: nos brinda valor, promueve decisiones positivas en la vida, aleja la apatía y motiva el éxito en los negocios y otras actividades.

Cuarzo ahumado: protege de la energía negativa y sirve para enraizarse.

Cuarzo rosa: se usa para el amor y la sanación del corazón.

Cuarzo: brinda claridad y sanación.

Dioptasa: nos sana y nos conforta el corazón y atrae el perdón. Nos ayuda a vivir en el momento presente.

Esmeralda: convierte la energía negativa en positiva y nos brinda paciencia. Es una piedra muy importante para el corazón, brinda protección y sanación.

Fluorita: excelente para el aprendizaje, tiene un efecto estabilizador emocional y es buena para las infecciones.

Granate: brinda prosperidad y pasión, inspira amor y regenera el cuerpo.

Hematita: protección del guerrero, enraizamiento. Se usa para el tratamiento de la artritis y la presión arterial alta.

Jade: protección, sanación; absorbe las energías negativas y se quiebra cuando se llena de ellas. Nunca debe lavarse. No almacena huellas fantasmales.

Jaspe de Madagascar: piedra rara y hermosa que se encuentran en un solo lugar del mundo.

Jaspe: posee propiedades sanadoras.

Labradorita: piedra de los místicos, convierte la energía negativa en positiva. Siempre se conecta con la magia verdadera.

Lapislázuli: piedra antigua que se usa para enviar mensajes telepáticos y para despertar las habilidades psíquicas.

Larimar: afectuosa, atrae la claridad y el pensamiento constructivo.

Madera petrificada: nuevos comienzos y protección.

Malaquita: Se usa para la protección, el valor y para fortalecer la voluntad. Se rompe cuando estamos bajo peligro.

Moldavita: se usa para la transformación. Acelera lo que ya estemos creando en la vida. Evítala si tu mundo ya está muy acelerado.

Obsidiana: ofrece protección contra las formas de pensamiento negativos y los hechizos.

Ojo de tigre: nos ayuda en nuestra habilidad de ver el futuro. Integra ambos hemisferios del cerebro. Úsala para lograr tus metas.

Ónix negro: protege contra las energías negativas. Ayuda a disolver una relación indeseada.

Ónix: sanación y protección.

Ópalo: solía decirse que si usas un ópalo, no pues usar ninguna otra piedra. Esto fue un mito fabricado por los vendedores de diamantes, puesto que los ópalos se hicieron más populares que los diamantes. El ópalo despierta nuestras habilidades verdaderas. Es una piedra de agua; le encanta el agua. Úsalos con cualquier cosa que desees.

Piedra de luna: atrae nuestra alma gemela, estimula sueños lúcidos, mejora las habilidades psíquicas y calma las emociones.

Piedra de sangre o sanguinaria: la leyenda dice que Cristo sangró sobre ciertas piedras, y esas pocas piedras son llamadas sanguinarias. Nos brindan la valentía y despiertan nuestra energía crística.

Pirita: piedra masculina, despierta nuestros atributos masculinos.

Rodocrosita: atrae el amor y nos enseña a amarnos y a cuidarnos.

Serafinita: hermana de la charoita, brinda conexión espiritual.

Sodalita: nos ayuda a iniciarnos en nuestra jornada.

Topacio amarillo: atrae el dinero.

Topacio: magnifica nuestra intención, convierte la energía negativa en positiva.

Turmalina negra: purifica el cuerpo.

Turmalina: mejora las energías del cristal de cuarzo. Es más fuerte que el cuarzo. Es mejor conductora que el cuarzo y se usa en telescopios, televisiones y otros equipos electrodomésticos. Los antiguos creían que ayudaba a recibir mensajes más claros, a enviar pensamientos y mejorar las habilidades psíquicas. Atrae paz interior.

Turquesa: la turquesa azul es sanadora; reduce el dolor de la artritis.

Venturina: atrae aventura a nuestras vidas y nos ayuda a crear nuestros sueños.

16

SANACIÓN CON LOS PLANOS

Cuando una persona comienza por primera vez a utilizar la técnica theta, se conecta con el poder de los diferentes planos y desconoce con cuál está trabajando. Puesto que todos los planos están conectados con lo divino, es muy fácil confundirse. La mejor forma de aprender sobre la sanación con los planos es conectarse con ellos y experimentarlos. Asciende siempre primero al séptimo plano para que no quedes atado a las reglas y a los compromisos de otros planos.

Recuerda que cada uno de los planos tiene una cura para cada emoción o enfermedad del cuerpo. Por ejemplo, en el primer plano, hay una combinación química o una combinación de minerales para sanar cada enfermedad. Esta combinación tiene la misma vibración que el programa que puede estar contribuyendo con la enfermedad, por lo que puede ser reemplazado.

De la misma forma, existe una hierba o vitamina, o posiblemente varias hierbas y vitaminas del segundo plano de existencia para sanar cada enfermedad. Vivimos en el tercer plano de las proteínas, lo que significa que existe una combinación de aminoácidos que contribuirá a sanar cualquier condición de salud. En el cuarto plano de existencia, existen los carbohidratos apropiados para crear la energía sanadora para el cuerpo, y los chamanes usan las plantas y los ancestros espirituales para la sanación. En el quinto plano de existencia, los ángeles y tus padres celestiales pueden sanar tu cuerpo. Puede ser que tengas que dar algo a cambio de tu sanación, pero, en el proceso, limpiarás tus sistemas de creencias. Las esencias del cuarto y quinto plano, harán con frecuencia que prometas realizar ciertas acciones *que cambiarán tu vibración.*

Una vez que te conectes con el sexto plano de existencia, escucharás música y tonos. Eso significa que en este plano usamos vibraciones para sanar.

Al final de cuentas, en todos los planos hay *luz* y *vibración.* Con el mineral correcto, llega la vibración correcta; con la planta correcta, llega la vibración correcta. Todo aquello que consumes tiene la misma vibración que tu trabajo con las creencias, y sanará tu cuerpo. Por ejemplo, una hierba que actúa como antibiótico tiene la vibración correcta para sanarte de una bacteria, y esto significa que también tiene la vibración correcta para sanarte del programa de culpabilidad que atrajo la bacteria. Esto se debe a que cada plano de existencia tiene la respuesta correcta. Existe el mineral correcto, la vitamina correcta, la proteína correcta, el programa correcto y el sentimiento correcto.

Es posible que el trabajo con las creencias haga lo mismo que cualquier otra cura desde cualquier plano de existencia. Entonces, ¿qué haces si tienes un cliente que realmente no cree en el trabajo con las creencias? Pues bien, eso no ocurrirá porque tus clientes vendrán aquí para el trabajo con las creencias. Te recomiendo que descargues en ellos todos los programas del trabajo con las emociones en este libro (capítulo 25). Luego, será posible que dejen ir todo aquello que no les es útil de forma fácil y rápida.

La verdadera sanación llega a todo aquel que finalmente aprende cómo se siente el amor. La fricción entre el amor y el miedo existe en el quinto plano y aquí en el tercero. Creo que una vez que cese de existir el miedo, será de nuevo solo cuestión de 'solo es', como en el séptimo plano. Pero, tú mismo puedes averiguarlo ahora que sabes cómo funcionan los planos de existencia.

LA ESTRUCTURA DE VIDA EN LOS PLANOS

Para recapitular brevemente la información descrita en 'ThetaHealing', el cuerpo humano está conformado por cinco compuestos diferentes: lípidos, carbohidratos, proteínas, trifosfato de adenosina o energía, y ácido nucleico: el ADN. Estos cinco compuestos son el equipo de vida que te interconecta y te convierte en un ser del séptimo plano.

VIVIR CON CARENCIAS

La siguiente lista demuestra lo que crearemos en caso de una carencia de estos componentes en el cuerpo físico:

Carencia de:	Creará:
Primer plano: minerales	Falta de apoyo
Segundo plano: vitaminas	Falta de amor
Tercer plano: proteínas	Falta de afecto
Cuarto plano: carbohidratos	Falta de energía
Quinto plano: lípidos	Falta de equilibrio espiritual
Sexto plano: ácido nucleico	Falta de estructura espiritual
Séptimo plano: trifosfato de adenosina	Falta de espíritu

Primer plano: si tienes carencia de minerales en el cuerpo, tendrás carencia de apoyo a un nivel emocional y estarás propenso a enfermedades que tienen que ver con falta de apoyo, como algunos tipos de artritis.

Segundo plano: si tienes carencia de vitaminas, tendrás carencia de amor en algún nivel. Mas si tienes carencia de amor, no absorberás tus vitaminas de forma apropiada.

Tercer plano: si tienes carencia de proteínas, tendrás carencia de afecto.

Cuarto plano: si tienes carencia de carbohidratos, tendrás carencia de energía.

Quinto plano: si tienes carencia de lípidos, te hará falta equilibrio en tu sistema y tus hormonas no estarán en los niveles adecuados. Las hormonas mantienen el equilibrio en el cuerpo.

Sexto plano: si tienes carencia de ácido nucleico, te hará falta estructura en tu vida.

Séptimo plano: si tienes carencia de trifosfato de adenosina, te hará falta espíritu en tu vida. Esta es una sustancia muy importante para el metabolismo del cuerpo. Cuando se descompone, libera grandes cantidades de energía utilizadas por las células y los tejidos para realizar sus funciones. A veces se llama energía universal. Es la energía que impulsa el funcionamiento de las células, la *energía pura* que se mantiene en la mitocondria. La mitocondria es la esencia que obtenemos del ADN de nuestra madre. El espíritu está en la mitocondria, no en el ADN. El ADN es el programa informático, la mitocondria es la electricidad consciente. Cuando las personas mueren y se observa la energía dejando su cuerpo, es la mitocondria que comienza a dejar la dimensión física. Una carencia de trifosfato de adenosina y, por lo tanto, de energía espiritual puede significar que tienes demasiados fragmentos del alma en demasiados lugares y debes reabastecer estas energías consumidas.

EL PODER DEL PENSAMIENTO

Los pensamientos son reales. Tienen esencia. Pueden crear cualquier cosa en los planos de existencia. Sabemos esto a ciencia cierta, pues cuando programamos una clase de Anatomía Intuitiva en Hawái, eliminamos tantos temas sensibles en los alumnos que para finales de la tercera semana todos tenían un equilibrio ácido-alcalino de 7.2 de alcalinidad. Técnicamente, debes consumir alimentos alcalinos para mantenerte en 7.2 tu alcalinidad, lo que haría que jamás te enfermaras. Por lo general, no es un proceso tan sencillo. Sé por experiencia que incluso si alguien consume solamente alimentos alcalinos, aun así permanecerá en un nivel elevado de acidez durante meses, pues debe pasar por enormes crisis de sanación y otros dramas mientras su cuerpo se alcaliniza. No obstante, el trabajo con las creencias hizo que todos mis alumnos obtuvieran un nivel de 7.2 de alcalinidad en un corto periodo de tiempo, mientras que seguían comiendo pastel de chocolate. Tus creencias pueden crear exactamente la misma energía que una vitamina, mineral o nutriente.

¿Sabías que si un individuo toma el aminoácido o la vitamina que carece durante un mes, podría también eliminar muchos de sus problemas emocionales y subconscientes? Además, podría estabilizarse lo suficiente para no tener que tomar suplementos nunca más.

¿Sabes, además, que se supone que puedas lidiar con todos los problemas de la vida? Así has sido diseñado, como una máquina perfectamente afinada. ¿Sabes que estás diseñado para sobrevivir a la crianza de adolescentes? ¡Es cierto!

¿Sabías que cuando una madre lactante besa a su bebé, produce intuitivamente los nutrientes apropiados para la siguiente toma de leche? Fui alimentada con biberón cuando era bebé. Además, cuando mi madre estaba embarazada de mí, estaba tan enferma que me hicieron falta muchos nutrientes en el vientre. Su vesícula biliar tenía grave daño y sufría de tantas infecciones que todos estaban sorprendidos de que siguiera con vida. Tuvieron que operarla y en medio de la cirugía, al abrirla, descubrieron que estaba embarazada de mí. Los médicos le dijeron que yo nunca llegaría a término y que debía abortarme. ¿Saben que me dijo mi madre hace poco? 'Mírame a los ojos, Vianna, vamos a crear un vínculo entre las dos. Nunca lo hicimos cuando naciste porque nunca creí que llegarías a término'. Es muy triste que ella haya pensado esas cosas durante todos estos años. Fue maravilloso tener la oportunidad de eliminar esas creencias.

USANDO LOS PLANOS PARA SANAR

LAS ECUACIONES DE LOS PLANOS DE EXISTENCIA

Los sanadores deben usar siempre más de un plano de existencia a la vez. Esto se llama una *ecuación*.

El sanador juega un papel importante en esta ecuación como testigo:

$$Creador + cliente + testigo = Resultado.$$

Cada vez que usas cualquier plano de existencia, en realidad estás usando dos o más planos a la vez. Por ejemplo, cada vez que usas la energía del primer plano, automáticamente estás usando el sexto plano. Esto es útil porque los minerales del primer plano pueden interactuar con la ley de la electricidad para hacerse aún más poderosos.

MODALIDADES DE SANACIÓN

Todas las modalidades de sanación tienen su propio significado en el ámbito de los planos de existencia. Por ejemplo, la acupuntura usa el sexto, tercero, segundo y primer plano de existencia y funciona de maravilla. ThetaHealing no compite con ninguna otra modalidad de sanación, especialmente con la *medicina moderna*.

Todo aquello que has aprendido de cualquier modalidad de sanación y de cualquier religión que hayas estudiado, te ha llevado al punto en donde puedes decir: 'Quiero eliminar mis problemas rápido' y 'tengo la habilidad de hacer lo que vine a hacer aquí'. Con todas las modalidades, has obtenido experiencia.

INICIACIONES DE LOS PLANOS

En una época, cada vez que se lograba un avance o el dominio de un plano, un individuo tenía que pasar por una iniciación, un cambio mental enorme, y debido al drama que se almacena en todos los planos, esto podía ser traumático. En ThetaHealing, puesto que hemos aprendido a no apegarnos a los planos, podemos liberar nuestras mentes, y por consiguiente, avanzar de una forma menos traumática.

No obstante, avanzamos: cada vez que te elevas hacia el Creador y le pides una sanación o asciendes y pides una bendición para la Tierra, abres tu mente y tu espíritu a nuevas posibilidades y niveles y pasas por las correspondientes iniciaciones. ¿Has sentido o escuchado una voz psíquica que te dice que has pasado por una iniciación? ¿Alguna vez has vivido una experiencia cercana a la muerte? Una experiencia cercana a la muerte, o una puerta a la muerte, puede ser la iniciación de un sanador en el proceso de crecimiento del desarrollo. La 'pequeña muerte', como la llaman, es el portal psíquico a otro plano de existencia.

Con el trabajo de las creencias, logramos pasar suavemente por iniciaciones sin tener que sacrificarnos ni morir en el intento. *De hecho, el trabajo de creencias es la iniciación.*

APEGO A LOS PLANOS INDIVIDUALES

Aunque hago lo posible por conectarme con el séptimo plano al llevar a cabo las sanaciones, la persona con la que estoy en la sesión puede ser solamente receptiva a la energía de cierto plano. Por ejemplo, una forma de darse cuenta si la persona está aferrada a un sistema de creencias oculto del quinto plano, es cuando ves un ángel de alta jerarquía que viene a ayudar en la sanación. Esto indica que la persona tiene votos, compromisos o conexiones con el quinto plano de existencia. Si el ángel está asistiendo en la sanación y solamente usa la energía del quinto plano, entonces el ángel solo trabajará en la persona en capas, pues es todo lo que tiene permitido hacer.

Puesto que estamos tan entrelazados con todos los planos, a veces mantenemos compromisos y obligaciones de ellos y no nos elevamos primero al Creador. Nos hemos acostumbrado tanto a usar ciertos planos que nos apegamos a sus reglas. No obstante, si te elevas y le pides al Creador de Todo lo que Es que haga algo, la energía combinará los planos y trabajará en una ecuación diferente.

Algo que debes tener en cuenta también es que un alma vieja tendrá elementos instintivos de poder de la conciencia colectiva, así como recuerdos ancestrales o de vidas pasadas, y puede haber traído a este espacio y tiempo un conocimiento íntimo de un plano particular de existencia.

Digamos que el espíritu de una persona conoce los secretos del cuarto plano y el poder de la energía de los chamanes. Junto con esta energía chamánica, la persona tiene ciertas limitaciones que ha establecido por sus propias creencias, o por las creencias de las energías espirituales transmitidas por el adepto que se las enseñó, o incluso por la conciencia de la condición humana en ese momento. Esto no quiere decir que el chamanismo haya o no evolucionado, ni tampoco la conciencia de ciertos individuos, solamente indica que quizá las habilidades de esa persona en ese lugar y tiempo, estaban reguladas por los dictados de ese plano de existencia en particular y por las limitaciones de la conciencia colectiva con la que se conectó en ese momento. Entonces, este individuo aprendió bien esas limitaciones pasadas, quizá demasiado bien, y ahora las ha traído a este espacio y tiempo presente, así como las creencias de que *hay limitaciones*, por lo que están afectadas por estas reglas y normas en este espacio y tiempo.

En otro caso, un sanador puede estar en una habitación con alguien que está sufriendo de dolor en el cuello cuando, de repente, al sanador comienza a dolerle el cuello y el dolor desaparece del cliente. Esto también es de carácter chamánico y ocurre debido a las obligaciones, votos y compromisos que el sanador ha traído a esta vida desde la última.

Recuerda también que una persona puede estar intentando recapturar los elementos recordados de poder que poseía en otro espacio y tiempo, solo para desengañarse ante el hecho de que algunos de estos elementos deben ser recreados a través de iniciaciones en el presente. Por ejemplo, al maestro ascendido del quinto plano se le recuerdan siempre las limitaciones del cuerpo humano y se encuentra con que debe enfrentar los sistemas de creencias colectivos de otros residentes de esta existencia. Esta es una de las iniciaciones que enfrenta el alma vieja: reconstruir los elementos de poder en esta vida y no tener que anhelar constantemente la última encarnación.

ENVIAR Y ATRAER

En una sanación debes primero ascender y conectarte con el Creador, luego ir al plano específico de existencia elegido para usar cualquier poder que esté en ese plano.

El conocimiento y la energía del séptimo plano siempre te brindarán la respuesta más elevada y mejor a la situación y te elevarán más allá de las limitaciones de la ley de causa y efecto. De esta forma, buscarás trabajar en armonía con todos los planos de existencia y lograrás la maestría.

Si deseas usar la energía de Todo lo que Es, obviamente debes primero tener la conciencia correcta para llegar al séptimo plano. Sugiero que invoques al Creador de Todo lo que Es. Esta frase, creada como una forma de pensamiento viviente, con el conocimiento inequívoco de que es enviada desde tu espacio al séptimo plano, te llevará a la energía correcta.

Cuando sugiero que vayas al séptimo plano, aconsejo que seas testigo de la 'des-creación' de la enfermedad. Esto significa que debes crear la realidad de que no existe la enfermedad. Dile al cuerpo que la enfermedad ha sido negada y que existe un nuevo escenario. Con el fin de lograr esto, debes primero eliminar las creencias limitantes que te dicen que no puedes crear de esta manera.

Cuando algunas personas realizan sanación energética, se elevan por encima de su espacio y piden que la energía atraviese su cuerpo y salga por sus manos. Aunque esta energía proviene del séptimo plano, atraviesa el cuerpo del sanador antes de entrar al de la persona que está siendo sanada y es posible que, puesto que el sanador es solamente semidivino, haya cambios en el proceso. Sigue siendo energía sanadora, pero ha sido filtrada a través de las creencias del tercer plano que tiene el sanador. Debido a esto, puede ser que la sanación no funcione tan bien.

17.

MEMORIAS FLOTANTES

Los ejercicios en los siguientes capítulos son unos de los cuantos procesos que se enseñan en la clase de ThetaHealing Avanzado.

❖❖❖❖

El ejercicio para las memorias flotantes también fue descrito en '*ThetaHealing*', pero vale la pena repetirlo aquí. Fue inspirado por una mujer que me llamó preocupada porque estaba teniendo convulsiones. Deseaba un bebé y no podía quedar embarazada debido a que la medicina para las convulsiones que tomaba ocasionaba defectos genéticos. En una sesión con ella, le pregunté al Creador qué podía hacer para evitar que siguiera teniendo convulsiones. Recibí una respuesta directa: '*Vianna, extrae todas sus memorias flotantes*'.

En esa época, yo sabía un poco sobre las memorias flotantes por algunas cosas que mi ex esposo me había enseñado años antes. Son grabaciones en el cerebro que quedan registradas por eventos traumáticos o similares, que han tenido lugar en algún punto de nuestra inconsciencia, a través de cirugías, accidentes, traumas de la guerra, abuso extremo o uso excesivo de alcohol o drogas.

¿Sabías que tu cerebro está siempre consciente? Incluso cuando duermes, estás consciente de todo lo que está ocurriendo en tu vida. Cuando estás inconsciente, sigues siendo capaz de escuchar lo que está ocurriendo a tu alrededor. Piensa en todas las palabras que se dijeron y quedaron registradas en el cerebro en esos momentos, en las personas que pasaron por cirugías o que quedaron inconscientes por un golpe. Esto puede ser muy significativo si pasaste por una cirugía o tuviste un tumor canceroso, o incluso si se trataba de un tumor benigno cuando el doctor dijo algo como 'creo que es canceroso'.

El punto es que cuando la mente está *consciente*, sabe cómo procesar los eventos de forma apropiada. Cuando está *inconsciente*, puede que no sea así y los eventos se pueden convertir en memorias flotantes. Estas memorias pueden reproducirse una y otra vez, porque cada vez que se repiten durante la vigilia, las palabras, los ruidos o las situaciones que tuvieron lugar cuando la persona estaba inconsciente, volverá a vivir el trauma. Por lo que si tienes un cliente que parece resistente a una sanación, comprueba si existen memorias flotantes.

Con mi clienta, seguí las instrucciones del Creador: fui testigo de la liberación de su cerebro de todas las memorias flotantes que no eran para su mayor beneficio. En apariencia, una situación del pasado, de la cual ella era inconsciente, había ocasionado que comenzara a tener convulsiones. Cada vez que olía, escuchaba o experimentaba algo similar a la situación original, se activaba una convulsión.

Su esposo me llamó al día siguiente diciéndome que había tenido otra convulsión. Trabajé de nuevo con ella y fui testigo del mismo proceso. En esta ocasión, sus convulsiones terminaron para siempre.

Después de sus sesiones conmigo, los médicos pudieron quitarle la medicina para las convulsiones y al año siguiente tuvo un bebé. Vino a mis seminarios en California y me trajo a su pequeña.

Es posible que muchos de nosotros tengamos memorias flotantes que impiden que desarrollemos a nuestro pleno potencial.

Para liberar una memoria flotante usando ThetaHealing, sigue este proceso:

PROCESO PARA LIBERAR MEMORIAS FLOTANTES

1. Céntrate en tu corazón y visualiza tu energía fluyendo hacia abajo, entrando en la Madre Tierra, que es parte de Todo lo que Es.

2. Visualiza la energía fluyendo hacia arriba a través de tus pies, abriendo a su paso todos tus chacras, hasta llegar a tu chacra de la corona, en una bella esfera de luz, sal por este chacra hacia el Universo.

3. Ve más allá del Universo, pasa las luces blancas, la luz oscura, la luz blanca, la sustancia gelatinosa donde se encuentran las leyes, hasta entrar en una luz blanca perlada, iridiscente, en el séptimo plano de existencia.

4. Pide: '*Creador de Todo lo que Es, encárgate que cualquier memoria flotante que ya no sea necesaria y ya no le sirva a esta persona sea extraída, cancelada y enviada a la luz del Creador, de la forma más elevada y mejor, y que sea reemplazada con el amor del Creador. ¡Gracias! Ya es un hecho. Ya es un hecho. Ya es un hecho*'.

5. Mueve tu conciencia para colocarla sobre la cabeza del cliente y sé testigo de la sanación mientras ocurre. Sé testigo del proceso mientras las viejas memorias se envían a la luz de Dios y la nueva energía del Creador de Todo lo que Es reemplaza la antigua energía.

6. Tan pronto haya terminado el proceso, báñate de luz y colócate de nuevo en tu espacio. Visualiza tu energía penetrando en la Tierra, haz fluir la energía de la Tierra hacia arriba a través de todos tus chacras, hasta llegar a tu chacra de la corona y haz el corte energético.

Este proceso es útil para aquellos que han estado enfermos durante un periodo de tiempo, personas que han pasado por cirugías o aquellos a quienes su médico les ha dicho que tienen una enfermedad terminal, particularmente si han escuchado cosas negativas o han experimentado un trauma negativo en estado inconsciente. La liberación de estas memorias flotantes permite que la mente cree un nuevo escenario de creencia en la salud.

Utilizo este ejercicio, así como el de 'Enviar amor al bebé en el vientre' y 'Sanar el alma rota' (*ver los siguientes capítulos*), cada vez que trabajo con alguien con una enfermedad terminal. He descubierto que estos ejercicios deben usarse más de una vez. El cerebro liberará tantas memorias flotantes como le sea posible a la vez, pero puede no liberarlas todas. Si la persona, por ejemplo, ha pasado por muchas cirugías, puede ser necesario realizar este ejercicio varias veces.

18

ENVIAR AMOR AL BEBÉ EN EL VIENTRE

Este ejercicio también fue descrito en el primer libro de *ThetaHealing*, pero conlleva tanta importancia que vale la pena incluirlo de nuevo aquí.

CONCEPCIÓN

¿Cómo fuiste concebido? ¿Fuiste deseado? Algunas personas pueden haber nacido cuando sus padres no utilizaban métodos anticonceptivos como ahora. ¿Estaba feliz tu madre cuando naciste o estaba abrumada? ¿Cómo fue la recepción a tu llegada?

Los antiguos hawaianos tenían la costumbre de nunca decir una mala palabra cerca de una mujer embarazada. Se creía que si discutías con tu esposa embarazada, habría un castigo después del nacimiento. Antes de que llegaran los cristianos a las islas, creían que un bebé debía tener las mejores oportunidades posibles de sobrevivir, y debía nacer y ser criado con buena energía y buenas vibraciones.

¿De qué hablaban tus padres cuando *naciste*? ¿Estaban felices y te daban la bienvenida o estaban discutiendo? ¿Estaban contentos con tu llegada? Cuando naciste, ¿estaba la temperatura agradable? ¿Te alejaron de tu madre? ¿Te alimentaste con leche materna? Todos estos recuerdos son almacenados en tu cuerpo. Cada palabra pronunciada en ese momento fue absorbida. ¿Qué palabras te hicieron sentir inadecuado, indigno, culpable, o maravilloso y orgulloso de ti mismo?

A partir del momento de tu concepción, estabas consciente de todo lo que te rodeaba. Los sentimientos y creencias de tu madre con frecuencia llegan hasta ti en el vientre. Puedes sentir sus pensamientos traumáticos, su sensación de no desear un hijo, su temor de sentirse abrumada y su estrés, y esto afectará tus niveles de noradrenalina y serotonina. El alcohol y las drogas también afectan la salud mental y el desarrollo físico del feto.

EJERCICIO DE 'ENVIAR AMOR AL BEBÉ EN EL VIENTRE'

Este ejercicio es un proceso de sanación sorprendente. Puede ser beneficioso para muchas enfermedades, como el síndrome fetal por alcohol, el trastorno bipolar, el trastorno de déficit de atención y el autismo, y puede simplemente eliminarlos por completo. También parece ayudar con el efecto psicológico de la epilepsia, el asma y otros asuntos relacionados con la formación del feto en el vientre.

Algunos bebés comienzan como gemelos, pero la naturaleza solamente permite que nazca una tercera parte de los gemelos concebidos. Esto, a veces, puede ocasionar soledad severa en el gemelo restante. Esta soledad puede seguir a una persona a lo largo de su vida, pero este ejercicio se encarga de esto. También envía la energía del otro bebé a la luz.

Puedes llevar a cabo este ejercicio para ti mismo, para tus hijos o para tus padres, teniendo en cuenta, por supuesto, que ellos tienen el libre albedrío para aceptarlo o no. Es uno de los pocos ejercicios que puedes llevar a cabo sin la aceptación verbal de un miembro de la familia. Esto se debe a que todos aquellos que están conectados genéticamente, pueden aceptar o negar inconscientemente la sanación que les es enviada.

Este ejercicio logró cosas sorprendentes en mi relación con mi madre. Ha ayudado a reunir a padres, madres e hijos después de muchos años de peleas y separación. Te sugiero que lo uses con tus clientes y contigo mismo. *Con los clientes, debes primero recibir su consentimiento verbal.*

PROCESO PARA ENVIAR AMOR A UN BEBÉ EN EL VIENTRE MATERNO

1. Céntrate en tu corazón y visualiza tu energía fluyendo hacia abajo, entrando en la Madre Tierra, que es parte de Todo lo que Es.

2. Visualiza la energía fluyendo hacia arriba a través de tus pies, abriendo a su paso todos tus chacras, hasta llegar a tu chacra de la corona. En una bella esfera de luz, viaja hacia el Universo.

3. Ve más allá del Universo, pasa las luces blancas, la luz oscura, la luz blanca, la sustancia gelatinosa donde se encuentran las leyes, hasta entrar en una luz blanca perlada, iridiscente, en el séptimo plano de existencia.

4. Pide: *'Creador de Todo lo que Es, te pido enviar amor a esta persona cuando era bebé en el vientre materno. ¡Gracias! Ya es un hecho. Ya es un hecho. Ya es un hecho'.*

5. Elévate y sé testigo del amor incondicional del Creador mientras rodea al bebé, trátese de ti, de un hijo o de uno de tus padres. Sé

testigo mientras el amor llena todo el vientre y visualízalo mientras envuelve al feto; y todo veneno, toxina y emoción negativa simplemente se elimina.

6. Tan pronto veas que ha concluido el proceso, báñate de luz y colócate de nuevo en tu espacio. Visualiza tu energía penetrando en la Tierra, haz fluir la energía de la Tierra hacia arriba, a través de todos tus chacras hasta llegar a tu chacra de la corona, y haz el corte de energía.

19

SANAR EL ALMA ROTA

La mayoría de la información que recibo me llega durante mis clases. El proceso de 'Sanar el alma rota' me llegó cuando estaba enseñando la primera clase de Anatomía Intuitiva en Australia. Una de mis alumnas estaba completamente devastada por la pérdida de su hija. Estaba tan abrumada que no lograba recuperarse. Se sentía tan triste y abatida en clase que no importaba qué tanto trabajo de las creencias llevaba a cabo con ella, siempre repetía las mismas palabras lastimeras: 'Tengo el alma rota'.

Esa noche le pregunté al Creador cómo podía ayudarla, y escuché: '*Vianna, sana su alma rota. Tiene el alma rota por toda la tristeza de su vida*'.

Le pregunté al Creador si yo también tenía el alma rota, y me respondió: '*Claro que sí*'.

Le dije: '¡Pero me he pasado todo el tiempo recolectando mis fragmentos del alma! ¡Es imposible que tenga el alma rota!'.

Luego con el ojo de mi mente, me mostró algo que solo puedo describir como una ranura en la burbuja de energía que comprendía mi alma. Le pedí al Creador que sanara mi alma rota y observé cómo sanaba la ranura y mi alma comenzaba a renacer. Observé la sanación de dolores del pasado que nunca había liberado, sufrimiento y heridas pasadas que nunca me había tomado el tiempo de siquiera lamentar.

Quedé sorprendida ante todo lo que fue liberado. Estaba segura de que había abuso, pero, en apariencia, yo ya había lidiado con eso. Lo que llegó fue completamente inesperado.

Alrededor de la época en que el padre de mis hijos y yo comenzamos a separarnos, tuve un accidente con un automóvil que me lanzó al jardín de una casa ajena. Usé el teléfono de las personas de esa casa para llamar a mi esposo a pedirle que viniera por mí. Le dije que había tenido un accidente y me dijo que iría por mí tan pronto se terminara su juego de fútbol americano.

Yo estaba ahí, herida, llena de miedos y vulnerable, ¡y me dice que terminaría primero de ver su juego de fútbol americano! En ese momento, me di cuenta que no sería capaz de criar a mis hijos en una situación normal con esta persona, y que todo había *terminado*. Fue el dolor de este incidente lo que fue liberado cuando el Creador sanó mi alma rota.

A la mañana siguiente, me sentí muy diferente. Ese día, hice el mismo trabajo con la mujer en mi clase. Fui testigo del Creador sanando su alma rota y ella también se sintió mucho mejor. Así fue que se originó el proceso.

Comprendí que el alma puede romperse por muchos tipos de eventos extraños y difíciles en esta vida. Cuando las emociones de una persona sufren un daño irreparable o no tiene el tiempo suficiente para experimentar su dolor, se puede formar una fractura en la energía del alma. Esto explica el patrón que comencé a advertir en muchos de mis clientes con cáncer. Puedes llenarlos hasta el tope con todo tipo de energía, pero la energía simplemente no se mantiene en su lugar. La sanación *desaparece* en ellos. Ahora sé que esto se debía a que su alma estaba rota.

Poco después de que aprendí este proceso, fui a enseñar una de mis primeras Clases Avanzadas en Seattle, Washington. Algunos de mis alumnos de la clase de Anatomía Intuitiva habían asistido a esta clase y llevé a cabo el trabajo del alma rota con ellos. Les fue muy bien a todos, excepto por una persona que tenía dificultades con el proceso. Ella había sido desde el principio un poco conflictiva y sospeché que tenía algunos asuntos de competencia conmigo. Muy rara vez he sentido tanta ira y envidia de un alumno. Durante el proceso, puesto que se estaba tomando un poco de tiempo congregar a su alma, decidió elevarse fuera de su espacio y cancelar el proceso. Esto la dejó sin terminar en casi todos los niveles y comenzó a actuar de una forma muy inestable. Esa noche se desequilibró y causó todo un drama con sus compañeros graduados de la clase de Anatomía Intuitiva. Afortunadamente, con el paso del tiempo se fue calmando gracias al apoyo de sus compañeros. Cada vez que vayas a realizar el trabajo de sanar el alma rota con otra persona, es mejor asegurarte de que la persona es estable mentalmente.

Siempre mantuve la esperanza de que esa alumna en particular superara sus sentimientos negativos hacia mí. Sin embargo, hasta el día de hoy, por muy triste que sea decirlo, creo que no es el caso, y tampoco pienso que haya logrado superar su aversión al ejercicio de 'Sanar el alma rota'. Es un ejemplo de porqué es tan importante que el practicante observe la *finalización* del proceso y que la otra persona también lo permita.

Después de ese fiasco, sentía un poco de recelo respecto a enseñar la técnica. No obstante, cuando llegó el momento de dictar la siguiente clase de

ADN Avanzado, en Idaho Falls, Dios me dijo: 'Hoy vas a enseñarles a sanar su alma rota'.

A continuación recibí más detalles:

'Vianna, no estás lidiando con un trastorno de personalidad múltiple. No estás sanando un daño cerebral, sino partes del alma. Nunca debes dejar este proceso sin terminar. Debes ser testigo del proceso hasta que la esfera giratoria que representa su alma, haya girado en el sentido de las manecillas del reloj. Si permites que la energía gire en contra de las manecillas del reloj, esto traerá a la luz sus problemas antiguos del pasado y tendrán que lidiar con ellos antes de permitir que se sane su alma. Esto los dejará con un dilema por un par de días. Si terminas el proceso por completo, estarán bien'.

Entonces proseguí y enseñé la técnica. Sin embargo, algunas de las personas sentían un poco de temor por el proceso y lo 'decoraban' demasiado, en vez de solo ser testigos del Creador haciendo el trabajo. Esto hizo que pasaran por un trauma. Debido a su interferencia en el trabajo, lo que podía haber tomado treinta segundos, les tomaba tres días en terminar.

La ley de la verdad me había dicho que cuando alguien moría, su alma iba al Creador y, a través del Creador era reparada. Ahora la ley de la verdad me brindaba esta alternativa (la verdad siempre nos brinda alternativas): *'Vianna, sana el alma y el resto seguirá a continuación'.*

Pregunté: 'Si esto es cierto, ¿por qué me enseñaste a sanar el cuerpo antes que el alma?'.

Escuché: 'Vianna, se te enseñó según tus necesidades. Tenías que aprender a sanar el cuerpo y luego a sanar la mente, antes de que pudieras aprender a sanar el alma. Era porque no estabas lista. Era lo que tu mente podía aceptar en ese momento. Solo podías estar clara con una cosa a la vez'.

Era cierto; había aprendido a sanar el cuerpo físico estando en la onda cerebral profunda de theta. Luego había comprendido que la mente podía interferir con la sanación, por lo que me entregaron el trabajo con las creencias. Solo entonces aprendí que el alma también podía requerir de sanación.

SANACIÓN DEL ALMA ROTA

¡El alma es grandiosa! La gente no comprende que es más divina y expansiva que el cuerpo. Nuestras almas son tan expansivas que pueden estar en más de un lugar dimensionalmente y en más de un lugar en el tiempo.

Para cada vida, existe un cordón atado al alma que está conectado con todos los planos de existencia. Creo que somos parte de todos los planos a la vez y que nuestra energía es increíble. Como parte del Creador, somos perfectos a nuestra manera.

Pero, al igual que tenemos un cuerpo humano que puede quebrarse, a veces acumulamos problemas emocionales hasta el grado de que comienzan a formarse rupturas en el campo energético del alma. A veces, la vida puede ser tan intensa en esta ilusión de la realidad, que podemos llegar a abrumarnos por las dificultades de esta existencia y todas las cosas tan terribles que nos han ocurrido. Debido a tanto abatimiento, podemos sentirnos vacíos hasta la médula de nuestro ser. Este es el *sufrimiento que va más allá del sufrimiento.*

Las enfermedades físicas y emocionales extremas también pueden resquebrajar el espíritu, causándole daño al alma. El espíritu es diferente al alma. El *espíritu* está dentro de nuestro cuerpo. El *alma* es todo lo que somos.

Si nuestra energía se fractura demasiado, moriremos con el fin de reparar nuestra alma. En el esquema más grande de la conciencia, esto es un asunto de menor importancia y un modo aceptado de reparar el alma. Para el alma, la muerte no es la gran cosa. Aquí en el tercer plano, tenemos este concepto verdaderamente inusual de la muerte: actuamos como si fuera el final. Pero, en realidad, es solo otro paso.

Antaño, la forma de sanar el alma era dejar este lugar, pero ahora existe otro método. Algunas personas todavía prefieren morir que sanar el alma de tanto daño, pero el proceso de 'Sanar el alma rota' también puede ayudarlos.

Cuando trabajes con un individuo, debes primero preguntarle al Creador de Todo lo que Es si el alma de esta persona está rota. No hagas la prueba de energía, ya que no será precisa en este particular desafío. Entra al espacio de la persona y si tiene el alma rota, verás una ranura o lágrimas en una esfera de energía.

Cuando alguien dice: '¡Estoy tan destrozado!', es también indicación de que debe sanar su alma rota.

Te sugiero que trabajes con una persona primero en su sistema de creencias, para que confíe y permita la sanación de su alma. La confianza es muy importante en cualquier sanación.

Debes preguntarle al Creador de Todo lo que Es qué hacer espiritualmente por la persona, ya que el método de sanación no será igual de una persona a otra.

Una verdad es aparente: un alma rota no puede ser reparada a menos que sea *recreada*. Cuando el Creador de Todo lo que Es hace esto, el individuo quedará fortalecido como resultado de la experiencia. Como el ave fénix renace de las cenizas de la muerte, así es el renacimiento; a través del renacimiento, aparece la creación.

PROCESO PARA SANAR EL ALMA ROTA

Primero deseo que mires a los ojos de la persona, porque los ojos son las ventanas del alma. Has llevado estos ojos contigo en todas tus vidas. Eso significa que incluso en el mundo espiritual, tus ojos han sido los mismos.

1.   Céntrate.

2.   Comienza enviando tu conciencia hacia el centro de la Madre Tierra, que es parte de Todo lo que Es.

3.   Lleva la energía a través de tus pies, hacia tu cuerpo y asciende a través de todos tus chacras.

4.   Elévate a través del chacra de tu corona en una hermosa esfera de luz, más allá de las estrellas del universo.

5.   Ve más allá del universo, pasa las luces blancas, la luz oscura, la luz blanca, la sustancia gelatinosa que son las leyes, hasta una luz blanca perlada iridiscente, en el séptimo plano de existencia.

6.   Congrega amor incondicional y pide: *'Creador de Todo lo que Es, te pido sanar el alma rota de [nombre de la persona] y de nuevo devolverla a su totalidad en este momento. ¡Gracias! Ya es un hecho. Ya es un hecho. Ya es un hecho'.*

7.   Lleva tu conciencia hasta el chacra de la corona de la persona, elévate y sé testigo de la sanación. Puedes observar una esfera de luz, o un orbe, con ranuras o lágrimas. Observa mientras que el Creador hace que la esfera gire en el sentido contrario de las manecillas del reloj y luego la desacelere hasta detenerla por completo. Luego observa cómo la esfera empieza a girar en el sentido de las manecillas del reloj y que las ranuras y las lágrimas desaparezcan. En ocasiones, puedes estar ahí afuera en el universo, pero debes esperar hasta que aparezca la esfera. Nunca cuestiones lo que observas; ese no es tu trabajo. Tu labor es ser testigo. Algunas personas les puede tomar más tiempo que otras. Si la persona con la que estás trabajando luce abatida, regresa y pregúntale al Creador si el proceso ha terminado. Evita cancelar la técnica antes de que termine. Como con todas las sanaciones, espera hasta que parezca haber terminado el proceso y pregunta: 'Creador, ¿has terminado?'. Luego espera la respuesta.

8.   Una vez que se termina el proceso, conéctate de regreso con la energía de Todo lo que Es, respira profundamente y haz un corte energético, si así lo eliges.

Cuando estás siendo testigo de la sanación del alma, lo primero que puedes ver es que comienza a girar en el sentido de las manecillas del reloj, luego al contrario. Puede abrirse como una flor de loto. Puedes ver las energías espirituales de las adicciones a las drogas volando y alejándose, y puede haber símbolos arquetípicos. Si observas energías que regresan del exterior, es posible que se trate de fragmentos del alma. Cuando reunimos nuestros fragmentos del alma, se le añade energía adicional al alma.

Mientras el alma se está sanando, la energía regresará al cuerpo físico de la persona. Descenderá hasta el chacra del corazón y girará alrededor, y luego la verás convertirse en una esfera gigantesca de luz. El proceso no se termina hasta que ves esta esfera girar en el sentido de las manecillas del reloj. Si dejas el proceso sin ser testigo de esto, la persona estará procesando emociones durante horas, días, semanas o incluso meses. Algunas veces, el proceso de sanación toma un tiempo considerable, ten paciencia. El proceso más largo del que he sido testigo tomó quince minutos.

Una vez que se sana el alma rota, la persona va a tener más energía de la que ha tenido por mucho tiempo. El proceso coloca energía de regreso en la mitocondria e instila trifosfato de regreso a las células. Cuando se repara el alma, es posible encontrar y sanar programas y enfermedades físicas que era difícil ver antes.

El alma es como el Eje del Mundo, el Árbol Mundial. El Creador es el árbol, la Tierra y todo lo demás. La rama grande es el alma, la rama pequeña es el ser superior y las hojas son el cuerpo.

20

LA CANCIÓN DEL CORAZÓN

En julio del año 2006, comencé a sentirme extremadamente fatigada. Creyendo que el problema eran mis pulmones, comencé a practicar sanaciones en ellos. Estaba en el proceso de una de estas sanaciones, cuando escuché la voz del Creador en mi mente preguntándome:

—¿Qué estás haciendo?

Respondí: —Estoy trabajando en mis pulmones.

El Creador dijo: —No son tus pulmones. Tienes insuficiencia cardiaca.

Desesperada, grité: —¡Es imposible! ¡Soy demasiado joven!

Para confirmar el diagnóstico, pedí una cita con el médico. Después de algunos exámenes, el médico dijo:

—Tienes insuficiencia cardiaca. Lo siento.

Pregunté:

—¿Qué se supone que haga ahora? ¿Cómo se cura?

El médico dijo:

—Prueba esta medicina a ver si funciona. Como eres joven, podemos poner tu nombre en una lista de espera para un trasplante de corazón.

En este momento de desolación, lloré pensando: '¡No! No esto de nuevo. Una vez más, un médico me está diciendo que voy a morir'. Pasé por el abismo de 'pobre de mí'. En realidad lo que más me molestaba de toda la situación era que había hecho mucho trabajo con las creencias y ahora sabía que tenía que hacer más aún.

Comencé a tomar la medicina pensando: 'Bien, prometí impartir mi próximo seminario de ThetaHealing. Debo mantener mi promesa'.

Dos semanas antes de salir para Roma, donde debía llevarse a cabo el seminario, recibí invitados en mi casa. Eran músicos profesionales de Nueva York que estaban tomando mi clase de Anatomía Intuitiva. Habían venido a cenar y a tocar música. Uno de ellos tocaba una magnífica viola y el sonido que emanaba de ese instrumento estaba lleno de una melancolía que tocaba las fibras más íntimas del corazón.

Luego, otro músico me pidió que lo ayudara a componer música con él. Me dijo que cantara la música que llevaba en el corazón. Me elevé y me conecté con el séptimo plano y comencé a cantar en un tono de dolor, sintiendo una emoción extraña que venía del corazón. Mientras sentía que estas energías salían de mí a través de la tonada, de repente, vi todas las razones de mi infelicidad y la razón de mi enfermedad. Comprendí que estaba almacenando sufrimiento del pasado en las moléculas de mi corazón. Siempre había trabajado en mis creencias sin pensar en liberar a mi corazón del dolor del pasado al que se aferraba. Esa era la razón por la cual seguía sintiendo un sufrimiento inamovible en mi corazón. Cerré mis ojos y dejé salir toda esa tristeza en una tonada que provenía de mi corazón. Seguí manteniendo el tono hasta que quedé sin aliento y luego comencé de nuevo.

Cuando terminé y la música se detuvo, abrí mis ojos y vi que todos en la habitación estaban llorando. En ese momento, comprendí que había encontrado una forma de ayudar también a los demás a deshacer el dolor y el sufrimiento de sus corazones.

Cuando nacemos en este planeta, absorbemos algunas de sus vibraciones de sufrimiento, particularmente aquellos de nosotros que somos intuitivos. Muchos sanadores sabemos que siempre hay algo yaciendo en nuestros corazones, un sentimiento de tristeza y melancolía. Cuando nos elevamos al séptimo plano y escuchamos la melodía de nuestros corazones, nos sentimos animados de inmediato porque logramos deshacer el dolor de las generaciones precedentes. He descubierto que la mejor forma de dejar ir esa tristeza es un tono muy bajo, casi como un murmullo. Gritar no tendría el mismo efecto.

Lo que no sabía en el momento en que entoné mi primera canción del corazón, era que este proceso había sanado mi corazón. Ahora lo uso en las Clases Avanzadas para liberar a las personas de su sufrimiento.

EL TONO DEL CORAZÓN: LA CANCIÓN DEL CORAZÓN

Este ejercicio está diseñado para liberar el sufrimiento y la ira del pasado y del presente con un tono que proviene del corazón, liberado en un canto continuo. Cada órgano tiene su propia canción y podemos liberar las influencias negativas de cada uno entonando este triste canto.

Para hacer esto, debemos salir de nuestro espacio y pedir que se libere el sufrimiento de nuestro corazón, tal como lo describimos a continuación.

Solo nosotros somos capaces de liberar el sufrimiento y el dolor de nuestro propio corazón; nadie más puede hacerlo por nosotros. Un practicante no puede liberarlo por un cliente; solamente puede asistir al cliente animándolo a crear el tono.

Este proceso está directamente conectado con la conciencia colectiva de la humanidad. Cuando este proceso se realiza, liberamos el sufrimiento de toda la humanidad a un nivel universal. Muchos de nosotros que hemos practicado este ejercicio, nos conectamos con el tono universal que libera la ira, el odio y el sufrimiento a un nivel mundial.

Recuerda que hay tres moléculas que se mantienen en el cuerpo y que van con el alma dondequiera que ella vaya: una en la glándula pineal que libera emociones y programas físicos, otra en el corazón que libera el sufrimiento y la ira del pasado y otra en la base de la columna. Este proceso activará la molécula del corazón. El practicante debe guiar al cliente a través del proceso de la forma siguiente:

PROCESO PARA LA CANCIÓN DEL CORAZÓN

1. Céntrate en tu corazón y visualízate descendiendo a la Madre Tierra, que es parte de Todo lo que Es.

2. Visualízate llevando esa energía través de tus pies, abriendo cada chacra hasta el chacra de la corona. En una hermosa esfera de luz, ve al universo.

3. Ve más allá del universo, pasa las luces blancas, la luz oscura, la luz blanca, la sustancia gelatinosa que son las leyes, hasta una luz blanca perlada iridiscente, el séptimo plano de existencia.

4. Pide: *'Creador de Todo lo que Es, te pido que liberes el sufrimiento por medio de la canción del corazón a través de un tono de mi voz. ¡Gracias! Ya es un hecho. Ya es un hecho. Ya es un hecho'.*

5. Imagínate llegando donde la ley de la música y pidiéndole el tono que liberará el sufrimiento y la ira del corazón. Imagínate que estás entrando a las profundidades de tu corazón. Escucha la triste canción que tu corazón entona. Déjala salir con tu voz en el tono que tú cantas.

6. Cuando escuches el sonido que canta tu corazón, escucha todo el resentimiento, las frustraciones con la guerra, el hambre, el odio y la ira atrapados en tu corazón. Deja que ese sonido atrapado en el corazón salga por tu voz y que sea liberado. Luego haz lo mismo para todos los órganos del cuerpo.

7.   Cuando hayas terminado, conéctate de nuevo con la energía de Todo lo que Es, inhala profundamente y haz un corte energético, si así lo eliges.

Algunos consejos prácticos:

*   El practicante debe animar al cliente para que permita que el tono salga de su boca y continúe hasta que todos los aspectos negativos sean liberados del corazón.

*   La forma de saber que el proceso ha terminado es que el cliente siente que ha terminado. Siente que ha liberado sufrimiento e ira acumulados en el corazón.

*   Este proceso puede realizarse más de una vez si el cliente necesita liberar varias capas de dolor en el corazón.

*   Es posible que el cliente no confíe por completo en liberar todo el sufrimiento acumulado frente a otra persona. No obstante, puede usar el proceso cuando esté solo.

*   La canción del corazón no es ruidosa, sino más bien un tono neutral y constante.

UNA SESIÓN CON LA CANCIÓN DEL CORAZÓN

A continuación encontramos un ejemplo que ocurrió en una clase:

Vianna al hombre: –Elévate y conéctate con el Creador y luego regresa a tu corazón. Quiero que escuches su música, la cual es ligeramente audible más allá de las palpitaciones. Quiero que cantes la melodía que escuchas.

El hombre comienza a cantar en un tono melancólico.

Vianna: –Estás liberando esta vieja energía. ¿Cómo te sientes?

Hombre: –Me siento como si algo se estuviera abriendo.

Vianna: –Te voy a enseñar cómo se siente saber que estás seguro y que puedes dejar tu huella en el mundo. Estos conceptos están conectados con tu corazón. ¿Aceptas estas emociones?

Hombre: –Sí.

El hombre canta por quince minutos y luego parece haber terminado.

Vianna: –Está bien, creo que has terminado. ¿Cómo te sientes ahora?

Hombre: –¡Me siento renovado!

Vianna: –¿Estás exagerando?

Hombre: –No, ¡hablo desde mi corazón!

Vianna: –¿Cómo te sientes desde un punto de vista energético?

Hombre: –Siento que estoy vivo.

Vianna a la clase: –Mientras haces esto, toca el corazón de la persona con tu mano. ¿Cuánto tiempo hace que te sentías así en tu corazón?

Hombre: –Siempre he sentido este sufrimiento, pero ahora me siento libre. Ha sido muy difícil todo este tiempo cargar con tanto dolor. Trabajé quince minutos en eso contigo y nunca pensé que de mi boca podían salir sonidos tan raros. De alguna manera, los reconocí y vi mis vidas pasadas más allá del universo.

Vianna a la clase: –Todos somos diferentes y este ejercicio puede durar dos o diez minutos, dependiendo de la persona. Lo primero que debes hacer con un cliente al usar esta técnica es tener paciencia y ayudar a la persona a mantener el tono hasta que haya terminado por completo. Luego puedes enseñarle la emoción de que está seguro y que tiene un lugar en este mundo.

Si el tono que escuchas cantar es un tono feliz, pídele que vaya más profundo en su corazón.

Mi madre intentó hacer este ejercicio, pero la música que emanaba de ella la hacía sentir tan triste que decidió no volverlo a hacer. Mi hija menor intentó hacerlo y lo único que pudo cantar fue música feliz. Pienso que eso reflejaba lo que había realmente en su corazón.

Descargas para la canción del corazón

'Todo lo que he experimentado tiene importancia'.

'Esta vez, sé cómo despertar a las personas a su pleno potencial'.

21

TRABAJO DE LIMPIEZA Y CREENCIAS EN MATERIA INORGÁNICA

Como sabes, los objetos pueden almacenar recuerdos, emociones y sentimientos, huellas fantasmales de todo aquello que ha estado alrededor de ellos, así como en su interior.

Por esta razón, puedes enseñarle a tu casa cómo se siente ser un hogar. Observa detenidamente tu hogar para ver si necesita trabajo con las creencias. Si la casa es antigua y tiene mucha historia, puede tener energía residual de las personas que han vivido en ella. Elimina cualquier maldición que encuentres en la casa y envía los espíritus errantes a la luz. Tu hogar debe resonar con tu alma y con tu energía.

Enséñale a tu casa cómo se siente la alegría de la compasión y así podrá sanar a las personas que entren en ella y a sus residentes.

Si no te sientes cómodo en tu casa, haz que así sea. Envía cualquier memoria de dolor o tristeza a la luz divina.

Usa fuentes y decora con espejos, puesto que tu hogar es un reflejo tuyo. Elimina todas tus posesiones que no te agraden, incluyendo la ropa. Decora tu mundo como te gustaría que fuera. Teniendo en cuenta que la materia inorgánica acumula pensamientos y emociones, descarga aquellas emociones que deseas que tengan.

Con el trabajo de las creencias, también puedes eliminar maldiciones de un terreno y regresarle fragmentos del alma, igual que lo harías con una persona.

Este ejercicio también fue descrito en el libro de 'ThetaHealing', pero vale la pena repetirlo aquí. Es para instilarle creencias y emociones a los objetos, para que así reflejen hacia ti el ambiente que deseas crear. Puedes usar cualquier variación dependiendo del objeto.

1. Céntrate.

2. Comienza por enviar tu conciencia al centro de la Madre Tierra, que es parte de Todo lo que Es.

3. Lleva la energía a través de tus pies, hacia tu cuerpo y hacia todos los chacras.

4. Elévate por el chacra de la corona, asciende y proyecta tu conciencia más allá de las estrellas del universo.

5. Ve más allá del universo, pasa las luces blancas, la luz oscura, la luz blanca, la sustancia gelatinosa que son las leyes, hacia una luz blanca perlada iridiscente, el séptimo plano de existencia.

6. Congrega amor incondicional y pide: *'Creador de Todo lo que Es, te pido enseñarle a este objeto la emoción de [aquello que deseas enseñarle al objeto], de la forma más elevada y mejor. ¡Gracias! Ya es un hecho. Ya es un hecho. Ya es un hecho'.*

7. Sé testigo de la sanación.

8. Una vez que has terminado, conéctate de regreso con la energía de Todo lo que Es, respira profundamente y haz un corte energético, si así lo deseas.

22

DOBLEGAR EL TIEMPO

Un acertijo griego antiguo dice: ¿Qué se traga lo que está delante de él, atrás de él y a todo aquel que lo observa?

Respuesta: el tiempo. Devora el pasado y el futuro, así como a todos los observadores.

En el proceso de cocreación de ThetaHealing, el tiempo no existe. Se vuelve muy lento o se detiene por completo durante el periodo en que la sanación es llevada a cabo, a través del Creador de Todo lo que Es. Esto ocurre para que la increíble cantidad de trabajo que está ocurriendo tenga tiempo de terminar sin ocasionarle ninguna dificultad física, mental o espiritual al cliente. Debes comprender que una vez que has realizado el pedido y que tu mente ha sido testigo del proceso y lo ha aceptado, la sanación ya ha ocurrido más allá del tiempo y la realidad presentes. Ser testigo lleva la sanación a *este* aspecto del tiempo y la realidad. Debes presenciar cómo se lleva a cabo para que se materialice verdaderamente en el mundo físico. Presenciar una sanación instantánea es un ejemplo de doblegar el tiempo.

El tiempo es una ilusión, una ley de la gravedad y una de las leyes más fáciles de doblegar. Descubrí esto un día cuando conducía al trabajo e iba tarde. Me elevé por encima de mi espacio y visualicé un reloj. Observando el reloj, pedí verme yendo más rápido que el reloj. Cuando llegué al trabajo, ¡tuve que visualizar la hora regresando a su posición normal! De esta forma, puedes conseguir nueve horas de sueño en unos minutos. *No obstante, debes aceptarlo,* ¡o aun así te sentirás muy cansado!

La habilidad de doblegar la ley del tiempo para cambiar eventos de forma consciente, se aprende a través del siguiente proceso:

PROCESO PARA EL TIEMPO

1. Céntrate en tu corazón y visualízate yendo a la Madre Tierra, que es parte de Todo lo que Es.

2. Visualízate llevando la energía de la tierra través de tus pies, abriendo todos tus chacras en el proceso. Asciende por tu chacra de la corona, en una hermosa esfera de luz, ve al universo.

3. Ve más allá del universo, pasa las luces blancas, la luz oscura, la luz blanca, la sustancia gelatinosa que son las leyes, hasta una luz blanca perlada iridiscente, el séptimo plano de existencia.

4. Pide: *'Creador de Todo lo que Es, te pido cambiar el tiempo a través de la ley del tiempo del sexto plano de existencia [declara los cambios deseados], en este mes, día, año, hora. ¡Gracias! Ya es un hecho. Ya es un hecho. Ya es un hecho'.*

5. Ve al sexto plano de existencia y conéctate con la ley del tiempo, sé testigo de la ley haciendo los cambios deseados.

6. Cuando hayas terminado, conéctate de regreso con la energía de Todo lo que Es, respira profundo y haz un corte energético si así lo deseas.

Cuando puedas hacer este ejercicio, es una buena señal que estás listo para el curso de ADN 3.

23

Recordar tu futuro

Dice una vieja superstición que un ser intuitivo no puede ver su propio futuro. Esto es una falsedad. No solamente puede ver su futuro, sino que también puede crearlo.

Desde una visión mecánica de la realidad, no puedes ver tu futuro, porque sencillamente todavía no ha ocurrido. No obstante, creo que el pasado, el presente y futuro son lo mismo, y que no existen independientemente. Creo que vivimos en los tres al mismo tiempo, y que de igual forma que podemos recordar el pasado, también podemos recordar el futuro. Creo que hay una parte de nuestra conciencia que va más allá del pasado, del presente y futuro, y es nuestra parte divina, la chispa de creación que está en todos nosotros y que es capaz de cambiar la realidad.

Si te conectas con el Creador del séptimo plano y pides *recordar* tu futuro, puedes verlo con toda claridad. Esto conlleva práctica. En muchos casos, el ser intuitivo intenta construir el futuro que desea, sin considerar a los demás a su alrededor y su tiempo divino (*ver el siguiente capítulo*). Pero un buen ser intuitivo se da cuenta con facilidad que está creando todo en su vida y, al hacerlo, se hace consciente de las vidas y los derechos de los demás.

Hay varias formas de recordar tu futuro. Una forma es ascender al Creador y pedirle que te lleve a la ley del tiempo hasta los registros akáshicos. Yo prefiero ascender al Creador de Todo lo que Es y colocarme al borde del universo, donde puedes ver tu pasado, tu presente y tu futuro al mismo tiempo. Esto tiene la ventaja adicional de que una vez que te conectas con el séptimo plano, si no te gusta el futuro que ves, puedes simplemente cambiarlo… O mejor aún, crearlo.

PROCESO PARA RECORDAR TU FUTURO

1. Imagínate ascendiendo al séptimo plano.

2.   Pide: '*Creador de Todo lo que Es, te pido ver y recordar mi futuro ahora. ¡Gracias! Ya es un hecho. Ya es un hecho. Ya es un hecho*'.

Respecto a tu futuro, otra cosa que debes recordar es que debido a que el linaje genético es una cadena que conecta el pasado con el presente y el presente con el futuro, cambiar programas en nuestro interior, también afecta a nuestros ancestros en el pasado y a nuestros familiares en el presente, estableciendo así cambios para el futuro.

24

Tiempo divino

¿A qué me refiero por 'tiempo divino'?

- Creo que existimos en este plano en la divinidad y estamos dirigidos por la divinidad.

- Creo que algunas cosas han sido planificadas con anticipación y que las hacemos en este mundo porque deseamos hacerlas.

- Creo que pertenecemos a una familia del alma.

- Creo que mientras nos desarrollamos, nos reunimos con nuestras familias del alma en una sincronización divina.

- Creo que parte de nuestra verdad divina es reunirnos y trabajar en nuestro sistema de creencias.

- Creo que estamos aquí para conectarnos con la energía de Todo lo que Es del Creador, y para *aprender*. Esto es lo más importante: aprender algo maravilloso en esta existencia.

Cada persona tiene su propio tiempo divino que le ha sido otorgado por el Creador según la sincronización de todas las demás personas del tercer plano de existencia. Debe ser respetado por todos nosotros para nuestro propio bien. No obstante, como pequeñas chispas de Dios que somos, tenemos libre albedrío, y nos dejamos llevar por el egoísmo y la terquedad, y a veces vamos en contra del flujo del tiempo divino. Luego nos preguntamos por qué las cosas no salen como nos gustarían.

A una escala macro cósmica, la Tierra en sí misma también tiene su propio tiempo divino. Esta es la razón por la cual es mejor pedir saber cuál es el tiempo divino de la Tierra a una escala mayor. Una vez que nos concientizamos de esta enorme dimensión de la divinidad, se abre una nueva comprensión para nosotros que podemos utilizar en nuestras sesiones, sanaciones y manifestar todo lo que deseamos en la vida. Cuando comprendas el gran esquema de las cosas, sabrás cuándo manifestar, qué manifestar, y con este conocimiento, cómo manifestar.

El tiempo divino también te brinda una mejor comprensión de lo que está ocurriendo cuando estás realizando una sesión o una sanación en una persona. En algunos casos, es útil preguntar cuál es su tiempo divino.

Recuerda que el tiempo divino es lo que ha sido planificado. Siempre es para nuestro mayor beneficio, aunque no lo comprendamos. El trabajo con las creencias nos ayuda a saber y a trabajar con nuestro propio tiempo divino.

Puedes preguntarte: '¿Es posible cambiar mi tiempo divino?'. Puede ser posible cambiar algunas cosas, pero el tiempo divino es parte de la razón por la que estamos aquí y de lo que hemos venido a hacer, por lo que cambiarlo sería ir contra esto mismo. Por ejemplo, la pasión que siento por enseñar tiene que ver con mi propia sincronización divina. No me malinterpreten: el futuro siempre puede mejorarse si lo ves venir. Pero el tiempo divino tiene que ver con los eventos más importantes en tu vida y algunos no pueden cambiarse. Algunos de estos eventos tienen que ver con los hijos y las almas gemelas.

Un ejercicio para el tiempo divino, es conectarse con el Creador de Todo lo que Es y pedirle que te deje ver y conocer tu *tiempo divino*. No es lo mismo que conocer tu futuro, como lo hemos descrito anteriormente. Si puedes ver tu futuro y tu tiempo divino con precisión, es una señal de que estás listo para el ADN 3. Ten en cuenta que esto conlleva práctica.

Instila en ti estas descargas:

'Entiendo qué es el tiempo divino en todos los niveles'.

'Sé cómo planificar el futuro'.

'Sé lo que es una oportunidad'.

'Sé cómo aprovechar una oportunidad'.

'Sé cómo se siente llevar a cabo mis planes'.

'Sé cómo se siente planificar el futuro'.

'Sé cómo ver el futuro'.

INICIACIONES Y PORTALES DE LA MUERTE

Descubrirás que mientras progresas en tu intuición, el Creador de Todo lo que Es puede decirte que vas a pasar por una 'pequeña iniciación'. Esto significa que estás progresando satisfactoriamente y ahora te está ofreciendo la oportunidad de dar el siguiente paso en tu evolución. Depende de ti, según tu libre albedrío, aceptar o declinar esta ascensión. Con demasiada frecuencia, nos resistimos al cambio y complicamos las cosas. Si la iniciación es aceptada con gracia, será un proceso fácil. Extrae el programa 'las iniciaciones son difíciles', pues en verdad son solo hitos en nuestro progreso, como chispas divinas del Creador de Todo lo que Es.

'Los portales de la muerte' son una forma de iniciación. Simplemente están ahí para decirte que has logrado todo aquello que viniste a hacer y ahora se te ofrece la opción de ir a otro plano. Si decides quedarte, se te dará otro objetivo para seguir. Solo porque tienes una oportunidad de un portal de la muerte no significa siempre que debes tomarlo, aunque algunas veces no tienes opción: el Creador te está llamando de regreso a casa. Sin embargo, pasamos por cientos de portales de la muerte en nuestras vidas y no somos conscientes de la mayoría de ellos. El ser superior recibe la opción de elegir y la trasmite, desde ahí, al alma.

Cuando una persona declina un portal de la muerte, su vida cambia y crece espiritualmente. Con esa transición, se le asignan nuevos ángeles guardianes. Esta es una iniciación de desarrollo.

Para cambiar cualquier programa negativo de portales de la muerte, usa el trabajo con las creencias. Realiza la prueba energética con la persona, y con su permiso, extrae y reemplaza cualquier programa que no sea para su mayor beneficio. Realiza la prueba de energía para 'debo pasar por un portal de la muerte para crecer espiritualmente'. Una forma de reemplazarlo sería 'es fácil para mí aprender y crecer espiritualmente sin drama'.

Según la ley del libre albedrío, no puedes ir por ahí cerrando los portales de la muerte de otras personas. Solamente ellos pueden elegir no aceptarlos. A un nivel más profundo, son ellos quienes deben elegir. No obstante, lo que sí puedes hacer, es enseñarles a usar el trabajo con las creencias y con las emociones. Si les enseñas cómo *se siente* llevar una vida feliz y alegre, sentirán deseo de vivir. Por ejemplo, cuando trabajes con una mujer con cáncer del seno, comienza por entregarle estas creencias y emociones, y su cuerpo comenzará a sanar:

'Está bien ser feliz'.

'Está bien vivir'.

'Soy importante'.

'Soy apreciada'.

'Soy escuchada'.

'Me prestan atención'.

'Puedo comunicarme'.

Recuerda siempre que la muerte es solo otro comienzo.

EXPERIENCIAS CERCANAS A LA MUERTE

Una experiencia cercana a la muerte por lo general es una iniciación de crecimiento. La clave es ir más allá de la necesidad de pasar por la experiencia cercana la muerte, con el fin de progresar espiritualmente.

La mayoría de las personas deben pasar por algún tipo de iniciación para evolucionar. Las iniciaciones a menudo, están directamente conectadas con nuestra sincronización divina. Cada una de ellas nos lleva a una relación más profunda con el Creador de Todo lo que Es y a una transformación de nuestra energía del alma. Es importante que permitamos que ocurran estas transformaciones. No tienen que ser dolorosas. Abre tu corazón y di: 'Creador de Todo lo que Es, estoy listo para el siguiente paso'. Visualiza la nueva energía llegándote de parte del Creador, siendo instilada a través de todo tu cuerpo en los cuatro niveles de creencias y enviada al Todo lo que Es de tu campo del alma. Este proceso te permitirá pasar por una iniciación en unos pocos minutos, en vez de en unos cuantos meses.

Sin embargo, respecto a las iniciaciones, ¡debes estar atento de que no haya un desliz negativo de tu ego en tu vida! Cuando el ego deja de ser tu amigo, las iniciaciones pueden ser muy *difíciles*.

Además, no intentes forzar el tema. Ascenderás cuando estés listo. Cada uno tenemos nuestro tiempo divino y ascenderás cuando sea el momento correcto. Cuando te eleves al Creador de Todo lo que Es, observa de forma correcta y acepta lo que ves, parte de ti ya está ahí.

25

CREENCIAS, DESCARGAS Y EMOCIONES

Según las sesiones de trabajo con las creencias en los últimos nueve años, he descubierto que algunas de las descargas de emociones de mayor beneficio son las siguientes. Sugiero descargar estas emociones según sea aplicable.

Absorción

'Entiendo la definición del Creador de absorber la fuerza vital'.

'Entiendo la definición del Creador de absorber información'.

'Entiendo cómo se siente absorber información'.

'Sé cuál información absorber'.

'Sé cómo absorber información de la forma más elevada y mejor'.

'Sé cómo vivir mi vida diaria absorbiendo información'.

'Sé que es posible absorber información'.

Acción

'Entiendo la definición de acción según el Creador'.

'Entiendo cómo se siente tomar acción'.

'Sé cuándo tomar acción'.

'Sé cómo tomar acción de la forma más elevada y mejor'.

'Sé cómo vivir mi vida diaria tomando acción'.

'Conozco la perspectiva del Creador sobre la mejor acción a seguir'.

'Sé que es posible tomar acción'.

Adicciones

'Entiendo cómo se siente vivir sin adicciones'.

'Sé cómo vivir sin adicciones'.

'Sé cómo vivir mi vida diaria sin adicciones'.

'Conozco la perspectiva del Creador sobre cómo vivir sin adicciones'.

'Sé que es posible vivir sin adicciones'.

Administración del tiempo

'Sé cómo planificar mi tiempo sabiamente'.

'Sé cómo crear quietud sin interrupciones'.

'Tengo mucho tiempo'.

'Soy el dueño de mi tiempo'.

'Sé cómo comenzar con mi día y planificar para el mañana'.

'Planificar me brinda mayor tiempo de diversión'.

'Soy flexible y persistente'.

'Reconozco y lidio con las exigencias de los conflictos de horarios'.

'Siempre es posible'.

'Sé cómo establecer mis propias prioridades'.

'Planificar me brinda máximos beneficios con un mínimo de tiempo'.

'Ahora tomo pasos para la acción'.

'Tengo confianza en mi juicio y en mis prioridades'.

Admiración

'Entiendo la definición de admiración según el Creador'.

'Entiendo cómo se siente admirarme sin arrogancia'.

'Sé cómo admirar a los demás de la forma más elevada y mejor'.

'Sé cómo vivir mi vida diaria admirando al mundo que me rodea'.

'Conozco la perspectiva del Creador sobre la admiración'.

Agonía

'Entiendo cómo se siente vivir sin agonía'.

'Sé cómo vivir sin agonía'.

'Sé cómo vivir mi vida diaria sin agonía'.

'Conozco la perspectiva del Creador sobre vivir sin agonía'.

'Sé que es posible vivir sin agonía'.

Alcoholismo

'Entiendo cómo se siente vivir sin ser alcohólico'.

'Sé cómo vivir sin ser alcohólico'.

'Sé cómo vivir mi vida diaria sin ser alcohólico'.

'Conozco la perspectiva del Creador sobre vivir la vida sin alcohol'.

'Sé que es posible vivir sin alcohol'.

'Puedo vivir sin alcohol de la forma más elevada y mejor'.

Ángeles

'Entiendo la definición de un ángel de luz según el Creador'.

'Entiendo cómo se siente ser angelical'.

'Sé cómo ser angelical de la forma más elevada y mejor'.

'Sé cómo vivir mi vida diaria siendo angelical'.

'Conozco la perspectiva del Creador sobre ser angelical'.

'Sé que es posible ser angelical'.

Ansiedad

'Estoy libre de ansiedad'.

'Tengo una perspectiva sana de la vida'.

'Estoy feliz y nadie puede hacer que me sienta deprimido'.

'Nunca me dejaré vencer ni me daré por vencido'.

'La vida es un desafío enriquecedor que disfruto'.

'El bien siempre gana en mi vida'.

'Mi vida está llena de bondad y esperanza'.

'Soy una persona responsable y creo en mí'.

'Las personas respetan mi fortaleza'.

'Mis sentidos desean emociones positivas'.

'Puedo convertir mi futuro en una oportunidad brillante'.

'El pensamiento positivo controla mi mente'.

'Nunca siento temor ni me siento solo'.

'Soy uno con la vida, con el pasado, el presente y el futuro'.

'Controlo mi destino'.

'Entiendo cómo se siente estar libre de ansiedad'.

'Sé cómo vivir sin ansiedad'.

'Sé cómo vivir mi vida diaria sin ansiedad'.

'Sé que es posible vivir sin ansiedad'.

'Entiendo la definición de disfrutar la vida según el Creador'.

'Entiendo cómo se siente disfrutar la vida'.

'Sé cómo disfrutar la vida'.

'Sé que es posible disfrutar la vida'.

'Entiendo cómo se siente tener control sobre mis pensamientos'.

'Sé cómo controlar mis pensamientos'.

'Sé cómo vivir mi vida diaria controlando mis pensamientos'.

'Sé que es posible controlar mis pensamientos'.

'Entiendo la definición de la bondad y la esperanza según el Creador'.

'Entiendo cómo se siente tener bondad y esperanza'.

'Conozco la perspectiva del Creador sobre la bondad y la esperanza'.

'Sé que es posible tener bondad y esperanza'.

'Entiendo cómo se siente creer en mí'.

'Sé cómo creer en mí'.

'Sé cómo vivir mi vida diaria creyendo en mí'.

'Conozco la perspectiva del Creador sobre creer en mí'.

'Sé que es posible creer en mí'.

'Sé cómo separar las emociones ajenas de las propias'.

Apatía

'Entiendo la definición de vivir sin apatía según el Creador'.

'Entiendo cómo se siente vivir sin apatía'.

'Sé cómo vivir sin apatía de la forma más elevada y mejor'.

'Sé cómo vivir mi vida diaria sin apatía'.

'Conozco la perspectiva del Creador sobre vivir la vida sin apatía'.

'Sé que es posible vivir sin apatía'.

Apoyo

'Entiendo la definición de apoyo según el Creador'.

'Entiendo cómo se siente tener apoyo'.

'Sé qué es el apoyo'.

'Sé cómo tener apoyo de la forma más elevada y mejor'.

'Sé cómo vivir mi vida diaria con apoyo'.

'Conozco la perspectiva del Creador sobre el apoyo'.

'Sé que es posible recibir apoyo'.

Apreciación

'Entiendo la definición de apreciación según el Creador'.

'Soy apreciado por los demás'.

'Entiendo cómo se siente apreciar a los demás'.

'Sé cómo ser apreciado de la forma más elevada y mejor'.

'Sé cómo vivir mi vida diaria con apreciación'.

'Conozco la perspectiva del Creador sobre la apreciación'.

'Sé que es posible ser apreciado'.

Atraer abundancia

'Sé cómo atraer personas y situaciones positivas'.

'Entiendo la definición de atraer abundancia según el Creador'.

'Entiendo cómo se siente atraer abundancia'.

'Sé cómo atraer abundancia de la forma más elevada y mejor'.

'Sé cómo vivir mi vida diaria atrayendo abundancia'.

'Conozco la perspectiva del Creador sobre la abundancia'.

'Sé que es posible atraer abundancia'.

Autocontrol

'Entiendo la definición de autocontrol según el Creador'.

'Sé que es el autocontrol'.

'Entiendo cómo se siente tener autocontrol de la forma más elevada y mejor'.

'Sé cuándo tener autocontrol'.

'Sé cómo tener autocontrol'.

'Sé cómo vivir mi vida diaria con autocontrol'.

'Conozco la perspectiva del Creador sobre el autocontrol'.

'Sé que es posible tener autocontrol'.

Brillo

'Entiendo la definición de tener el alma brillante según el Creador'.

'Entiendo cómo se siente ser brillante'.

'Sé cómo ser brillante'.

'Conozco la perspectiva del Creador sobre ser brillante'.

Cambiar sin resistencia

'Entiendo cómo se siente experimentar el cambio de la forma más elevada y mejor sin resistencia'.

'Sé cuándo experimentar cambios sin resistencia'.

'Sé cómo experimentar cambios sin resistencia'.

'Sé que es posible experimentar cambios sin resistencia'.

Claridad mental

'Entiendo la definición de claridad mental según el Creador'.

'Entiendo cómo se siente tener claridad mental'.

'Sé cómo tener claridad mental de la forma más elevada y mejor'.

'Sé cómo vivir mi vida diaria con claridad mental'.

'Conozco la perspectiva del Creador sobre la claridad mental'.

'Sé que es posible tener claridad mental'.

Colaboración

'Entiendo la definición de colaboración según el Creador'.

'Entiendo cómo se siente colaborar con los demás'.

'Sé cuándo colaborar con los demás'.

'Sé cómo colaborar con los demás'.

'Sé cómo vivir mi vida diaria colaborando'.

'Conozco la perspectiva del Creador sobre la colaboración'.

'Sé que es posible colaborar'

Comprensión

'Comprendo los conceptos con facilidad'.

'Entiendo cómo se siente comprender'.

'Sé cómo comprender de la forma más elevada y mejor'.

'Sé cómo vivir mi vida diaria comprendiendo'.

'Conozco la perspectiva del Creador sobre comprender a los demás'.

'Sé que es posible comprender'.

Comunicación

'Me comunico bien con los demás'.

'Entiendo la definición de colaboración según el Creador'.

'Entiendo cómo se siente comunicarse'.

'Sé cómo comunicarme de la forma más elevada y mejor'.

'Conozco la perspectiva del Creador sobre la comunicación'.

'Sé que es posible comunicarme'.

Confiabilidad

'Entiendo la definición de confiabilidad según el Creador'.

'Entiendo cómo se siente ser confiable'.

'Sé cómo ser confiable de la forma más elevada y mejor'.

'Conozco la perspectiva del Creador sobre la confiabilidad'.

'Sé que es posible ser confiable'.

Confusión

'Entiendo cómo se siente vivir sin confusión'.

'Sé cómo vivir sin confusión de la forma más elevada y mejor'.

'Sé cómo vivir mi vida diaria sin confusión'.

'Sé que es posible vivir sin confusión'.

Consideración

'Entiendo la definición de ser considerado con los demás según el Creador'.

'Entiendo cómo se siente ser considerado'.

'Sé cuándo ser considerado'.

'Sé cómo ser considerado'.

'Sé cómo vivir mi vida diaria con consideración'.

'Conozco la perspectiva del Creador sobre la consideración'.

'Sé que es posible ser considerado'.

Controlar el temperamento

'Entiendo cómo se siente controlar mi temperamento'.

'Sé cuándo controlar mi temperamento'.

'Sé cómo controlar mi temperamento'.

'Sé cómo vivir mi vida diaria controlando mi temperamento'.

'Sé que es posible controlar mi temperamento'.

Coordinación

'Soy una persona coordinada'.

'Entiendo la definición de coordinación según el Creador'.

'Entiendo cómo se siente ser coordinado'.

'Sé cómo ser coordinado de la forma más elevada y mejor'.

'Sé cómo vivir mi vida diaria en coordinación con el Creador'.

'Conozco la perspectiva del Creador sobre ser coordinado'.

'Sé que es posible ser coordinado'.

Creatividad

'Creo cosas hermosas'.

'Tengo pensamientos maravillosos'.

'Tengo sueños maravillosos'.

'Soy una persona creativa'.

'Tengo ideas fascinantes'.

'Cada día, y en todas las formas, me vuelvo más creativo'.

'Soy creativo en todas las formas'.

'Disfruto ser creativo'.

'Encuentro soluciones creativas'.

'Veo nuevas visiones de creatividad'.

'Encuentro nuevas maneras de hacer las cosas '.

'Sueño cosas fantásticas'.

'Me acuesto y me despierto creativo'.

'Entiendo la definición de creatividad según el Creador'.

'Entiendo cómo se siente ser creativo'.

'Sé cómo ser creativo'.

'Conozco la perspectiva del Creador sobre la creatividad'.

'Sé que es posible ser creativo'.

'Entiendo qué crear'.

'Entiendo cómo se siente tener pensamientos maravillosos'.

'Entiendo cómo se siente tener sueños maravillosos'.

'Entiendo cómo ser una persona creativa'.

'Entiendo cómo se siente descargar ideas fascinantes del Creador de Todo lo que Es'.

'Entiendo como descargar ideas fascinantes del Creador de Todo lo que Es'.

'Entiendo cómo se siente resolver problemas difíciles con soluciones creativas'.

'Entiendo cómo se siente ofrecer consejos creativos'.

'Entiendo cómo se siente tener una visión creativa'.

'Entiendo cómo se siente ser inteligente y brillante'.

'Entiendo cómo se siente ser creativo en todos los niveles de mi ser: física, emocional, mental y espiritualmente'.

Creer en ti

'Creo en mí'.

'Soy una persona positiva'.

'Soy una persona bondadosa y las personas admiran mi confianza'.

'Soy una persona muy convincente'.

'La esperanza y los sueños me hacen sentir bien'.

'Creo mi propia confianza porque tengo éxito'.

'Cada día, y en todas las formas, desarrollo más éxito'.

'Tengo plena confianza en mí'.

'Tomo las decisiones correctas porque confío en mí'.

'Tener confianza en mí me hace sentir bien'.

Curiosidad

'Entiendo la definición de curiosidad según el Creador'.

'Entiendo cómo se siente ser curioso'.

'Sé cuándo ser curioso'.

'Sé cómo ser curioso de la forma más elevada y mejor'.

'Sé cómo vivir mi vida diaria sintiendo curiosidad respecto a las cosas que me rodean'.

'Conozco la perspectiva del Creador sobre la curiosidad'.

Crecimiento

'Entiendo la definición de crecimiento según el Creador'.

'Entiendo cómo se siente crecer'.

'Sé cómo crecer de la forma más elevada y mejor'.

'Sé cómo vivir mi vida diaria en crecimiento'.

'Conozco la perspectiva del Creador sobre el crecimiento'.

'Sé que es posible crecer'.

Culpa

'Estoy aquí ahora'.

'Estoy vivo'.

'Ahora lo veo todo claro'.

'Me siento bien ahora'.

'Me siento bien en mi cuerpo'.

'Soy libre'.

'Merezco una buena vida'.

'Ahora puedo escuchar claramente'.

'Me perdono'.

'Ahora respiro'.

'Entiendo la definición de vivir sin culpa compulsiva según el Creador'.

'Entiendo cómo se siente vivir sin culpa compulsiva'.

'Sé cómo vivir mi vida diaria sin culpa compulsiva'.

Dignidad

'Entiendo la definición de dignidad según el Creador'.

'Entiendo cómo se siente tener dignidad'.

'Sé cuándo tener dignidad'.

'Sé cómo vivir mi vida diaria con dignidad'.

'Conozco la perspectiva del Creador sobre la dignidad'.

'Sé que es posible tener dignidad'.

Disciplina

'Entiendo la definición del Creador de ser disciplinado y lograr mis metas'.

'Entiendo cómo se siente ser disciplinado y lograr mis metas'.

'Sé cuándo ser disciplinado y lograr mis metas'.

'Sé cómo ser disciplinado y lograr mis metas de la forma más elevada y mejor'.

'Sé cómo vivir mi vida diaria de una forma disciplinada y lograr mis metas'.

'Conozco la perspectiva del Creador sobre ser disciplinado y lograr mis metas'.

'Sé que es posible ser disciplinado y lograr mis metas'.

Divinidad

'Entiendo la definición de divinidad según el Creador'.

'Entiendo cómo se siente ser divino'.

'Sé cómo ser divino de la forma más elevada y mejor'.

'Sé cómo vivir mi vida diaria en divinidad'.

'Conozco la perspectiva del Creador sobre la divinidad'.

'Sé que es posible ser divino'.

Elegancia

'Entiendo la definición de elegancia según el Creador'.

'Entiendo cómo se siente ser elegante'.

'Sé cuándo ser elegante'.

'Sé cómo ser elegante'.

'Sé cómo vivir mi vida diaria de forma elegante'.

'Conozco la perspectiva del Creador sobre la elegancia'.

'Sé que es posible ser elegante'.

Elocuencia

'Entiendo la definición de elocuencia según el Creador'.

'Entiendo cómo se siente ser elocuente'.

'Sé cuándo ser elocuente'.

'Sé cómo ser elocuente'.

'Sé cómo vivir mi vida diaria siendo elocuente'.

'Conozco la perspectiva del Creador sobre ser elocuente'.

'Sé que es posible ser elocuente'.

Empoderamiento

'Entiendo cómo se siente confiar y creer en mí'.

'Entiendo cómo se siente que las personas confíen y crean en mí'.

'Entiendo cómo se siente ser responsable por mis acciones'.

'Entiendo cómo se siente tomar buenas decisiones'.

'Entiendo cómo se siente tomar las decisiones correctas para mí y para aquellos que me rodean'.

'Entiendo cómo se siente aprender de los retos de la vida'.

'Entiendo cómo se siente ser independiente'.

'Entiendo cómo se siente esperar con interés el mañana'.

'Entiendo cómo se siente cuando mi mente es perspicaz y consciente'.

'Entiendo cómo se siente tener paciencia conmigo mismo'.

'Entiendo cómo se siente ser totalmente confiable'.

'Entiendo cómo se siente tener buenos principios'.

'Entiendo cómo se siente ser responsable de mi destino'.

'Entiendo cómo se siente tener éxito'.

Engaño

'Entiendo cómo se siente vivir la vida sin engaño'.

'Sé cómo vivir mi vida diaria sin ser engañado'.

'Sé que es posible vivir sin ser engañado'.

Enseñar

'Entiendo la definición de enseñar a los demás según el Creador'.

'Entiendo cómo se siente enseñarle a los demás'.

'Sé cómo enseñar a los demás de la forma más elevada y mejor'.

'Conozco la perspectiva del Creador sobre enseñar'.

'Sé que es posible enseñar a los demás'.

Entendimiento

'Entiendo la definición de entendimiento según el Creador'.

'Entiendo cómo se siente entender a los demás'.

'Sé qué es el entendimiento'.

'Sé cómo entender a los demás de la forma más elevada y mejor'.

'Sé cómo vivir mi vida diaria con entendimiento'.

'Conozco la perspectiva del Creador sobre el entendimiento'.

'Sé que es posible entender'.

Entusiasmo

'Entiendo cómo se siente estar entusiasmado de la forma más elevada y mejor'.

'Sé cuándo sentir entusiasmo'.

'Sé cómo vivir mi vida diaria entusiasmado por la vida'.

'Conozco la perspectiva del Creador sobre el entusiasmo'.

'Sé que es posible sentir entusiasmo'.

Esperanza

'Entiendo la definición de esperanza según el Creador'.

'Entiendo cómo se siente la esperanza de la forma más elevada y mejor'.

'Sé cómo tener esperanza de la forma más elevada y mejor'.

'Sé cómo vivir mi vida diaria con esperanza'.

'Conozco la perspectiva del Creador sobre la esperanza'.

'Sé que es posible tener esperanza'.

Espiritualidad

'Entiendo la definición de espiritualidad según el Creador'.

'Entiendo cómo se siente ser espiritual de la forma más elevada y mejor'.

'Conozco la perspectiva del Creador sobre la espiritualidad'.

'Sé que es posible ser espiritual'.

Esplendor

'Entiendo la definición de esplendor según el Creador'.

'Entiendo cómo se siente el esplendor'.

'Conozco la perspectiva del Creador sobre el esplendor'.

Espontaneidad

'Entiendo la definición de espontaneidad según el Creador'.

'Entiendo cómo se siente ser espontáneo'.

'Sé cuándo ser espontáneo'.

'Sé cómo ser espontáneo de la forma más elevada y mejor'.

'Sé cómo vivir mi vida diaria de forma espontánea'.

'Conozco la perspectiva del Creador sobre la espontaneidad'.

'Sé que es posible ser espontáneo'.

Estar conectado con la tierra

'Entiendo la definición de estar conectado con la tierra según el Creador'.

'Entiendo cómo se siente estar conectado con la tierra'.

'Sé cuándo conectarme con la tierra'.

'Sé cómo conectarme con la tierra de la forma más elevada y mejor'.

'Conozco la perspectiva del Creador sobre estar conectado con la tierra'.

'Sé que es posible estar conectado con la tierra'.

Estar encantado

'Entiendo la definición del Creador de estar encantado'.

'Entiendo cómo se siente estar encantado'.

'Sé cómo estar encantado de la forma más elevada y mejor'.

'Sé cómo vivir mi vida diaria encantado con el mundo'.

'Conozco la perspectiva del Creador sobre estar encantado'.

'Sé que es posible estar encantado'.

Estar pendiente de los demás

'Puedo estar pendiente de los demás de la forma más elevada y mejor'.

'Entiendo la definición de estar pendiente de los demás según el Creador'.

'Entiendo cómo se siente estar pendiente de los demás'.

'Sé cuándo estar pendiente'.

'Sé cómo estar pendiente de la forma más elevada y mejor'.

'Conozco la perspectiva del Creador sobre estar pendiente de los demás'.

'Sé que es posible estar pendiente de los demás'.

Estar presente

'Entiendo la definición de estar presente según el Creador'.

'Entiendo cómo se siente estar presente'.

'Sé cuándo estar presente'.

'Sé cómo estar presente'.

'Sé cómo vivir mi vida diaria estando presente'.

'Conozco la perspectiva del Creador sobre estar presente'.

'Sé que es posible estar presente'.

Estrés

'Sé cómo relajarme'.

'Me gusta el ejercicio para aliviar el estrés'.

'Puedo cambiar situaciones que ocasionan estrés'.

'Soy importante'.

'Libero el estrés'.

'Consumo alimentos con regularidad'.

'Identifico el estrés y lo libero'.

'Me gusta la gente'.

'Le gusto a la gente'.

'El éxito es mío'.

Estudiar

'Deseo el éxito'.

'Sé cómo programar mi tiempo para estudiar'.

'Me gusta estudiar'.

'Sé cómo relajarme en los exámenes'.

'Mi mente absorbe información con facilidad'.

'Recuerdo lo que estudio'.

'Recuerdo las respuestas correctas en los exámenes'.

Exactitud

'Entiendo la definición de exactitud según el Creador'.

'Entiendo cómo se siente ser exacto'.

'Sé cómo ser exacto de la forma más elevada y mejor'.

'Sé cómo vivir mi vida diaria con exactitud'.

'Conozco la perspectiva del Creador sobre la exactitud'.

Existencia

'Entiendo la definición de mi existencia según el Creador'.

Éxito

'Entiendo la definición de éxito según el Creador'.

'Entiendo cómo se siente tener éxito'.

'Sé qué es el éxito'.

'Sé cómo tener éxito de la forma más elevada y mejor'.

'Conozco la perspectiva del Creador sobre el éxito'.

'Sé que es posible tener éxito'.

Expansión

'Entiendo la definición de expansión según el Creador'.

'Entiendo cómo se siente expandirme en todos los niveles'.

'Sé cuándo expandirme'.

'Sé cómo expandirme de la forma más elevada y mejor'.

'Conozco la perspectiva del Creador sobre la expansión espiritual y mental'.

'Sé que es posible expandirse'.

Fascinación

'Entiendo la definición de estar fascinado con la vida según el Creador'.

'Entiendo cómo se siente estar fascinado'.

'Sé cómo estar fascinado de la forma más elevada y mejor'.

'Sé que es posible vivir mi vida diaria fascinado con la vida'.

'Conozco la perspectiva del Creador sobre la fascinación'.

'Sé que es posible estar fascinado'.

Fidelidad

'Entiendo la definición de fidelidad según el Creador'.

'Entiendo cómo se siente ser fiel a los demás y a mí mismo'.

'Sé cómo ser fiel de la forma más elevada y mejor'.

'Conozco la perspectiva del Creador sobre la fidelidad'.

'Sé que es posible ser fiel'.

Fortaleza

'Entiendo la definición de fortaleza según el Creador'.

'Entiendo cómo se siente ser fuerte'.

'Sé qué es la fortaleza'.

'Sé cómo ser fuerte de la forma más elevada y mejor'.

'Sé cómo vivir mi vida diaria con fortaleza'.

'Conozco la perspectiva del Creador sobre la fortaleza'.

'Sé que es posible ser fuerte'.

Frecuencia

'Entiendo la definición de frecuencia de vibración según el Creador'.

Fumar

'Puedo dejar de fumar'.

'Estoy fumando menos hasta que lo deje por completo'.

'Fumar no me interesa'.

'Puedo dejar el hábito de fumar'.

'Sé cómo se siente dejar de fumar'.

'Sé cómo dejar de fumar'.

'Sé cómo vivir sin fumar'.

'Sé que es posible vivir sin fumar'.

Futuro

'Entiendo la definición del futuro según el Creador'.

'Entiendo cómo se siente recordar el futuro'.

'Sé cómo recordar el futuro de la forma más elevada y mejor'.

'Conozco la perspectiva del Creador sobre el futuro'.

'Sé que es posible recordar el futuro'.

Generosidad

'Entiendo la definición de generosidad según el Creador'.

'Entiendo cómo se siente ser generoso'.

'Sé cuándo ser generoso'.

'Sé cómo ser generoso de la forma más elevada y mejor'.

'Sé cómo vivir mi vida diaria con generosidad'.

'Conozco la perspectiva del Creador sobre la generosidad'.

'Sé que es posible ser generoso'.

Genética

'Entiendo la definición de genética según el Creador'.

'Conozco la perspectiva del Creador sobre la genética'.

Gratitud

'Entiendo la definición de gratitud según el Creador'.

'Entiendo cómo se siente ser agradecido'.

'Sé cuándo sentir gratitud'.

'Sé cómo sentir gratitud'.

'Sé cómo vivir mi vida diaria con gratitud'.

'Conozco la perspectiva del Creador sobre la gratitud'.

'Sé que es posible sentir gratitud'.

Guardar compostura

'Siempre guardo mi compostura'.

'Entiendo la definición de guardar compostura según el Creador'.

'Entiendo cómo se siente guardar compostura'.

'Sé cuándo guardar compostura'.

'Sé cómo guardar compostura de la forma más elevada y mejor'.

'Sé que es posible guardar compostura'.

Habilidades

'Entiendo la definición del Creador de desarrollar mis habilidades'.

'Entiendo cómo se siente usar mis habilidades de la forma más elevada y mejor'.

'Sé cómo vivir mi vida diaria utilizando plenamente mis habilidades'.

'Conozco la perspectiva del Creador sobre mis habilidades'.

'Sé que es posible realizar el pleno potencial de mis habilidades'.

Hablar y escribir

'Hablo y me comunico bien'.

'Es muy fácil para mí tener una conversación'.

'Escribo ideas interesantes'.

'Los demás se interesan en lo que pienso'.

'Las palabras me vienen de forma natural'.

'Soy un conferencista espontáneo'.

'Simplifico ideas complejas'.

'Expreso y escribo claramente mis ideas'.

'Me expreso con facilidad y me entienden fácilmente'.

Ilusión

'Entiendo la definición de ilusión según el Creador'.

'Entiendo cómo se siente ver la ilusión de la vida'.

'Sé cómo ver la ilusión de la vida'.

'Conozco la perspectiva del Creador sobre la ilusión'.

Iniciativa

'Entiendo la definición de tener iniciativa según el Creador'.

'Entiendo cómo se siente tener iniciativa'.

'Sé cómo tener iniciativa'.

'Sé cómo vivir mi vida diaria con verdadera iniciativa'.

'Conozco la perspectiva del Creador sobre la iniciativa'.

'Sé que es posible tener iniciativa'.

'Sé cómo tomar los siguientes pasos espirituales'.

'Percibo el espacio ajeno'.

'Estoy consciente del espacio ajeno'.

'Sé cómo vivir mi vida diaria sin temer a lo desconocido'.

'Sé cómo vivir mi vida diaria sin temer a la nada'.

Inteligencia

'Cada día, y en todas las formas, me vuelvo más inteligente'.

'Entiendo la definición de inteligencia según el Creador'.

'Entiendo cómo se siente ser inteligente'.

'Sé cómo ser inteligente de la forma más elevada y mejor'.

'Sé cómo vivir mi vida diaria de forma inteligente'.

'Conozco la perspectiva del Creador sobre la inteligencia'.

'Sé que es posible ser inteligente'.

Interacción

'Entiendo la definición de interactuar en todas las situaciones según el Creador'.

'Entiendo cómo se siente interactuar'.

'Sé cuándo interactuar en todas las situaciones'.

'Sé cómo interactuar en todas las situaciones'.

'Sé cómo vivir mi vida diaria interactuando en todas las situaciones'.

'Sé que es posible interactuar en todas las situaciones'.

Intuición

'Cada día, y de todas las formas tengo más intuición'.

'Entiendo la definición de intuición según el Creador'.

'Entiendo cómo se siente tener intuición de la forma más elevada y mejor'.

'Sé cómo tener intuición'.

'Conozco la perspectiva del Creador sobre la intuición'.

'Sé que es posible tener intuición'.

La chispa de la vida

'Entiendo la definición de chispa de la vida según el Creador'.

'Entiendo cómo se siente ser una chispa del Creador de Todo lo que Es'.

La voz del Creador

'Entiendo la definición de la voz del Creador según el Creador'.

'Entiendo cómo se siente escuchar la voz del Creador'.

'Sé cuál es la voz del Creador'.

'Sé cómo escuchar la voz del Creador'.

Libertad

'Entiendo la definición de libertad según el Creador'.

'Entiendo cómo se siente ser libre'.

'Sé cómo ser libre de la forma más elevada y mejor'.

'Sé cómo vivir mi vida diaria en libertad'.

'Conozco la perspectiva del Creador sobre la libertad'.

'Sé que es posible ser libre'.

Lograr tu máximo potencial

'Entiendo la definición de máximo potencial según el Creador'.

'Entiendo cómo se siente lograr mi máximo potencial'.

'Sé cómo lograr mi máximo potencial'.

'Sé cómo vivir mi vida diaria logrando mi máximo potencial'.

'Conozco la perspectiva del Creador sobre mi máximo potencial'.

'Sé que es posible lograr mi máximo potencial'.

Logros

'Entiendo la definición de logros según el Creador'.

'Entiendo cómo se siente lograr mis objetivos de la forma más elevada y mejor'.

Magia de las hadas

'Entiendo cómo se siente la magia de las hadas de la forma más elevada y mejor'.

Magnificencia

'Entiendo la definición de magnificencia según el Creador'.

'Entiendo cómo se siente ser magnificente'.

'Sé cómo ser magnificente de la forma más elevada y mejor'.

'Sé cómo vivir mi vida diaria con magnificencia'.

'Conozco la perspectiva del Creador sobre la magnificencia'.

'Sé que es posible ser magnificente'.

Maestría

'Entiendo la definición de maestría según el Creador'.

Manifestar

'Entiendo la definición de manifestar según el Creador'.

'Entiendo cómo se siente manifestar de la forma más elevada y mejor'.

'Sé cuándo manifestar'.

'Sé cómo manifestar'.

'Sé cómo vivir mi vida manifestando cosas buenas'.

'Conozco la perspectiva del Creador sobre la manifestación'.

'Sé que es posible manifestar'.

Mejoría

'Cada día, en todas las formas, siento y veo la mejoría en mi vida'.

'Entiendo la definición de mejoría según el Creador'.

'Entiendo cómo se siente mejorar'.

'Sé cómo mejorar de la forma más elevada y mejor'.

'Sé cómo vivir mi vida diaria mejorando'.

'Conozco la perspectiva del Creador sobre la mejoría'.

'Sé que es posible mejorar'.

Memoria

'Me agrado'.

'Mi mente absorbe información como una esponja'.

'Puedo enlazar pensamientos'.

'Tengo una capacidad infinita de recordar'.

'Recuerdo vívidamente'.

'Recuerdo imágenes'.

'Recuerdo eventos tal como ocurrieron'.

'Soy excelente recordando rostros, nombres y eventos'.

'Practico mejorar mi memoria a diario'.

'Me siento relajado y recuerdo con facilidad'.

'Recuerdo con facilidad la información para los exámenes'.

'Entiendo la definición de memoria según el Creador'.

'Entiendo cómo se siente tener buena memoria'.

'Sé cómo tener buena memoria'.

'Sé que es posible tener buena memoria'.

'Entiendo cómo se siente recordar con facilidad'.

'Sé que es posible tener una capacidad de memoria infinita'.

'Entiendo cómo se siente recordar en forma de imágenes'.

'Entiendo cómo recordar en imágenes'.

'Entiendo cómo se siente asociar recuerdos viejos con nuevos'.

'Entiendo cómo se siente recordar en situaciones estresantes'.

Metafísica

'Entiendo la definición de metafísica según el Creador'.

'Sé cómo ser metafísico de la forma más elevada y mejor'.

'Conozco la perspectiva del Creador sobre la metafísica'.

'Sé que es posible ser metafísico sin ego'.

Metas

'Entiendo la definición de tener metas según el Creador'.

'Entiendo cómo se siente tener metas'.

'Sé cuándo tener metas'.

'Sé cómo tener metas'.

'Conozco la perspectiva del Creador sobre las metas'.

'Sé que es posible tener metas'.

Misericordia

'Entiendo la definición de misericordia según el Creador'.

'Entiendo cómo se siente tener misericordia'.

'Sé cuándo tener misericordia'.

'Sé cómo tener misericordia de la forma más elevada y mejor'.

'Sé cómo vivir mi vida diaria con misericordia'.

'Conozco la perspectiva del Creador sobre tener misericordia'.

'Sé que es posible tener misericordia'.

Misticismo

'Entiendo la definición de misticismo según el Creador'.

'Entiendo cómo se siente ser místico de la forma más elevada y mejor'.

'Sé cuándo ser místico'.

'Sé cómo ser místico'.

'Conozco la perspectiva del Creador sobre ser místico'.

'Sé que es posible ser místico'.

Negocios

'Sé cómo se siente tener un negocio'.

'Sé cómo tener un negocio'.

'Sé que es posible tener un negocio'.

'Sé cómo manejar mi negocio de la forma más elevada y mejor'.

Nobleza

'Entiendo la definición de nobleza según el Creador'.

'Entiendo cómo se siente ser noble'.

'Sé cuándo ser noble'.

'Sé cómo ser noble de la forma más elevada y mejor'.

'Sé cómo vivir mi vida diaria con nobleza'.

'Conozco la perspectiva del Creador sobre ser noble'.

'Sé que es posible ser noble'.

Omnipresencia

'Entiendo la definición de omnipresencia según el Creador'.

'Entiendo cómo se siente ser omnipresente con la creación en la forma más elevada y mejor'.

'Sé cómo ser omnipresente con la creación'.

'Sé cómo vivir mi vida diaria siendo omnipresente'.

'Conozco la perspectiva del Creador sobre la omnipresencia'.

'Sé que es posible ser omnipresente'.

Paciencia

'Soy una persona paciente'.

'La paciencia es tolerancia'.

'La paciencia es comprensión'.

'La paciencia es el camino de la naturaleza'.

'La paciencia es buena'.

'Soy paciente conmigo'.

'Soy paciente con los demás'.

'Disfruto tener paciencia'.

'Entiendo la definición de paciencia según el Creador'.

'Entiendo cómo se siente ser paciente'.

Pasión

'Entiendo la definición de pasión según el Creador'.

'Entiendo cómo se siente ser apasionado de la forma más elevada y mejor'.

'Sé cuándo ser apasionado'.

'Sé cómo ser apasionado'.

'Sé cómo vivir mi vida diaria con pasión'.

'Conozco la perspectiva del Creador sobre la pasión'.

'Sé que es posible ser apasionado'.

Pérdida de peso

'Asumo la responsabilidad de lo que como'.

'Me considero atractivo y delgado'.

'Disfruto las frutas y los vegetales'.

'Disfruto hacer ejercicio'.

'Sé cómo hacer ejercicio'.

'Disfruto comer menos'.

'Entiendo cómo se siente comer menos'.

'Sé cómo comer menos'.

'Sé cómo vivir mi vida diaria comiendo menos'.

'Sé que es posible comer menos'.

'Entiendo la definición de comer sano'.

'Entiendo cómo se siente comer sano'.

'Sé cómo comer sano'.

'Sé cómo vivir mi vida diaria comiendo sano'.

'Conozco la perspectiva del Creador sobre comer sano'.

'Sé que es posible comer sano'.

'Entiendo la definición del Creador sobre ser atractivo y delgado'.

'Entiendo cómo se siente ser atractivo y delgado'.

'Sé que es posible ser atractivo y delgado'.

'Entiendo la definición de perder peso según el Creador'.

'Entiendo cómo se siente perder peso'.

'Sé cómo perder peso'.

'Entiendo cómo se siente perder peso diariamente'.

235

'Entiendo cómo se siente hacer ejercicio'.

'Sé cómo hacer ejercicio con responsabilidad'.

'Sé cómo vivir mi vida diaria haciendo ejercicio'.

'Sé que es posible hacer ejercicio'.

'Entiendo cómo se siente reemplazar la comida con ejercicio'.

'Entiendo como sentirme bien conmigo mismo'.

'Entiendo cómo se siente comer lo que es bueno para mi cuerpo'.

'Sé cómo vivir mi vida diaria sin comer demasiado'.

'Sé cómo vivir mi vida diaria sin sentirme desanimado por mi peso'.

Posibilidades

'Entiendo la definición de posibilidades según el Creador'.

'Entiendo cómo se siente tener posibilidades'.

'Sé que existen posibilidades disponibles para mí'.

'Sé cuándo tener posibilidades'.

'Sé cómo tener posibilidades de la forma más elevada y mejor'.

'Sé cómo vivir mi vida diaria con posibilidades'.

'Conozco la perspectiva del Creador sobre las posibilidades'.

Potencial

'Puedo progresar en cualquier dirección'.

'Tengo posibilidades personales ilimitadas'.

'Soy una persona positiva'.

'Cada día marca un nuevo progreso en mi conciencia personal'.

'Mi espíritu no tiene límites'.

'La independencia es fortaleza'.

'En mi corazón, solo tengo bondad'.

'Los demás me respetan y creen en mi potencial'.

'Los demás saben que soy fuerte'.

Preciosidad

'Entiendo la definición de que la vida es preciada según el Creador'.

'Conozco la perspectiva del Creador sobre qué es precioso'.

Preocupación

'Preocuparse no hace nada bien'.

'Las preocupaciones se desvanecen de mi mente'.

'Entiendo cómo se siente estar libre de preocupaciones'.

'Sé cómo vivir mi vida diaria sin preocupaciones'.

'Sé que es posible vivir sin preocupaciones'.

'Entiendo cómo se siente tener un enfoque sano de la vida'.

'Entiendo cómo se siente no permitir que los demás me desanimen'.

'Entiendo cómo se siente nunca darme por vencido'.

'Entiendo cómo vivir mi vida lleno de bondad y esperanza'.

'Entiendo cómo se siente ser una persona responsable'.

'Entiendo cómo se siente creer en mí'.

'Entiendo cómo se siente ser respetado por los demás'.

'Entiendo cómo se siente tener fortaleza y sabiduría'.

'Entiendo cómo se siente recibir a diario ideas productivas y positivas del Creador'.

'Sé que es posible que mis sentidos, conocidos tanto como desconocidos, aspiren a emociones positivas'.

'Entiendo cómo tener equilibrio en todos los aspectos de mi vida'.

'Entiendo la diferencia entre estar pendiente de alguien y preocuparme por alguien'.

'Entiendo cómo se siente ver el futuro con una luz positiva'.

'Entiendo cómo se siente ser instilado de ideas positivas'.

'Entiendo cómo se siente ser uno con el pasado, el presente y el futuro'.

'Entiendo cómo se siente controlar mi destino, a través del Creador de Todo lo que Es'.

Quietud

'Entiendo la definición de quietud según el Creador'.

'Entiendo cómo se siente la quietud escuchando el Creador'.

'Sé cuándo estar quieto'.

'Sé cómo estar quieto de la forma más elevada y mejor'.

'Conozco la perspectiva del Creador sobre la quietud'.

'Sé que es posible estar quieto'.

Recompensa

'Entiendo la definición de recompensa según el Creador'.

'Entiendo cómo se siente ser recompensado de la forma más elevada y mejor'.

'Sé cuándo recompensar a los demás'.

'Sé cómo ser recompensado'.

'Conozco la perspectiva del Creador sobre la recompensa'.

'Sé que es posible ser recompensado'.

Relevancia

'Entiendo la definición de relevancia según el Creador'.

'Entiendo cómo se siente ser relevante'.

'Sé cuándo ser relevante'.

'Sé cómo ser relevante de la forma más elevada y mejor'.

'Sé cómo vivir mi vida diaria siendo relevante'.

'Conozco la perspectiva del Creador sobre la relevancia'.

'Sé que es posible ser relevante'.

Resplandor

'Entiendo la definición de irradiar alegría a los demás según el Creador'.

'Entiendo cómo se siente ser radiante'.

'Sé cómo ser radiante de la forma más elevada y mejor'.

'Sé cómo vivir mi vida diaria irradiando pensamientos positivos'.

'Conozco la perspectiva del Creador sobre el resplandor'.

'Sé que es posible irradiar la energía del Creador de Todo lo que Es'.

Respeto ajeno

'Entiendo la definición de respeto ajeno según el Creador'.

'Entiendo cómo se siente respetar a otra persona'.

'Sé cuándo respetar a otra persona'.

'Sé cómo respetar a otra persona'.

'Sé cómo vivir mi vida diaria respetando a los demás'.

'Conozco la perspectiva del Creador sobre el respeto ajeno'.

'Sé que es posible respetar a los demás'.

Respuestas

'Las respuestas me llegan con facilidad'.

'Entiendo la definición del Creador de obtener respuestas a mis preguntas'.

'Entiendo cómo se siente recibir respuestas del Creador'.

'Conozco las respuestas'.

'Sé cuándo obtener respuestas'.

'Sé cómo recibir siempre las respuestas más elevadas y mejores'.

'Conozco la perspectiva del Creador sobre las respuestas'.

'Sé que es posible recibir respuestas de parte del Creador'.

Ritmo

'Entiendo la definición de ritmo según el Creador'.

'Sé cómo sentir el ritmo de la creación de la forma más elevada y mejor'.

'Sé cómo vivir mi vida diaria en ritmo'.

'Conozco la perspectiva del Creador sobre el ritmo'.

'Sé que es posible tener ritmo'.

Romance

'Entiendo la definición de romance según el Creador'.

'Entiendo cómo se siente ser romántico de la forma más elevada y mejor'.

'Sé cuándo el romance es para mi mayor beneficio'.

'Sé cómo permitir el romance en mi vida'.

'Conozco la perspectiva del Creador sobre el romance'.

'Sé que es posible ser romántico con mi pareja'.

Sanación

'Soy feliz'.

'Estoy sano'.

'Me alimento bien'.

'Me gusta hacer ejercicio'.

'Me relajo'.

'El dolor ha desaparecido'.

'Puedo hacerlo'.

'Soy fuerte'.

'Me gusto'.

'Todo está bien'.

'Soy bueno'.

'Mi cuerpo es poderoso'.

'Entiendo la definición de sanación según el Creador'.

'Entiendo cómo se siente sanar a los demás'.

'Entiendo cómo se siente sanarme a mí mismo'.

'Entiendo la definición de sanación instantánea según el Creador'.

'Sé cuándo sanar a los demás'.

'Sé cómo sanar a los demás y a mí mismo'.

'Sé cómo vivir mi vida diaria regenerándome'.

'Conozco la perspectiva del Creador sobre la sanación'.

'Sé que es posible sanar a los demás y a mí mismo'.

'Sé cómo sanar a través del Creador de Todo lo que Es'.

Satisfacción

'Entiendo la definición de satisfacción según el Creador'.

'Entiendo cómo se siente estar satisfecho de la forma más elevada y mejor'.

'Sé cuándo estar satisfecho'.

'Sé cómo estar satisfecho'.

'Sé cómo vivir mi vida diaria satisfecho'.

'Conozco la perspectiva del Creador sobre la satisfacción'.

'Sé que es posible estar satisfecho'.

Confianza en sí mismo

'Tengo confianza en mí mismo'.

'Los demás me ven como alguien que confía en sí mismo'.

'Entiendo la definición de confianza en sí mismo según el Creador'.

'Entiendo cómo se siente tener confianza en mí mismo'.

'Sé cómo se siente tener confianza en mí mismo de la forma más elevada y mejor'.

'Sé cómo vivir mi vida diaria confiando en mí mismo'.

'Conozco la perspectiva del Creador sobre la confianza en sí mismo'.

'Sé que es posible tener confianza en sí mismo'.

Ser abandonado

'Sé cómo vivir mi vida sin ser abandonado'.

'Entiendo cómo se siente vivir sin ser abandonado'.

Ser adorable

'Soy adorable para los demás'.

'Entiendo la definición de ser adorable según el Creador'.

'Entiendo cómo se siente ser adorable'.

'Sé cómo ser adorable de la forma más elevada y mejor'.

'Conozco la perspectiva del Creador sobre ser adorable'.

'Sé que es posible ser adorable'.

Ser atractivo

'Los demás me ven como un ser atractivo'.

'Me veo como un ser atractivo'.

'Entiendo la definición de ser atractivo según el Creador'.

'Entiendo cómo se siente ser atractivo'.

'Sé cómo ser atractivo de la forma más elevada y mejor'.

'Conozco la perspectiva del Creador sobre ser atractivo'.

'Sé que es posible ser atractivo'.

Ser capaz

'Soy una persona capaz'.

'Entiendo la definición de ser capaz según el Creador'.

'Entiendo cómo se siente ser capaz'.

'Sé cómo ser capaz de la forma más elevada y mejor'.

'Sé cómo vivir mi vida diaria siendo capaz'.

'Conozco la perspectiva del Creador sobre ser capaz'.

'Sé que es posible ser capaz'.

Ser gentil

'Entiendo la definición de ser gentil según el Creador'.

'Entiendo cómo se siente ser gentil de la forma más elevada y mejor'.

'Sé cómo ser gentil, pero firme'.

'Conozco la perspectiva del Creador sobre ser gentil'.

'Sé que es posible ser gentil'.

Ser genuino

'Entiendo la definición de ser genuino según el Creador'.

'Entiendo cómo se siente ser genuino de la forma más elevada y mejor'.

'Sé cuándo ser genuino'.

'Sé cómo ser genuino'.

'Sé que es posible ser genuino'.

Ser inmortal

'Entiendo la definición de ser inmortal según el Creador'.

Ser lo mejor que puedes ser

'Entiendo la definición del Creador de ser lo mejor que puedes ser'.

'Entiendo cómo se siente ser lo mejor que puedes ser'.

'Sé cómo ser lo mejor que puedo ser de la forma más elevada y mejor'.

'Sé cómo vivir mi vida diaria siendo lo mejor que puedo ser'.

'Conozco la perspectiva del Creador sobre cómo ser lo mejor'.

'Sé que es posible ser lo mejor que puedo ser'.

Ser ofensivo

'Entiendo cómo se siente vivir mi vida sin ser ofensivo'.

Ser respetado

'Entiendo la definición de ser respetado por mis amigos según el Creador'.

'Entiendo cómo se siente ser respetado por mis amigos'.

'Sé cómo ser respetado por mis amigos'.

'Sé que es posible ser respetado por mis amigos'.

'Entiendo la definición de ser respetado por mis maestros según el Creador'.

'Entiendo cómo se siente ser respetado por mis maestros'.

'Sé cómo ser respetado por mis maestros'.

'Sé que es posible ser respetado por mis maestros'.

'Entiendo la definición de ser respetado por mis alumnos según el Creador'.

'Entiendo cómo ser respetado por mis alumnos'.

'Sé cómo ser respetado por mis alumnos'.

'Sé que es posible ser respetado por mis alumnos'.

Ser sensible

'Entiendo la definición de ser sensible según el Creador'.

'Entiendo cómo se siente ser sensible'.

'Sé cuándo ser sensible de la forma más elevada y mejor'.

'Sé cómo ser sensible'.

'Conozco la perspectiva del Creador sobre ser sensible'.

'Sé que es posible ser sensible'.

Ser torpe

'Entiendo cómo se siente vivir la vida sin ser torpe'.

'Sé cómo vivir mi vida diaria sin ser torpe'.

'Sé que es posible vivir mi vida diaria sin ser torpe'.

Ser un académico

'Entiendo la definición de ser un académico según el Creador'.

'Entiendo cómo se siente convertirse en un académico'.

'Sé cómo convertirme en un académico'.

'Sé que es posible convertirme en un académico'.

Ser un genio

'Entiendo la definición de ser un genio según el Creador'.

'Entiendo cómo se siente ser un genio'.

'Sé cómo ser un genio de la forma más elevada y mejor'.

'Sé que es posible ser un genio'.

Sinceridad

'Entiendo la definición de sinceridad según el Creador'.

'Entiendo cómo se siente ser sincero'.

'Sé qué es la sinceridad'.

'Sé cuándo ser sincero'.

'Sé cómo ser sincero de la forma más elevada y mejor'.

'Sé cómo vivir mi vida diaria con sinceridad'.

'Conozco la perspectiva del Creador sobre la sinceridad'.

'Sé que es posible ser sincero'.

Sistema inmunológico

'Cada día, y en todas las formas, mi sistema inmunológico está más fuerte y resistente'.

'Entiendo la definición del Creador de cómo debe estar un sistema inmunológico'.

'Entiendo cómo se siente tener un sistema inmunológico fuerte y sano'.

'Sé cómo tener un sistema inmunológico fuerte de la forma más elevada y mejor'.

'Sé cómo vivir mi vida diaria con un sistema inmunológico fuerte'.

'Conozco la perspectiva del Creador sobre un sistema inmunológico fuerte y sano'.

'Sé que es posible tener un sistema inmunológico fuerte y sano'.

Sofisticación

'Entiendo la definición de sofisticación según el Creador'.

'Entiendo cómo se siente ser sofisticado'.

'Sé cómo ser sofisticado de la forma más elevada y mejor'.

'Sé cómo vivir mi vida diaria con sofisticación'.

'Conozco la perspectiva del Creador sobre la sofisticación'.

'Sé que es posible ser sofisticado'.

Sueños

'Entiendo la definición de convertir mi sueños en realidad según el Creador'.

'Entiendo cómo se siente que mi sueños se hagan realidad'.

'Sé que mi sueños se harán realidad'.

'Sé cuándo se harán realidad mis sueños'.

'Sé cómo hacer mi sueños realidad'.

'Sé cómo vivir mi vida diaria viendo que mis sueños se hacen realidad'.

'Conozco la perspectiva del Creador sobre mis sueños convirtiéndose en realidad'.

'Sé que es posible que mis sueños se hagan realidad'.

'Merezco que mis sueños se hagan realidad'.

'Sé que es seguro soñar'.

'Sé cuándo estoy viviendo mi sueño'.

Suficiencia

'Entiendo la definición de suficiencia según el Creador'.

'Entiendo cómo se siente ser suficiente'.

'Sé cómo ser suficiente de la forma más elevada y mejor'.

'Sé que es posible ser suficiente'.

Temas de los sanadores

'Entiendo la definición de ser responsable de mi poder según el Creador'.

'Tengo buen juicio sobre mis habilidades'.

'Sé cómo se siente amar'.

'Sé cómo ser completamente amado y aceptado'.

'Sé cómo se siente que mis semejantes me acepten'.

'Sé cómo atraer a los colegas apropiados para mí'.

'Sé cómo se siente saber en quién puedo confiar'.

'Sé cómo atraer a personas confiables a mi vida'.

'Conozco la definición de amigo según el Creador'.

'Sé cómo atraer amigos que concuerden con mi vibración'.

'Sé cómo se siente tener la abundancia del Creador'.

'Sé qué hacer con la abundancia del Creador'.

'Sé cómo se siente tener dinero'.

Tener energía

'Entiendo la definición de tener energía según el Creador'.

'Entiendo cómo se siente tener energía'.

'Sé cuándo tener energía y cuándo descansar'.

'Sé cómo tener energía de la forma más elevada y mejor'.

'Sé cómo vivir mi vida diaria lleno de energía'.

'Conozco la perspectiva del Creador sobre sentirse lleno de energía'.

Tener ética

'Entiendo la definición de tener ética según el Creador'.

'Entiendo cómo se siente tener ética'.

'Sé cómo tener ética de la forma más elevada y mejor'.

'Sé cómo vivir mi vida diaria de forma ética'.

'Conozco la perspectiva del Creador sobre tener ética'.

'Sé que es posible ser una persona ética'.

Unidad

'Entiendo la definición de unidad según el Creador'.

'Entiendo cómo se siente la unidad'.

'Sé qué es la unidad'.

'Conozco la perspectiva del Creador sobre la unidad'.

Dar ánimos

'Entiendo la definición de darme ánimos según el Creador'.

'Entiendo cómo se siente darme ánimo y darle ánimo a los demás'.

'Sé cómo darme ánimo y darle ánimo a los demás'.

'Sé cómo vivir mi vida diaria dándome ánimo y dándole ánimo a los demás de la forma más elevada y mejor'.

'Conozco la perspectiva del Creador sobre darme ánimo y darle ánimo los demás'.

'Sé que es posible darme ánimo y darle ánimo a los demás'.

Valor

'Entiendo la definición de valor de todas las cosas según el Creador'.

'Entiendo cómo se siente tener valor'.

'Sé qué es el valor'.

'Sé cómo vivir mi vida diaria valorando la vida'.

'Conozco la perspectiva del Creador sobre el valor'.

'Sé que es posible tener valor'.

Versatilidad

'Entiendo la definición de versatilidad según el Creador'.

'Entiendo cómo se siente ser versátil'.

'Sé que es la versatilidad'.

'Sé cómo ser versátil de la forma más elevada y mejor'.

'Conozco la perspectiva del Creador sobre la versatilidad'.

'Sé que es posible ser versátil'.

Visión

'Entiendo la definición de ser un visionario según el Creador'.

'Entiendo cómo se siente tener visión'.

'Sé cómo ser un visionario de la forma más elevada y mejor'.

'Sé cómo vivir mi vida diaria llena de visión'.

'Conozco la perspectiva del Creador sobre ser un visionario'.

'Sé que es posible ser un visionario'.

Visión holística

'Entiendo la definición de visión holística de la vida según el Creador'.

'Sé cómo vivir mi vida diaria de forma holística'.

26

Prerrequisitos para el curso de ADN 3

Estos son los prerrequisitos para utilizar la información del ADN 3. Estas normas y ejercicios deben seguirse y practicarse a diario.

Recuerda que el sanador es el Creador de Todo lo que Es

Siempre recuerda que el verdadero sanador es el Creador de Todo lo que Es. Nuestra misión como sanadores es escuchar y amar a las personas con las que trabajamos, orar por ellas y ser testigos del Creador de Todo lo que Es llevando a cabo la sanación. Si estás motivado por cualquier otra cosa diferente a la reverencia por toda la Creación y un amor profundo por el Creador de Todo lo que Es, te limitarás.

Aceptar la sanación

La aceptación de la sanación tanto por el practicante como el cliente es necesaria para que la sanación se lleve a cabo.

Amar a las personas

Tu principal directiva como sanador es amar a todas las personas que acuden a ti, manteniendo al mismo tiempo un discernimiento apropiado de la verdad y de ti mismo.

Presenciar la sanación

La misión del practicante es ser testigo de la sanación de parte del Creador de Todo lo que Es y aprender a reconocer cuando la sanación ha ocurrido. Ser testigo de una sanación física, reprogramar una creencia o enseñar una emoción, son todas sanaciones. Reprogramar el sistema de creencias de una persona para que puedas merecer el amor del Creador, es en sí mismo una sanación. Enseñarle a una persona a amarse, también es

248

sanación. La validez de la reprogramación es evidente en las diferencias que se atestiguan en la vida diaria de las personas.

Tu compromiso

Comprométete a llevar a cabalidad este trabajo. Comprométete a dominar los planos de existencia; comprométete a practicar ThetaHealing. Comprométete a hacer lo mejor que puedas. Siempre permítete saber que has merecido el derecho de realizar este trabajo.

Vive en alegría

Irradia la energía del gozo hacia el mundo. Siente la risa juguetona de la alegría por todo tu cuerpo. Debes saber que el Creador de Todo lo que Es te protege y que eres impenetrable a la maldad; esta no se puede adherir a ti. Eres libre de irradiar el poder de la alegría y el amor de Dios.

Practica la visión remota

Practica ir al interior del cuerpo y explora los diferentes sistemas hasta que te sientas cómodo y seas preciso. Practica la visión remota a larga distancia.

Practica sesiones a diario

La práctica es la clave.

Haz tus sesiones sin ira

La ira compulsiva impedirá que obtengas el resultado deseado en una sesión. Si sientes enojo, algo dentro de ti no está obteniendo lo que deseas o necesitas. Como sanador, se requiere que descubras la razón de tu ira hacia ti o hacia alguien más. Sal de la habitación y haz rápidamente el trabajo con las creencias o con las emociones en ti mismo. Tu ira hacia alguien puede ser reflejo de tu ira hacia ti.

Tu reto es permanecer en un buen espacio a pesar de estas circunstancias. Es importante que estés enraizado, que regreses a tu cuerpo, que te purifiques y que estés de buen humor para el final del día.

Recuerda que cada persona tiene su propio paradigma

Práctica sesiones y sanaciones en los demás para acostumbrarte a salir de tu propio paradigma y entrar al paradigma de otra persona. Recuerda, lo que *piensas* que es realidad, no está ocurriendo. Cuando entras al espacio de otra persona, estás interactuando durante toda la sesión con *su* paradigma, *su* mundo, no el tuyo. Siempre pídele al Creador que te permita ver a tus clientes desde la perspectiva más elevada y mejor.

Puede ser que veas que la persona desea mantener su enfermedad. Como sanador, tu labor no es juzgarlo, sino preguntarle: '¿Cómo te está sirviendo esto?'.

Tomar acción

Sin acción, nada ocurre. Hay una diferencia muy clara entre pensar en hacer algo (dejarlo para después) y llevarlo a cabo, tanto física como metafísicamente.

Manipular el tiempo

Recuerda que el tiempo está bajo la ley de la gravedad, una de las leyes más fáciles de doblegar. Es una ilusión. Presenciar una sanación instantánea es un ejemplo de doblegar el tiempo. Practica elevarte sobre tu espacio para pedirle al tiempo que dure más y que avance más rápido.

Cuando aprendas a manipular el tiempo, serás capaz de romper la ilusión heredada de que la vida te controla y de que apenas eres un participante de lo que tiene para ofrecerte. En realidad, nuestra vida es un reflejo de nuestro propio paradigma, nuestra propia creación. Podemos salirnos de nuestro paradigma, pedir lo que deseamos crear en nuestra vida y permitir que ocurra.

Experimenta los planos

Elévate el séptimo plano y pide experimentar los diferentes planos de existencia a través del séptimo plano, con el Creador como tu guía. Esto impedirá que te dejes distraer por la parte atractiva de los planos y te brindará una perspectiva más clara de cada plano. Mantente enfocado.

Manifiesta cambios en tu vida

¿Qué deseas cambiar en tu vida? ¿Qué deseas que ocurra el próximo año? Puedes manifestar una salud perfecta o una pareja; o pedir que una situación económica se convierta en lo que tú elijas. Recuerda, tú creas tu propia realidad.

¡Persevera!

Solo sigue haciéndolo...

Envía un sueño

Elévate sobre tu espacio y envía un sueño a alguien. Es mejor hacerlo a las tres de la mañana, cuando la otra persona está más abierta para recibirlo. Soñará que le estás hablando.

Mantener, enviar o regresar de un sueño te enseñará a controlar el tiempo en el plano astral.

Debes estar abierto a aprender nuevas habilidades

Esto te ayudará a abrirte para atraer cambios a tu vida.

Envía un pensamiento positivo a una persona específica

Elévate sobre tu espacio y envíale a alguien un pensamiento positivo. (Será necesario que obtengas validación de que la persona ha recibido la forma de pensamiento que le has enviado).

Prográmate para que todo aquel con quien trabajes se sienta bien y feliz

Si tienes este programa, tus clientes desearán regresar. Algunos sanadores sienten disgusto por los enfermos; a algunos no les agradan las personas en general. Realiza la prueba en busca de programas 'odio a la gente' u 'odio a los enfermos'.

El poder implica responsabilidad

¡Ten cuidado con tus pensamientos! ¡Ten cuidado con lo que estás haciendo con tus manifestaciones! *Cuanto más tiempo pases bajo estado theta, más manifestarás en tu vida con tus pensamientos.* Sé claro respecto a lo que deseas, no te conformes con poco y siempre pide el beneficio más elevado y mejor. Por ejemplo, si deseas dinero, pide recibirlo de la forma más elevada y mejor. Si deseas éxito, sé claro respecto a qué tipo de éxito deseas. Si estás pidiendo paciencia, el Creador de Todo lo que Es te traerá personas a tu vida que requerirán paciencia. Si pides ver la verdad, quizá la verdad puede no ser lo que deseas ver. Si pides sanación instantánea, el Creador de Todo lo que Es te mantendrá en la situación hasta que ocurra, por lo que debes pedir la forma más elevada y mejor.

No te apegues

Espera la sanación, pero no te apegues al resultado. El Creador es el sanador, así que no pienses en el resultado. Dile a tu cliente: 'Fui testigo del trabajo que el Creador de Todo lo que Es realizó en ti. Veamos qué ocurre'. Si no logras los resultados que deseas, eso te indica que es necesario realizar más trabajo con las creencias.

Vive en el ahora

Muchas personas viven en el pasado, en el futuro o en un engaño. Una persona puede no ser consciente de que está pasando un momento maravilloso contigo, ¡hasta que lo recuerda al día siguiente!

Como seres espirituales, con frecuencia encontramos difícil la realidad de este mundo. Intentamos escaparnos y al hacerlo, nos perdemos del aquí y del ahora. Pero toda sanación comienza en el presente, aunque vayamos a otros dominios durante el curso de la sanación.

Agradece estar vivo

Reafirma cada día tu agradecimiento. Respira el aire, observa las nubes y aprecia la vida que te rodea.

Cree, ten la certeza, vive

Primero *cree* que la sanación puede ocurrir, después ten la *certeza* de que puede ocurrir, y luego *vive* su esencia.

¡Trabaja en ti mismo!

Cuanto más trabajo con las creencias practiques en ti, con mayor velocidad mejorarán tus habilidades de sanación y tendrás menos bloqueos en el proceso de convertirte en un sanador efectivo.

Aprende y crece de la interacción con los demás, sé gentil contigo y anímate, porque irás donde nunca has ido antes…

Permítete vivir en la 'sabiduría del séptimo plano'.

Aprende a vivir sin miedo e ira y en la sabiduría del séptimo plano, sabiendo que todo va a estar bien y que el Creador está disponible para ti.

Nuestra meta es lograr la conciencia del séptimo plano.

27

CITAS DE VIANNA

'Habla a diario con el Creador'.

'Agradece a diario al Creador'.

'Honra la vida en todas sus formas'.

'No todo es lo que parece'.

'Los pensamientos se mueven más rápido que la luz. Tienen esencia, ten cuidado con lo que piensas'.

'Haz algo que te enorgullezca cada día'.

'Desacelérate y advierte el aire y la luz. Aprecia la vida'.

'La acción es primordial'.

'Es muy fácil'.

'Solo es'.

'En lo posible, no le hagas daño a nada ni a nadie'.

'Mira la verdad en las personas, y aun así, ámalas'.

'Los sanadores pasamos por un proceso: primero creemos, luego sabemos, luego vivimos'.

'Demasiado tiempo es desperdiciado en formas inútiles de pensamiento. Debemos aprender a enfocarnos y a dirigir la energía de nuestros pensamientos a la conciencia divina'.

'Vive tu vida como si no hubiera secretos. Vive como un libro abierto, para que puedas decirle a todos lo que hiciste hoy'.

'Algunas veces, se mantiene mejor un secreto compartiéndolo con el mundo'.

'Puedes amar a todos, incluyendo a los malvados, siempre y cuando estés conectado con el Creador'.

'El poder de la profecía está usando el poder del universo'.

'La realidad está siempre esperándonos para que la reconozcamos. Solamente cuando crees en la realidad, se hace real a un nivel personal'.

'La mayoría los problemas que ocurren en esta existencia son causados por la ilusión de que estamos separados del Creador'.

Epílogo

por Guy Stibal

En el mundo de hoy, existen literalmente millones de personas buscando respuestas espirituales a través de información que quizá por primera vez en la historia, y a un grado abrumador, es accesible a la humanidad. La persona normal tiene ahora acceso a literatura alternativa a una escala que hubiera sido impensable hace cien, o incluso cincuenta años. Ahora están al alcance de nuestras manos sistemas de creencias antiguos, otros que están saliendo a la superficie por la conciencia colectiva, y otros de naturaleza divina.

Aquellos que estamos en busca del conocimiento espiritual, no nos damos cuenta de la increíble libertad que gozamos ahora. Es nuestra responsabilidad atesorar esa libertad y hacer buen uso de la información que durante siglos fue celosamente guardada por individuos, transmitida solo por vía oral y muy escasamente por vía escrita, y escondida rápidamente por sociedades secretas a los ojos de aquellos que hubieran podido darle mal uso.

Debido a este influjo de conocimiento de parte de distintas tradiciones y modalidades, ahora tenemos a nuestro alcance toda una variedad de opciones, por lo que debemos tener cuidado de no tener una indigestión espiritual. Puede ser mejor aprender y digerir un sistema de creencias a fondo antes de continuar con la siguiente exploración. Con cualquier conocimiento espiritual, una buena dosis de sentido común es tan dulce como la miel. Nunca debemos olvidar que la libertad que ahora disfrutamos, podría llevarnos a un exceso de estimulación, y quizá al egocentrismo.

El altruismo y el buen juicio deben dirigir nuestro camino en todos los asuntos, y esto incluye la sanación energética. Si deseamos ser respetados por nuestra práctica, esta debe ser respetable. *Con el fin de que cualquier sistema de creencias supere el paso del tiempo, debe permitirse que se forme en la pureza y debe permanecer puro e inalterable el tiempo suficiente como para que cree un cambio en la conciencia de la humanidad.* Si estas enseñanzas espirituales van a permanecer en su esencia divina, es necesario que trasciendan la visión mental de que el *intelecto racional* es la autoridad suprema de la realidad. La pureza de este tipo de conocimiento místico y raro puede convertirse en sí mismo en una gnosis, la chispa que enciende la iluminación que enfatiza y acentúa la experiencia divina con tal claridad y franqueza que resuene en lo más profundo de nuestro ser. Podemos entonces sentir una resonancia muy profunda con este tipo de conocimiento, que en algún punto trasciende con facilidad los dictados de la razón y es aceptado por la mente consciente como una verdad sin conflictos.

ACERCA DE LA AUTORA

 **Vianna Stibal** es una joven abuela, pintora y escritora. Su natural carisma y compasión por los necesitados, la han llevado a ser reconocida como sanadora, intuitiva y maestra.

Después de recibir el conocimiento que la llevó a conectarse con el Creador para cocrear y facilitar ese proceso único llamado ThetaHealing, Vianna supo que debía compartir este regalo con el mayor número posible de personas. Su gratitud y amor hacia el Creador y la humanidad le han permitido desarrollar la habilidad de ver, de una manera clara, el interior del cuerpo humano y ser testigo de numerosas sanaciones instantáneas.

Su conocimiento enciclopédico de los sistemas del cuerpo y su profunda comprensión de la psique humana, basada en su propia experiencia y en los conocimientos que le ha transmitido el Creador, convierten a Vianna en la persona idónea para utilizar esta asombrosa técnica. Vianna ha logrado el éxito en su trabajo con enfermedades tan complicadas como: hepatitis C, el virus Epstein-Barr, SIDA, herpes y varios tipos de cáncer, así como otros muchos trastornos, enfermedades y defectos genéticos.

Vianna sabe que la técnica ThetaHealing se puede enseñar, y sobre todo, sabe que debe ser enseñada. Por ese motivo, imparte seminarios en todo el mundo con alumnos de todas las razas, creencias y religiones. Ha capacitado a maestros y practicantes en catorce países, pero su trabajo no se detendrá ahí. Vianna está firmemente comprometida con la tarea de llevar este paradigma de sanación al mundo entero.

www.thetahealing.com

Información adicional

CLASES DE THETAHEALING

ThetaHealing® es una modalidad de sanación energética fundada por Vianna Stibal, ubicada en Ammon, Idaho, con instructores certificados alrededor del mundo. Las clases y los libros de ThetaHealing® han sido diseñados como guías terapéuticas para desarrollar la habilidad de la mente para sanar.

Clases impartidas por Vianna y los instructores certificados de ThetaHealing®:

(Se entrega un manual en cada clase).

Curso básico de ThetaHealing®

Curso avanzado de ThetaHealing®

Curso de Anatomía Intuitiva de ThetaHealing®

Curso de niños arco iris de ThetaHealing®

Curso de manifestación y abundancia de ThetaHealing®

Curso de enfermedades y trastornos de ThetaHealing®

Curso de relaciones con el mundo de ThetaHealing®

ADN 3 de ThetaHealing®

Clases de certificaciones impartidas exclusivamente por Vianna en el ThetaHealing Institute of Knowledge®:

(Se entrega un manual en cada clase)

Curso básico para instructores de ThetaHealing®

Curso avanzado para instructores de ThetaHealing®

Curso de Anatomía Intuitiva para instructores de ThetaHealing®

Curso de niños arco iris para instructores de ThetaHealing®

Curso de enfermedades y trastornos para instructores de ThetaHealing®

Curso de relaciones con el mundo para instructores de ThetaHealing®

Curso de ADN 3 para instructores de ThetaHealing®

ThetaHealing Avanzado

LIBROS

Títulos disponibles en la actualidad:

ThetaHealing (Hay House)

ThetaHealing Diseases and Disorders (Hay House)

Para mayor información sobre clases en ThetaHealing®, favor contactar:

THInK
THETAHEALING
INSTITUTE OF KNOWLEDGE

Todas las actividades de ThetaHealing y todas las enseñanzas son llevadas a cabo bajo el auspicio del Instituto, ubicado en 1615 Curlew Drive, Ammon, Idaho 83406, EEUU.

Teléfono: (oficina): (1) (208) 524-0808 Fax: (1) (208) 524-3061

Correo electrónico: vianna@thetahealing.com

Página de internet: www.thetahealing.com

Esperamosque haya disfrutado este libro de Hay House.
Si desea recibir nuestro catálogo en línea donde ofrecemos
información adicional sobre los libros y productos de
Hay House, o si desea obtener mayor información sobre
Hay Foundation, por favor, contacte:

Hay House, Inc.
P.O. Box 5100
Carlsbad, CA 92018-5100

(760) 431-7695 ó (800) 654-5126
(760) 431-6948 (fax) ó (800) 650-5115 (fax)
www.hayhouse.com®

Dele unas vacaciones a su alma

Visite **www.HealYourLife.com**® para centrarse,
recargarse y reconectarse con su propia magnificencia.
En esta página se destacan boletines electrónicos, noticias sobre
la conexión entre la mente, el cuerpo y el espíritu
y la sabiduría transformadora de Louise Hay y sus amigos.

¡Visite **www.HealYourLife.com** hoy mismo!

CPSIA information can be obtained at www.ICGtesting.com
Printed in the USA
BVOW02s1617250314

348673BV00001B/1/P